REISEABENTEUER

DUMONT

LEONIE MARCH

MANDELAS TRAUM

MEINE REISE DURCH SÜDAFRIKA

Für Brett

1. Auflage 2018
© 2018 DuMont Reiseverlag, Ostfildern
Alle Rechte vorbehalten
Umschlaggestaltung: Herburg Weiland, München
Umschlagfotos: Bo Lelewel, Frankfurt a.M.
Karten im Umschlag: Gerald Konopik, DuMont Reisekartografie
Fotos und Karten im Innenteil: Leonie March
Illustrationen: Jane Appleby, Kapstadt
Printed in Spain
ISBN 978-3-7701-8289-3

www.dumontreise.de

INHALT

Vorwort

»Eine Spende für unseren Präsidenten!«, höre ich eine Stimme rufen. Verwundert schaue ich mich auf der Pier um, von der aus ich gerade die Aussicht auf den Hafen und die Strandpromenade von Durban genossen habe. Ich kann mich nur verhört haben. Wer sammelt schon Geld für Südafrikas korrupten Präsidenten Jacob Zuma, der es nur zu gut versteht, sich selbst zu bereichern? »Hier unten bin ich. Wie wäre es mit einer Spende für den Präsidenten?«, beharrt die Stimme. Ich blicke nach unten. Von dort feixt ein junger Mann zu mir hoch, barfuß steht er neben seiner prächtigen Sandskulptur, die Zumas berüchtigte Privatresidenz in Nkandla darstellt. In die sind Millionen Steuergelder geflossen, von denen er dank der mutigen Ombudsfrau einen Teil zurückzahlen musste. Grinsend klaube ich ein 5-Rand-Stück aus meiner Hosentasche. »Hier in den ›Löschteich‹ musst du treffen«, sagt der Strandkünstler. Dieser sogenannte Löschteich, der eigentlich ein luxuriöser Pool ist, ist ein *running gag* in Südafrika. Ein haarsträubendes Symbol dafür, dass eine ganze Nation für dumm verkauft werden soll. Ich ziele und treffe. »Glückwunsch, du hast dem Präsidenten sehr geholfen. Er wird sich zu gegebener Zeit bestimmt erkenntlich zeigen«, verspricht der junge Mann mit einem breiten Lächeln. Natürlich wandert die Münze daraufhin in die Tasche seiner Shorts, wo sie auch viel besser aufgehoben ist als auf Zumas Konto. Lächelnd ziehe ich weiter. Ich liebe diesen Galgenhumor, der viele Südafrikaner auszeichnet: Sie lassen sich einfach nicht unterkriegen, auch in diesen schweren Krisenzeiten nicht. Ich bewundere das Land für seine Stärke und leide mit ihm unter dieser fatalen Regierung, unter der gerade das hart erkämpfte demokratische Fundament bröckelt.

Südafrika ist mehr als nur mein Berichtsgebiet, in dem ich seit 2009 als freie Journalistin und Korrespondentin lebe und arbeite,

es ist meine Wahlheimat. 1990, dem Jahr, in dem Nelson Mandela
aus dem Gefängnis entlassen wurde, einem Jahr der großen Hoffnungen, war ich zum ersten Mal hier, damals als noch recht naive
sechzehnjährige Austauschschülerin. Doch Südafrika packte mich
schon damals, es faszinierte und schockierte mich, ich liebte und
hasste es, es machte mich glücklich und wütend. Nach vielen Reisen in andere Teile der Welt kehrte ich 2002 als Journalistin zurück
und fand ein gewandeltes Land vor: das ›neue‹ Südafrika, das immer
noch mit den alten Problemen kämpfte und auf seinem langen Weg
zur Freiheit trotzdem schon so weit gekommen war. Bei der Rückkehr nach Deutschland buchte ich sofort das nächste Flugticket
und reiste von da an jedes Jahr zwei Monate als Reporterin durch
dieses gleichsam wunderbare und schwierige Land. Auf einer dieser Reisen traf ich meinen Mann, Brett, es war Liebe auf den ersten Blick. Er zog zu mir nach Berlin und irgendwann beschlossen
wir, gemeinsam in seine Heimat umzusiedeln. Wir leben im Süden
von Durban, dort wo die Stadt langsam aufhört und die Provinz beginnt. Brett arbeitet hier mit Kleinbauern, die an ökologischem
Landbau interessiert sind, buchstäblich tief verwurzelt mit seinem
Land. Für mich ist unser Leben an der Küste des Indischen Ozeans
inmitten prächtiger subtropischer Natur ein Ruhepol, an dem ich
zwischen meinen Recherchereisen auftanken und schreiben kann.

   Immer wieder werde ich von Kollegen in Johannesburg oder
Kapstadt gefragt, warum wir uns gerade Durban ausgesucht haben. »Seht euch doch nur um«, sage ich dann und meine nicht
die rund 300 Sonnentage im Jahr. Frühmorgens, wenn die Sonne über dem Indischen Ozean aufgeht, warten die ersten Surfer
schon auf die perfekte Welle, Jogger trainieren auf der Strandpromenade, Fischer stehen mit ihren Angeln auf der Pier; nur
ein paar Meter weiter taufen Priester in langen weißen Gewän-
dern die neuen Gemeindemitglieder im Meer, traditionelle Heiler füllen das Salzwasser in große Plastikkanister, Hindus zünden Räucherstäbchen rund um ihre Opfergaben an, die langsam

auf den Wellen davongleiten. Am späten Nachmittag und an den
Wochenenden plantschen dunkelhäutige Kinder vergnügt in der
Brandung, ihre Eltern picknicken auf dem Strand, der früher der
weißen Minderheit vorbehalten war. Auf der Promenade flanie-
ren Zulu-Frauen auf hohen Hacken an vollverschleierten Musli-
minnen und singenden Krishna-Jüngern vorbei, als wäre es das
Normalste der Welt. Wenn ich mit Freunden hierherkomme, die
zum ersten Mal in Südafrika sind, beweist mir ihr ungläubiges
Staunen einmal mehr, dass diese Normalität etwas Besonderes
ist. Mandelas Regenbogennation, hier schillert sie in ihren bun-
testen Farben. Jedenfalls auf den ersten Blick, denn natürlich
sieht der Alltag oft anders aus.

Durch die jahrzehntelange künstliche Trennung der Bevölkerungsgruppen während der Apartheid sind die eigenen Landsleute
zu Fremden geworden. Die Wunden, die die rassistische Vergangenheit gerissen hat, vernarben nur langsam und brechen immer
wieder auf. Bei genauerem Hinsehen entpuppt sich das friedliche
Miteinander häufig als Nebeneinanderher oder sogar als zähne-
knirschende Duldung. Es sei naiv gewesen, anzunehmen, dass sich
alle Südafrikaner nach der demokratischen Wende sofort wunderbar verstehen würden, dass es keine rassistischen Vorurteile und
keine Unterdrückung mehr gäbe, sagte mir die südafrikanische Li-
teraturnobelpreisträgerin Nadine Gordimer, als ich sie vor ihrem
90. Geburtstag in ihrem Haus in Johannesburg traf. Auch sie habe
unterschätzt, wie schwer es sein würde, die Vision der Regenbogennation umzusetzen. Der Wille jedoch ist weiterhin sehr lebendig, das klingt in den Gesprächen immer wieder an, die ich in den
letzten Jahren mit Südafrikanern aus unterschiedlichen Bevölkerungsgruppen geführt habe. Diese Gespräche möchte ich auf meiner Reise vertiefen und fortsetzen. Ich möchte herausfinden, was
das Land, das gerade in der wohl schwersten Krise seiner vergleichsweise jungen Demokratie steckt, trotz aller Kontraste und
Konflikte im Innersten zusammenhält.

Es hat Tradition, sich von schwierigen oder sogar scheinbar aus-
weglosen Situationen nicht einschüchtern zu lassen. Gegen Ende
der Apartheid stand Südafrika am Rande eines Bürgerkrieges, ein
friedlicher Übergang zur Demokratie schien unmöglich und doch
gelang dieses ›Wunder‹. 2010 sagten Afro-Pessimisten Chaos und
Gewalt bei der Fußball-WM voraus; stattdessen wurde sie zu einem Wintermärchen, dass das Land weltweit in ein neues Licht
rückte. Auch als Nelson Mandela 2013 starb, war sie wieder da, die
Angst im Ausland, Südafrika würde ohne seinen geliebten Landes-
vater ins Verderben steuern; die Südafrikaner jedoch hielten würdevoll inne, sie nutzten die Tage zur Selbstreflexion und für kleine
Gesten der Versöhnung, die mich damals tief berührt haben. Seit
Jacob Zuma regiert, nehmen die Warnungen wieder zu, Südafrika
werde ebenso in Autokratie und Chaos enden wie das Nachbarland
Simbabwe. Ich denke jedoch nicht, dass es so weit kommen wird.
Sicherlich, Südafrika steht wieder einmal auf der Kippe, zwischen
Absturz und Aufbruchsstimmung. Doch die Gefahr, die von Zumas Sonnenkönig-gleichem Regierungsstil ausgeht, hat Justiz, Zi-
vilgesellschaft und Medien wachgerüttelt. Selbstbewusst und mit
zunehmender Stärke verteidigen sie die Errungenschaften ihrer
jungen Demokratie. Nicht immer machen sie dabei große Schlagzeilen. Oft sind es die stillen Helden des Alltags, nach denen ich auf
meiner Reise Ausschau halten werde.

Jemand hat mir einmal gesagt, dass Veränderungen in der Peripherie beginnen und nicht in den Zentren der Macht. An diesen
klugen Satz musste ich denken, als ich meine Reiseroute geplant
habe. Sie wird mich in das Südafrika jenseits der touristischen
Trampelpfade und jenseits der schlagzeilenträchtigen Skandale
führen, in die Grenzregionen des Landes, an die Bruchstellen und
Ränder der Gesellschaft, zu ganz normalen Bürgern statt zu berühmten Persönlichkeiten, zu Menschen, die Südafrika im Kleinen
prägen, aber große Veränderungen im Blick haben. Ich erhebe keinen Anspruch auf Vollständigkeit, denn dieses komplexe Land und

seine vielschichtige Gesellschaft, die sich zudem ständig verändern, zwischen zwei Buchdeckeln komplett darzustellen ist wohl
unmöglich. Es können also nur Momentaufnahmen sein, die sich
in der Gesamtheit aber wie das Bild eines Kaleidoskops zusam-
mensetzen und meiner Wahlheimat hoffentlich gerecht werden.

Leonie March, Durban im November 2017

Kapitel 1

KwaZulu-Natal

Von Straßenhändlern, Pilgern und dem Geheimnis der San

Durban ist auf den ersten Blick wahrhaft keine Schönheit, auch wenn man hier mit der Zeit wunderbare Ecken entdecken kann. Es ist keine Stadt, in die ich mich sofort verliebt habe. Durban ist eher eine Herausforderung, und zwar auf mehreren Ebenen. Das beginnt schon bei den komplizierten Wegbeschreibungen, wenn ich mal wieder in einen Stadtteil der rund Dreieinhalb-Millionen-Einwohner-Metropole unterwegs bin, in dem ich mich nicht auskenne. Das kann daran liegen, dass es gar keine Straßennamen oder Hausnummern gibt, wie in vielen Townships am Stadtrand, oder daran, dass sich die Straßennamen geändert haben, wie in der Innenstadt. Aus Shepstone Road wurde Qashana Khuzwayo Road, aus Winder Street wurde Dr. Langalibalele Dube Street, aus Masonic Grove wurde Dullah Omar Grove und so weiter. Natürlich ist es verständlich, dass die neuen Straßennamen das neue Südafrika repräsentieren sollen, aber wirklich verinnerlicht hat sie auch nach Jahren wohl kaum ein *Durbanite*, wie sich die Einwohner nennen. Daher werden zur allseitigen Verwirrung gerne beide Namen genannt, mehrmals wiederholt, bis im Kopf ein einziger Buchstabensalat herumschwirrt.

Die Navigation fiel mir zu Beginn aber auch deshalb nicht leicht, weil mich das multikulturelle Treiben am Straßenrand so faszinierte. Frauen in Saris, Tschadors und Stretch-Jeans sind auf den Bürgersteigen unterwegs. Kirchen, Moscheen und Tempel sind oft nur einen Steinwurf voneinander entfernt. Es riecht nach gebratenem Fleisch, scharfem Curry und gekochten Hühnerfüßen. Aus den Minibus-Taxis dröhnt Kwaito-Musik, aus den indischen Läden kommen Bollywood-Klänge, aus den Cafés dringt Pop-Musik auf die Straße. Eine Herausforderung für die Sinne.

Und dann ist da noch das Verkehrschaos, das in der Gegend um Warwick Junction, auch *Warwick Triangle* genannt, zur Höchstform aufläuft. Hier liegt mein persönliches Bermudadreieck in Durban. In den ersten Jahren verfuhr ich mich bei jeder Fahrt durch die Innenstadt an diesem chaotischen Hauptverkehrsknotenpunkt, zwischen den Ab- und Auffahrten der Autobahn und Schnellstraßen, die hier in die Innenstadt münden, einem der zentralen Bahnhöfe und natürlich Dutzenden Minibus-Taxis, die ihren ganz eigenen Verkehrsregeln folgen, einem dabei dreist die Vorfahrt nehmen, in dritter Reihe parken oder mitten auf der Straße zurücksetzen, um noch einen Fahrgast aufzusammeln. Neben dem chaotischen Verkehr muss man hier Passanten ausweichen, die ebenso nonchalant kreuz und quer über die Straße laufen, und Männern, die allerlei Waren oder Schrott auf Sackkarren oder klapprigen Metallwagen transportieren. Die Bürgersteige sind ebenfalls voller Menschen, die sich an den vielen kleinen Ständen vorbeizwängen. Wer in Durban lebt, muss Gedränge und Chaos aushalten können. Doch bis ich so weit war, dauerte es eine Weile.

In den ersten Monaten gefror mir bei diesen regelmäßigen, ungewollten Umwegen fast das Blut in den Adern, als scheinbar einziges weißes Gesicht weit und breit hatte ich Sorge, dass jemand das Fenster einschlagen, meine Tasche oder sogar das ganze Auto rauben könnte. *Car Hijacking* wird dieses durchaus übliche Verbrechen in Südafrika genannt. Meine Hände verkrampften sich um das Lenkrad, die Fenster waren längst geschlossen und die Türen schnell verriegelt. Doch mit jedem Mal gewöhnte ich mich ein bisschen mehr an diese fremde Umgebung, entspannte mich, schaute mich neugierig um, fasziniert von dem alltäglichen Chaos. Mittlerweile habe ich mir von den Taxifahrern abgeschaut, wie sie hier durch den dichten Verkehr manövrieren, hänge beispielsweise, wie sie, meinen Arm aus dem Fenster, um anzuzeigen, dass ich gleich rechts einscheren werde. Wenn ich nicht allein unterwegs bin, schüttelt mein Mann auf dem Beifahrersitz regelmäßig den Kopf. »Du fährst nicht mehr wie eine Deutsche, sondern wie ein Durbaner Taxifahrer«, sagt er dann belustigt.

Mittlerweile habe ich nicht nur meinen Fahrstil angepasst, sondern auch begriffen, dass hier eine der Herzkammern der Stadt pulsiert. Warwick Junction ist für viele Einwohner eine wichtige Lebensader, die nur auf die ersten Blicke wild in alle Richtungen zu fließen scheint, bei genauerem Hinsehen aber durchaus in geregelten Bahnen verläuft. Also begann ich die Gegend auch zu Fuß zu erkunden. Es gibt ganze neun verschiedene Märkte in den Hallen neben der Straße, auf den Fußgängerbrücken, im und rund um den Bahnhof. Hier verdienen geschätzte 8.000 *Durbanites* als Händler ihren Lebensunterhalt. Hier kaufen Zehntausende Pendler ein, die jeden Tag mit Zügen und Minibustaxis aus den Townships in die Innenstadt strömen, die Einwohner, die die Apartheid an den Stadtrand gedrängt hat und die sie seit den 90er-Jahren wieder zurückerobert haben. Kaum einer kennt diese Märkte so gut wie Patrick Ndlovu, mit dem ich heute verabredet bin, um mehr über ihre Geschichte, Kultur und die Arbeitswelt der Händler zu erfahren.

Patrick ist ein ehemaliger Polizist und Stadtangestellter, der seine Uniform 2008 an den Nagel hängte, um die gemeinnützige Organisation *Asiye eTafuleni* zu gründen, die sich für die Händler und eine inklusive Stadtplanung stark macht. Wenn auf jemanden die Redensart ›Fels in der Brandung‹ zutrifft, dann auf ihn.

Tiefenentspannt kommt er durch das Getümmel auf mich zu, grüßt gut gelaunt rechts und links, die Gemüsehändlerin, den Friseur, den Mann mit der Sackkarre, Patrick kennt jeden und alle kennen Patrick. Er streckt mir lächelnd die Hand entgegen und zieht mich an seine kräftige Schulter, ein typisches Begrüßungsritual in Südafrika. Gemeinsam betreten wir die Halle des über hundert Jahre alten *Early Morning Market*, der Mutter aller Märkte. Nah am Eingang lugen lebende Hühner aus ihren Gitterkäfigen, dahinter erstrecken sich die rund 670 Marktstände, die überwiegend Obst, Gemüse, Kräuter und Blumen zu winzigen Preisen anbieten. Fünf Paprika kosten gerade einmal 5 Rand, ebenso wie die kunstvoll errichteten Tomaten-Pyramiden. Die sogenannten *Porters*, Gepäckträger, huschen durch die Flure, um größere Warenladungen auf teils selbstgebastelten Sackkarren schnell zu den Kunden zu transportieren. »Auch sie verdienen sich hier ihren Lebensunterhalt«, betont Patrick, während wir zwischen den Ständen entlangwandern. Früher gab es hier in der Gegend und auf den Straßen der Innenstadt wesentlich weniger Händler, ihre Zahl wuchs in den Jahren um die demokratische Wende massiv an, als sich schwarze Südafrikaner in ihrem Land endlich frei bewegen durften. Sie kamen aus den Townships und ehemaligen Homelands, um hier im Stadtzentrum ihr Glück zu suchen. Heute gibt es eine ganz ähnliche Bewegung, die Gründe sind die weiterhin schlechten Zukunftsaussichten in der Provinz, die lähmende Rezession und die hohe Arbeitslosigkeit. »Immer mehr Südafrikaner sind gezwungen, sich im sogenannten informellen Sektor über Wasser zu halten«, bestätigt Patrick. »Die Zahl der Händler in und um Warwick steigt momentan wieder und damit natürlich auch die Konkurrenz. Etablierte Händler beklagen sich, dass sie weniger verdienen, aber bislang gibt es glücklicherweise keine größeren Konflikte. Jeder weiß, dass die anderen ebenfalls nur ums Überleben kämpfen.«

Als Polizist machte Patrick auf diesem und den anderen Märkten von Warwick in den späten 80er- und frühen 90er-Jahren seine Kontrollgänge. Damals hatte eine neue liberale Stadtverwaltung von Durban die alten restriktiven Gesetze gegenüber informellen Straßenhändlern bereits etwas gelockert. Zuvor waren sie verjagt, verprügelt und willkürlich festgenommen worden. »Wir hatten viel Ermessensspielraum und waren glücklicherweise nicht gezwungen, hart gegen Händler vorzugehen, die gegen die Vorschriften verstießen«, erzählt Patrick. »Aber die Kriminalität war damals hier ein großes Problem.« Diebstähle, Raubüberfälle, sogar Morde und ein verwahrlostes Umfeld brachten Warwick Junction den Ruf eines gefährlichen Slums ein. »Als sicher gilt diese Gegend ja auch heute nicht unbedingt; ich kenne viele Leute, die sich hier nicht hin trauen«, bemerke ich. »Warwick ist besser als sein Ruf«, antwortet Patrick. Tagsüber sei es hier sicher, auch wenn man natürlich, wie überall, ein bisschen auf Portemonnaie und Taschen aufpassen müsse. Aber abgesehen von kleinen Diebstählen passiere hier kaum etwas. Ich bin zwar überrascht, aber ich glaube ihm: Als Ex-Polizist wird er das gut einschätzen können. »Wie ist es denn gelungen, diesen enormen Fortschritt zu erzielen?«, hake ich trotzdem nach. Er erzählt von besserer Beleuchtung und Übersichtlichkeit durch breitere Wege, vor allem aber vom Engagement der Händler selbst. »Sie haben eine Gruppe *Traders against Crime* gegründet, eine Art Bürgerwehr, die Patrouillen läuft, Kriminelle aufgreift und der Polizei übergibt.« Ich kenne solche Bürgerwehren aus etlichen Townships, wo das Misstrauen gegenüber der Polizei angesichts der staatlichen Gewalt der Vergangenheit und der heutigen Korruption groß ist, wo die Beamten versagen oder an ihre personellen Grenzen stoßen und wo die Bewohner klagen, dass die Polizei selbst Schwerstkriminelle nach ein paar Tagen wieder auf freien Fuß setzt. Meist sind diese Initiativen wirkungsvoll, ihre Methoden jedoch umstritten, weil Verdächtige oder Täter oft gar nicht oder erst nach einer Tracht Prügel der Polizei übergeben werden und Selbstjustiz geübt wird. Auch in Warwick gab es dieses Problem, mittlerweile hat es sich wohl etwas gebessert, aber ganz scheint es nicht beigelegt zu sein. »Warwick ist wohl der einzige Ort in der Innenstadt von Durban, wo die Kriminellen im Zweifelsfall lieber selbst zur Polizei laufen, um dort Schutz zu suchen, statt die Prügel der Bürgerwehr einzustecken«, sagt Patrick.

Nach seiner Polizeilaufbahn wurde er in den 90er-Jahren in eine neu gegründete Abteilung der Stadtverwaltung berufen, mit der die informellen Händler und kleinen Unternehmer in Durban unterstützt und gefördert werden sollten. Dabei ging es unter anderem auch um die Verbesserung der verheerenden Arbeitsbedingungen in Warwick. Zuerst wurden tatsächlich Fortschritte erzielt, beispielsweise wurde die Markthalle, durch die wir gerade laufen, liebevoll restauriert und endlich eine Lösung für die Entsorgung des Mülls gefunden. Warwick wurde sicherer und sauberer. Doch die Haltung der Stadt änderte sich spätestens 2004 mit der Ankündigung, dass Südafrika die Fußball-Weltmeisterschaft ausrichten wird. Durban wollte sich als Weltklasse-Metropole präsentieren, Warwick wurde dabei als unübersehbarer, störender Schandfleck empfunden. »Die Einstellung der Stadtverwaltung erinnerte mich immer mehr an die Zeiten der Apartheid. Ich hatte mir geschworen, nie zu einem Feind dieser Händler zu werden, die hier ja lediglich den Lebensunterhalt für ihre Familien verdienen. Ich kann ihnen doch nicht verbieten, einem kleinen, ehrlichen Geschäft nachzugehen, wenn ihre Kinder zu Hause hungern«, betont Patrick, der daraufhin seinen Job kündigte und gemeinsam mit dem Architekten Richard Dobson *Asiye eTafuleni* gründete. Nur wenige Monate später erwartete die beiden der erste große Konflikt. Die Stadt wollte den historischen *Early Morning Market* schließen und an dessen Stelle ein Einkaufszentrum erbauen. »Die entsprechende Bekanntmachung inklusive einer knappen Widerspruchsfrist wurde kurz vor den Weihnachtsferien im Markt ausgehängt, wenn hier kaum etwas los ist, wohl weil klar war, dass niemand sie in dieser Zeit sehen würde. Aber wir haben widersprochen und ein Gerichtsverfahren angestrengt«, erinnert sich Patrick. Der verheerende Plan der Stadt wurde gestoppt, es war der erste große Erfolg seiner Organisation und einer von vielen Prozessen gegen die Stadt.

Wir verlassen die Halle und betreten einen der besonders schillernden Märkte von Warwick Junction, der erst in den späten 90er-Jahren entstanden ist, den sogenannten *Muthi Market*, den Markt der traditionellen Heiler. Ich kenne ihn von früheren Spaziergängen, bin aber jedes Mal von Neuem fasziniert. Die rund 700 Stände erstrecken sich über eine Brücke, die über die Bahngleise führt, die Skyline von Durban mit seinen Hochhäusern glitzert im Sonnenschein, aber der Kontrast zur unmittelbaren Umgebung könnte größer nicht sein. Rechts und links liegen bündelweise Kräuter, bergeweise Baumrinden und Hufe, Säcke mit Wurzeln und Knollen, von den Dächern der kleinen Stände hängen getrocknete Seesterne, Reptilien- und Schlangenhäute, auf Holzregalen stehen recycelte Wodka-Flaschen mit geheimnisvollen trüben Mixturen neben Plastiksäckchen mit ebenso sonderbaren Pulvern. Je nach Windrichtung riecht es verwest, blumig oder erdig. Der rhythmische Klang der beinlangen Stößel, die auf die Stein- und Metallmörser treffen, mischt sich unter die Stimmen der Händler und ihrer Kunden.

»Das hier ist für uns Zulu wie eine große Freiluftapotheke«, meint Patrick. »Der traditionelle Heiler deines Vertrauens gibt dir eine Art Rezept und die Medizin kannst du dir dann hier abholen.« Neben diesen meist weiblichen traditionellen Apothekern können Patienten aber auch hier direkt an Ort und Stelle einen *Inyanga* oder *Sangoma* konsultieren, je nachdem, ob sie nach einer Heilung für ein körperliches Leiden suchen oder spirituell-seelischen Beistand brauchen. Die alte Heilkunde spielt auch heute noch eine große Rolle und wird meist nicht als Gegensatz, sondern als Ergänzung zur westlichen Medizin verstanden. »Kommst du auch manchmal hier einkaufen?«, frage ich Patrick. Er nickt. Erst vor wenigen Monaten hat er sich beim Joggen den Knöchel verletzt, doch nachdem eine ganze Reihe von Untersuchungen bei Ärzten weder eine Diagnose noch eine Besserung brachte, besuchte er einen traditionellen Heiler und ließ sich hier auf dessen Geheiß eine Kräutermischung zubereiten. »Ehrlich gesagt, war ich skeptisch, aber ich hatte ja nichts zu verlieren. Nach wenigen Tagen war ich tatsächlich schmerzfrei und konnte wieder joggen gehen«, erzählt er. Die Tatsache, dass dieser Markt heute mitten in Durban existiert, beweist aber nicht nur die weiterhin große Nachfrage, sondern auch eine späte Anerkennung, für die traditionelle Heiler und Händler lange gekämpft haben. Hexerei-Gesetze und die harsche Verfolgung durch die Polizei machten ihre Arbeit und den Handel in der Öffentlichkeit unmöglich. Aber heute hat sich die Gesetzeslage geändert, seit einigen Jahren wird ihre Heilkunst auch wissenschaftlich erforscht und dokumentiert, als Hokuspokus kann man sie nicht einfach abtun, auch wenn es natürlich viele Scharlatane gibt.

Überall in der Innenstadt von Durban kleben Plakate und an den Ampeln werden Flugblätter verteilt, die für die Dienstleistungen zwielichtiger ›Heiler‹ werben. Sie versprechen alles, von gesteigerter Potenz und größeren Penissen über die Erfüllung von Kinderwünschen und schmerzlose Abtreibungen bis zu Lottogewinnen und florierenden Geschäften. Der Handel mit *Muthi* selbst ist ein millionenschweres Geschäft in Südafrika. Eine der Schattenseiten ist die überwiegend unkontrollierte Ernte einheimischer Pflanzen in der Natur, denn viele Heiler sind bis heute

überzeugt, dass nur wilde Pflanzen auch eine medizinische Wirkung entfalten, einen Anbau lehnen sie ab. Das führt dazu, dass einige dieser Arten heute ganz oder nahezu ausgestorben sind. Ähnliches gilt für die Tierpräparate; immer wieder habe ich auf solchen
Märkten auch Teile von Wildtieren gesehen, die auf der Roten Liste stehen. Das grausige Extrem ist die Nutzung menschlicher
Körperteile; erst gerade wieder wurde mitten in der Innenstadt
von Durban ein Mann aufgegriffen, der einen menschlichen Kopf
im Rucksack transportierte, um ihn, laut eigenen Aussagen, einem
Sangoma zu verkaufen. Fälle wie diesen gebe es immer wieder,
räumt auch Patrick ein. »Aber sie sind glücklicherweise die Ausnahme. Die meisten dieser Heiler und Händler sind rechtschaffene Leute und verdienen es auch, als solche behandelt zu werden«,
betont er.

Wir verlassen die Brücke und steigen gemeinsam mit Passanten
und Pendlern die Treppen hinab, gehen an ein paar bunten Markt-
ständen mit Kleidung vorbei und finden uns bald in einer schummrigen Unterführung wieder, dem Standort des ›*Impepho and Lime
Market*‹. Patrick bleibt vor dem geöffneten Gittertor stehen und
entschuldigt sich. »Ich bin gegen irgendetwas da drin allergisch
und habe den ganzen Tag Niesanfälle, wenn ich auch nur ein paar
Minuten dort verbringe. Aber schau dich ruhig allein um, ich warte hier auf dich.« Also gehe ich hinein. Neben würzig duftenden
Kräuterbündeln sind auf Kisten fußballgroße rötliche und weiße
Kugeln kunstvoll zu Pyramiden aufgeschichtet. Ich frage eine der
Händlerinnen, die in ihrer Kittelschürze etwas versteckt hinter ihren Waren sitzt, ob ich ein Foto aufnehmen darf. Sie lächelt mich
warmherzig an, nickt und wir unterhalten uns kurz, so gut das mit
ihrem gebrochenen Englisch und meinem ebenso gebrochenen isi-
Zulu geht. Zodwa Nene arbeitet schon seit 1995 hier. Sie erklärt
mir, dass diese Kugeln aus Kalk und Lehm bestehen, die sie und
die anderen Frauen selbst im Norden von Durban abbauen. Ich
habe diese ›Minen‹ schon einmal gesehen, direkt am Rand der Au-

tobahn führen die Tunnel in kapellenartige, kleine Gewölbe im Untergrund. Die Frauen tragen diese besondere Erde ab, formen sie zu Kugeln, trocknen sie in der Sonne und bringen sie dann hierher. Es ist körperliche Schwerstarbeit für einen winzigen Lohn, die Kugeln kosten gerade einmal 15 Rand. Sie sind ein wichtiger Teil der traditionellen Rituale und Heilkunst, die Erde wird auf Gesicht und Körperpartien aufgetragen oder gegessen. »Die roten Kugeln sind für angehende Heiler gedacht, die weißen für jene, die ihre Ausbildung abgeschlossen haben. Sie werden aber auch als Farbe und Sonnenschutz genutzt und in Wasser aufgelöst gegen Durchfall und Albträume verschrieben«, erklärt Zodwa.

Sie nimmt ein dickes Bündel Kräuter in die Hand, die sogenannten *Impepho,* die verbrannt werden, wenn die Einheimischen mit ihren Ahnen Kontakt aufnehmen möchten; der aufsteigende Rauch stellt ihn her und markiert den Beginn der Rituale. Die Geister der Vorfahren spielen nicht nur bei den Zulu, sondern in den meisten Volksgruppen Südafrikas eine große Rolle. Sie sind Ratgeber, Schutzpatrone und Richter, sie können belohnen und bestrafen, heilen und krank machen. Es ist wichtig, mit ihnen ein gutes Verhältnis zu pflegen und sie bei allen wichtigen Entscheidungen mit einzubeziehen. Ich verstehe die ausführliche Erklärung der Händlerin nicht ganz, also frage ich bei Patrick nach, nachdem ich mich bedankt und verabschiedet habe. »Es gibt mehrere verschiedene Sorten *Impepho*«, erklärt er geduldig. »Spezielle Kräuter, wenn man beispielsweise mit einem verstorbenen Zwilling Kontakt aufnehmen möchte, oder mit jemandem, der bei einem Autounfall gestorben ist.« Außerdem gibt es ein besonderes Gras im Sortiment, das für Reinigungsrituale in Wasser eingeweicht wird. »Bei Beerdigungen waschen wir darin unsere Hände, und wenn jemand aus dem Gefängnis entlassen wird, dann badet er bei der Rückkehr darin.« Die meisten dieser Kräuter und Gräser kommen hier aus KwaZulu-Natal oder der Nachbarprovinz Eastern Cape.

Die Händlerinnen dieses Marktes stammen meist aus den ländlichen Regionen, arbeiten als Team und wechseln sich alle zwei Wochen ab, eine fährt nach Hause, eine andere übernimmt den Stand. »Wenn sie hier sind, dann schlafen sie auch hier. Das ist eigentlich nicht erlaubt, aber die Stadt drückt ein Auge zu. Jeder weiß, dass diese Frauen zu arm sind, um sich die Miete für ein Zimmer und das Fahrgeld zum Markt leisten zu können«, erzählt er. »Ist das nicht gefährlich, wenn die Frauen hier nachts allein sind?«, frage ich angesichts der ausufernden Kriminalität und der erschreckenden Zahl von Vergewaltigungen in Südafrika. »Wir haben dafür gesorgt, dass ein Wachmann hier rund um die Uhr postiert wird, außerdem ist die Gittertür nachts verschlossen«, sagt er beruhigend. Seine Organisation hat kürzlich einen Antrag bei der Stadt eingereicht, um die Bedingungen, unter denen diese Händlerinnen arbeiten müssen, zu verbessern; kleine Schlafkojen sind geplant und ein Schutz vor den heftigen subtropischen Regenfällen, die diese Unterführung regelmäßig überfluten. Er hofft, dass diese Pläne auch bald umgesetzt werden. »Wir haben sie in enger Zusammenarbeit mit den Händlerinnen entwickelt«, betont er. »In der Vergangenheit wurden viele Entscheidungen über ihren Kopf hinweg gefällt. Wir arbeiten hart daran, dass sich das ändert, die Menschen mit Respekt behandelt und mit einbezogen werden, wenn es um ihr Leben und ihre Arbeit geht. Unsere Tür steht ihnen immer offen.«

Wir laufen weiter in den unmittelbar anschließenden *Brook Street Market*, eine Fußgängerpassage, die an den Friedhof und den Bahnhof grenzt. Patrick zeigt auf die gegenüberliegende Seite, dort halten die Langstrecken-Minibustaxis, die Durban mit der Provinz verbinden; sie sind weiterhin das Rückgrat des öffentlichen Verkehrssystems in Südafrika. Das Sortiment dieser Marktstände spiegelt wider, was die Pendler auf den letzten Metern noch einkaufen, bevor sie zu ihren Familien in der ländlichen Heimat aufbrechen:

Der Muthi-Markt von Warwick: traditionelle Heilkunst
vor Durbans moderner Skyline.

grobe Seile, mit denen Kühe und Ziegen angepflockt werden, geflochtene Lederpeitschen, die *Sjambok* heißen, aber auch Akkus für
Mobiltelefone und allerlei Hausrat. In kleinen Kiosken rattern die
Nähmaschinen der Schneider, auf den Kleiderständern hängen per-
lenbestickte kurze Röcke, die Mädchen zu traditionellen Tänzen
tragen, weiße Umhänge der Anhänger des Zulu-Propheten Isaiah
Shembe, dessen Religionsgemeinschaft hier in KwaZulu-Natal
etwa eine Million Mitglieder hat, und bunte Kittelschürzen, die
ebenfalls mehr sind als nur eine praktische Alltagstracht für Haus-
frauen. »Wenn wir um die Hand einer Frau anhalten, dann zahlen
wir *Lobola*, einen Brautpreis. Dazu gehört es, dass der künftige
Bräutigam jedem weiblichen Mitglied seiner künftigen Schwieger-
familie ein solches Kleid schenkt, kurzärmlige für die unverheirate-
ten, langärmlige für die verheirateten Frauen.« Grasmatten, die die
Frauen hier vor Ort knüpfen, während sie auf Kundschaft warten,
zählen ebenso zu den *Lobola*-Geschenken, es gibt größere, die ich
aus den Rundhütten der Dörfer kenne, und kleinere, die bunt ver-

ziert sind. Patrick nimmt eine der kleineren in die Hand, rollt sie
aus und erklärt, was es damit auf sich hat. »Zu den Geschenken und
der ausgehandelten Zahl an Kühen kommt auch noch Bargeld. Der
künftige Ehemann rollt es in diese kleine Matte ein und überreicht
es so dem Familienoberhaupt. Der zählt es nach und gibt die Matte
dann sozusagen als Quittung über den gezahlten Betrag zurück.«
Ich lebe nun schon seit 2009 in KwaZulu-Natal, kannte die Provinz
von früheren Reisen und bin mittlerweile mit vielen der kulturellen
Traditionen vertraut, aber immer wieder erfahre ich neue Details,
wie die Bewandtnis dieser kleinen Matten. Die Kultur ist komplex,
vielschichtig und sehr lebendig. Auch die urbanen, gebildeten Zulus, die in Durban Unternehmen leiten, mit Anzügen, Business-
Kostümen und Smartphones unterwegs sind, sind den alten Traditionen noch immer sehr verbunden. Das ist eine der Facetten, die das
Leben in Durban für mich so interessant machten.

Patrick grüßt weiter rechts und links, während wir unseren
Streifzug fortsetzen. ›*Sawubona*‹, ruft er den Zulu-Händlern zu,
›*Molweni*‹ den Xhosas und anderen, die er vielleicht noch aus den
Tagen des Freiheitskampfes kennt, ›*Hello comrade*‹, mit erhobener
Faust, die er dann zum Herzen führt. Die Händler erwidern seinen Gruß mit einem Lächeln. »Wir haben Patrick und seinem
Team viel zu verdanken«, sagt der alte Mann, den sie Baba Mkhize
nennen und der mit akkurat gebügelter, gestreifter Schürze vor
seinem Stand steht. Er arbeitet seit fast 20 Jahren jeden Tag hier,
früher noch unter freiem Himmel, erzählt er. Erst nach der Jahr-
tausendwende wurde das hohe Metalldach gebaut, das dem ehemaligen Straßenmarkt nun eine markthallenähnliche Atmosphäre
verleiht und die Händler und ihre Waren vor der subtropischen
Sonne und Regen schützt. Etwa zur gleichen Zeit bekamen sie
auch richtige Tische, auf denen sie ihr Sortiment nun präsentieren
können, statt es wie zuvor provisorisch auf Plastikplanen auszu-
breiten. Außerdem wurden endlich die Lagerräume genehmigt,
um die sie so lange gebeten hatten. Früher musste Baba Mkhize

seine Waren abends mühsam mit dem Minibus-Taxi nach Hause transportieren oder Nachtwache halten, heute jedoch packt er sie auf einen klapprigen Einkaufswagen und fährt sie ein paar Meter weiter um die Ecke in einen kleinen Raum, den er sich mit anderen Händlern teilt. »Früher hat die Stadt uns ignoriert, als würden wir gar nicht existieren; korrupte Polizisten haben willkürlich unsere Waren konfisziert, ohne dass wir uns dagegen wehren konnten. Standplätze wurden von geschmierten Beamten unter der Hand vergeben, obwohl laut Warteliste eigentlich andere dran gewesen wären. Aber heute haben wir ein Komitee, eine Organisation, die uns unterstützt, und eine Stimme«, erzählt er.

»Wie steht es um die neuen Pläne?«, fragt er dann an Patrick gewandt und die beiden unterhalten sich kurz auf isiZulu, so schnell, dass ich nur Bruchstücke verstehe. »Um welche Pläne handelt es sich?«, frage ich, als wir weitergehen und eine Treppe zum Bahnhof hochsteigen, die nach Urin stinkt. Patrick seufzt. Die Stadtverwaltung plant ein neues öffentliches Verkehrssystem, auch um das chronische Chaos in der Innenstadt einzudämmen; Minibustaxis sollen nicht mehr kreuz und quer durchs Zentrum fahren, sondern hier, auf einer neu zu bauenden Etage über dem Bahnhof, an einer neuen Sammelstelle halten. Die Passagiere gehen dann zu Fuß weiter oder steigen in die geplanten Schnellbusse. Außerdem soll in einem weiteren Anbau ein Einkaufszentrum entstehen. »Warwick Junction würde jahrelang zu einer riesigen Baustelle, es gibt noch ungelöste Probleme, was die Zufahrtsstraßen betrifft, auf die die Händler für die Lieferung ihrer Waren angewiesen sind. Und einige würden wohl auch ihre Stände verlieren«, meint Patrick. »Wie so oft sind sie bei der Planung nicht mit einbezogen worden, aber wir sorgen dafür, dass ihre Bedürfnisse berücksichtigt werden. Nach jahrelangen Konflikten haben wir mittlerweile ein ganz gutes Arbeitsverhältnis zur Stadtverwaltung.« Auch deshalb möchte er zu diesem Zeitpunkt nicht seine geballte Kritik äußern, obwohl ich spüre, dass es in ihm rumort.

»Wenn man diesen Menschen ihre Art des Handels wegnimmt,
dann entzieht man ihnen auch die Existenzgrundlage und es wird
lange dauern, bis sie sich eine neue aufbauen können, wenn es ihnen überhaupt gelingt«, fügt er nur noch hinzu.

Mittlerweile ist es ohnehin so laut, dass wir uns kaum unterhalten können, Bässe wummern aus den Lautsprechern der Händler, die sich im Bahnhof häuslich niedergelassen haben, auch ihre
Fernseher sind bis zum Anschlag aufgedreht, offenbar soll dieser
Lärm Kunden für ihre DVDs und CDs anlocken. Zwei Ecken weiter wird es dann wieder etwas ruhiger. Hier sitzen die Frauen, die
den Pendlern Snacks für unterwegs verkaufen, vor Fett triefende
Krapfen, würzige *Samoosas* und *Bunny Chow*, eine typische Spezia-
lität aus Durban, die der großen indischstämmigen Bevölkerung
zu verdanken ist und mit Kaninchen oder Hasen nichts zu tun hat.
Da schwarze Südafrikaner während der Apartheid die Restaurants
und Imbissbuden der Stadt nicht betreten durften, bekamen sie
ihr indisches Curry als Take-Away, verpackt in einen halben Laib
ausgehöhltes Weißbrot. ›Bun‹ steht für das Brot, ›Chow‹ bedeutet
im Slang Essen. Was für die Berliner Kebab oder Currywurst sind,
ist für *Durbanites* das *Bunny Chow*. Der verführerische Duft begleitet uns fast bis zum Bahnhofsausgang.

Wir überqueren eine der belebtesten Kreuzungen der Stadt, die
ich von meinen vielen Irrfahrten der Vergangenheit gut kenne, laufen
an den kleinen ›Friseursalons‹ vorbei, windschiefen Buden am Rand
des Bürgersteigs, mit denen meist Einwanderer und Flüchtlinge aus
anderen afrikanischen Staaten ihren Lebensunterhalt verdienen. Auf
den Plastikplanen haben sie die Frisuren aufgemalt, die sie anbieten können, schicke rasierte Streifen für den männlichen Kurzhaar-
schnitt oder lange *Braids,* winzige geflochtene Zöpfe, für die Dame.
Natürlich kennt Patrick auch diese Friseure und die Taxifahrer, die
gelangweilt in ihren geparkten Minibussen dösen und auf die nächste
Rushhour warten. »Lust auf ein Spielchen zum Abschied?«, fragt mich
Patrick grinsend und zeigt auf einen auf Backsteinen aufgestockten

Billardtisch, der mitten im Freien auf einer trostlosen Ecke unter einem der Autobahnzubringer steht. »Natürlich, das wird ein leichtes Spiel für dich«, antworte ich. Schnell hat er die Queues und Kugeln von den jetzt schon belustigt dreinschauenden herumstehenden
Männern organisiert, die sich um den Tisch versammeln. »Jeder, der
Lust hat, kann hier spielen«, sagen sie. Ich kann mir vorstellen, dass
es dabei normalerweise auch um Wetteinsätze geht, aber die Tatsache, dass jemand hier mitten in diesem Chaos auf die Idee gekommen
ist, einen Billardtisch hinzustellen, begeistert mich. Typisch Südafrikaner, denke ich, sie haben ein Talent dafür, das Beste aus einer Situation zu machen. Patrick stößt an und ich warte eine ganze Weile,
da er offenbar einige Übung hat. Die Männer fachsimpeln währenddessen, welche Kugel nun wie am besten ins nächste Loch manövriert werden könnte. Als ich an der Reihe bin, wird es erst ganz still,
dann reißen sie sich regelrecht darum, mir Tipps zu geben, denn es
ist unübersehbar, dass ich eine blutige Anfängerin bin. Mir macht das
nichts aus, ich finde das Ganze eher lustig. Patrick siegt natürlich sou-
verän, die Männer bieten mir noch an, dass ich jederzeit für Nachhil-
feunterricht vorbeischauen könne. Wer weiß, vielleicht komme ich
tatsächlich irgendwann mal darauf zurück. Lachend umarme ich Patrick zum Abschied, der jetzt schnell zu einem Meeting mit der Stadt
weiter muss. Was für ein wunderbarer Beginn meiner Reise, denke
ich. Es sind Leute wie Patrick Ndlovu, die sich für die Schwächsten
der Gesellschaft einsetzen und denen eine Stimme geben, die noch
nie eine hatten, die Südafrika mit ihrem Engagement in Krisenzeiten
wie diesen im Innersten zusammenhalten.

Die Bürde der Pilger

Was wäre Durban ohne die indischstämmige Bevölkerung? Der
würzige Geruch von scharfen Currys und *Bunny Chows*, der Duft
von Räucherstäbchen, die bunten Farben der Saris und die Hindu-
Tempel sind aus der Stadt ebenso wenig wegzudenken wie der Ta-

felberg aus Kapstadt. Mein Mann und ich haben indischstämmige Südafrikaner in unserem Freundeskreis, sie bereichern unser Leben und unseren Horizont. Sie empfangen uns immer mit offenen Armen und bergeweise leckeren Speisen, laden uns ganz selbstverständlich zu ihren Festen ein, etwa zu Diwali, dem Hindu-Festival des Lichts, als wären wir ein Teil ihrer Großfamilie. Durch unseren Freund Ramisperen Arumugam Rangasamy, genannt Ramu, hatte ich auch vom größten Kavady-Festival Südafrikas erfahren, ein Fest zu Ehren der Gottheit Murugan, zu dem jedes Jahr Tausende Gläubige in den Osten von Durban, nach Tongaat, pilgern. Also nehmen Ramu und ich an diesem sonnigen Samstag die Küstenstraße stadtauswärts nach Tongaat, einem Ort, der bis heute inmitten der Zuckerrohrfelder liegt, denen er seine Existenz verdankt. In den 1840er-Jahren hatten die Briten einen Teil der heutigen Provinz KwaZulu-Natal zu ihrem Kolonialgebiet erklärt und begannen bald mit dem Aufbau der Zuckerindustrie. Doch ihre Rechnung, die lokale Bevölkerung als billige Arbeitskräfte zu gewinnen, ging nicht auf. Die meisten Zulu weigerten sich, für die neuen Kolonialherren zu arbeiten, und die Sklaverei hatte das britische Parlament nur wenige Jahre zuvor abgeschafft. Also schloss die kleine Kolonie von Natal einen Pakt mit der mächtigen britischen Kolonialregierung in Indien, die ihnen die fehlenden Arbeitskräfte gern lieferte.

1860 legte das erste Schiff mit rund 340 Arbeitern aus dem südindischen Chennai in Durban an; bis 1911 wurden über 150.000 Inder auf diese Art regelrecht importiert. Nur eine Minderheit der heutigen indischstämmigen Bevölkerung waren Händler, die wegen der guten Geschäftsaussichten freiwillig nach Südafrika kamen und sich selbst ein Schiffsticket leisten konnten. Die *indentured labourers* jedoch waren Knechte auf Zeit, in ihren Verträgen verpflichteten sie sich, fünf Jahre lang hart zu arbeiten, ihr Lohn bestand im Wesentlichen aus Essen und Unterkunft und einer Option nach Vertragsende, entweder auf eine freie Schiffspassage in die Heimat oder ein Stück Land in Natal. »Bei der Anwerbung in Indien wurde diesen überwiegend armen Menschen, die weder lesen noch schreiben konnten, ein besseres Leben versprochen. Aber in Südafrika wurden sie wie Sklaven behandelt«, erzählt Ramu, dessen Vorfahren ebenfalls auf diese Weise ins Land gekommen waren. Die Arbeiter wurden in Baracken gepfercht, in denen verheerende Zustände herrschten. Sie waren von der Außenwelt isoliert, eine Sieben-Tage-Woche und Peitschenhiebe waren die Norm. Ein erstes Zentrum dieser Baracken entstand in Tongaat, wo sich Sir James Liege Hulett, der Gründer des heute milliardenschweren Unternehmens *Tongaat Hulett Sugar,* für diese Art der Arbeitsbeschaffung stark gemacht hatte. Ihre Religion muss damals eine entscheidende Stütze für diese armen Arbeiter gewesen sein. Ein Stein auf einem kleinen Betonsockel diente ihnen in den ersten Jahren als Tempel, bevor 1909 der *Brake Village Sri Siva Soobramaniar Alayam* gebaut wurde.

Es ist schon viel los, als wir dort eintreffen, mit Müh und Not finden wir einen Parkplatz, der Tempel selbst summt vor Aktivität wie ein Bienenstock. In einem großen Zelt neben dem eher schlichten Gebäudekomplex laufen die letzten Vorbereitungen für das Festessen. Ein Mann kommt auf uns zu, um uns höflich zu fragen, ob wir wissen, dass die Prozession hier endet und nicht beginnt. Wir nicken und stellen uns vor. Geeva Subrayan ist der Vorsitzende des Tempel-Vorstands und erzählt uns gern von den Anfängen dieses Festivals. »Es fiel unseren Vorfahren nicht leicht, ihre Arbeitgeber davon zu überzeugen, dass sie einen freien Tag brauchen, um wenigstens einen unserer Feiertage zu feiern.« Doch offenbar fassten sich die Chefs ein Herz und gaben ihrer Belegschaft das Osterwochenende frei, an dem die Produktion in der Zuckermühle ohnehin stillstand. Nun ist Ostern kein Hindu-Feiertag, aber glücklicherweise fällt dieses Kavady-Fest, das traditionell nach einer bestimmten Sternenkonstellation bestimmt wird, in diese Zeit. »So kommt es also, dass wir bis heute als einziger

Tempel in Südafrika *Panguni Uthiram Kavady* in dieser Größen-
ordnung feiern. Es ist zwar Spekulation, aber ich könnte mir vorstellen, dass wir ansonsten vielleicht, wie die meisten anderen, im
Februar *Thai Poosam Kavady* gefeiert hätten. Aber es war wohl der
Wille von Lord Murugan, dass es so kommt«, fügt er lächelnd hinzu. 1909 im Gründungsjahr des Tempels fand bereits das erste Kavady-Festival statt, seitdem wächst die Zahl der Pilger mit jedem
Jahr, auch heute werden wieder Tausende erwartet. Dementsprechend viel hat Geeva noch zu tun, verabschiedet sich für den Moment und verschwindet im Getümmel.

Wir folgen der Straße, auf der ganze Großfamilien, Frauen und
Mädchen in farbenfrohen Saris dem zentralen Festplatz entgegen-
strömen, und schwimmen mit diesem bunten Strom. Ich bin überwältigt, als wir von einer kleinen Brücke aus den ersten Blick auf
den großen Rasenplatz werfen. Das gesamte Farbspektrum leuchtet dort in der Sonne, neben den Saris sind die bunten Prozessionswagen mit Girlanden, orangefarbenen Blumen, Bildern diverser
Hindu-Gottheiten und Straußenfedern dekoriert. Oben auf diesen turmartig spitz zulaufenden teils meterhohen mobilen Altären
spenden knallbunte Sonnenschirme mit Bommeln Schatten für ein
Messinggefäß mit Opfergaben. Je näher wir kommen, desto bunter
und vielfältiger wird es. Die Mitte des Rasenplatzes ist mit einem
rot-weißen Absperrband markiert. »Dort haben nur die Priester
und Pilger Zutritt, die sich körperlich und spirituell auf diesen Höhepunkt der Feierlichkeiten vorbereitet haben«, erklärt Ramu. Es
gibt eine tagelange komplizierte Abfolge von Ritualen, außerdem
wird von den Pilgern erwartet, dass sie auf Alkohol, Sex und Fleisch
verzichten. Am Rande dieses Kreises sind liebevoll mit Blumen,
Federn und Limetten dekorierte Holzgestelle aufgereiht, die Kavady heißen, wie das Fest selbst, und später auf den Schultern getragen werden. Im Kern ist es ein Symbol einer Bürde, die man entweder abgelegt hat oder loswerden möchte. »Entweder drückt man
damit seine Dankbarkeit für etwas aus, das einem widerfahren ist«,

hatte mir Geeva vorhin erklärt, »oder man bittet Lord Murugan darum, bei der Überwindung eines Problems zu helfen. Das kann eine Krankheit sein, ein Konflikt in der Familie, Unfruchtbarkeit, Arbeitslosigkeit und vieles mehr. Natürlich ist es auch ein Ausdruck des Glaubens.« Die schiere Anzahl der Menschen, die heute hierhergekommen sind, zeigt, wie tief die indischstämmigen Südafrikaner auch nach Generationen noch mit ihrem Glauben und der Kultur ihrer ursprünglichen Heimat verbunden sind. Vielleicht symbolisiert sie auch, wie schwer die Bürde ist, die viele Südafrikaner in diesen Krisenzeiten tragen müssen.

Die Stimmung geht auf den Höhepunkt zu. Musiker versammeln sich um die Männer, die gleich an der Prozession teilnehmen werden, zum rhythmischen Klang ihrer Trommeln und Marschbecken fallen die ersten Pilger in Trance. Einige blasen die Wangen auf, wie die Hindu-Gottheit Hanuman, andere starren stur geradeaus oder beginnen sich im Tanz zu drehen. Sie sind barfuß und tragen Pluderhosen, ihre nackten Oberkörper sind mit einem weißen Puder bedeckt. Sobald sie dafür bereit sind, lassen sie sich Haken durch die Haut stechen, an denen Limetten, Kokosnüsse, Blumen und kleine Bronzebehälter hängen. Jeder dieser rituellen Gegenstände hat natürlich seine eigene überlieferte Bedeutung. Teilweise sind es Dutzende an Armen, Brust und Rücken. Zum Schluss werden verzierte Nadeln auch in die Wangen und Stirnpartie gestochen. Ein paar wenige Frauen lassen diese Tortur ebenfalls über sich ergehen. Mir tut schon das Zusehen weh, aber Ramu betont, dass die Pilger in Trance keinerlei Schmerz verspüren und auch kein Tropfen Blut fließt. Tatsächlich sind ihre Mienen unbewegt und die Einstichwunden bluten erstaunlicherweise nicht. Mit den anderen Zuschauern, die sich mittlerweile in rauen Mengen um den inneren Kreis versammelt haben, schaue ich fasziniert zu und versuche gleichzeitig nicht zu starren. Einige Leute gehen auf diese Pilger zu, es wirkt, als würden sie sich mit einer Berührung an der Stirn segnen lassen.« Wird der Glauben dieser Pilger, die sich piercen lassen, im Gegensatz zu den anderen, die nur ihren Kavady tragen, als stärker eingestuft oder werden ihnen sogar besondere Kräfte zugeschrieben?«, frage ich Geeva Subrayan, der plötzlich wieder neben uns aufgetaucht ist. »Ganz und gar nicht«, antwortet er zu meiner Überraschung. »Es gibt weder Kategorien noch unterschiedliche Niveaus. Sie alle verehren Lord Murugan. Einige können eben in den Trancezustand fallen und ihren Körper piercen lassen, aber darauf kommt es nicht an. Es ist eine persönliche Entscheidung, wie man den Kavady begehen will. Auf das Ausmaß des Segens, den man empfängt, hat das keinen Einfluss.«

Während Geeva mit uns zusammensteht, schüttelt er etliche Hände, er ist offenbar nicht nur ein bekannter, sondern auch beliebter Mann in seiner Hindu-Gemeinde. Als er in ein längeres Gespräch verwickelt wird, beobachte ich, wie sich einige Obdachlose auf das Feld stehlen, um die am Rand liegen gebliebenen Opfergaben in ihre Tüten zu packen: Bananen und Milchtüten, Kokosnüsse und Limetten. Keiner der Umstehenden stört sich daran oder verscheucht die zerlumpten Männer. Auch dieser großzügige Gleichmut verwundert mich, also spreche ich Geeva noch darauf an, bevor die Prozession beginnt. »Es ist nicht unbedingt eine religiöse Vorschrift, sondern eher ein Geist des Gebens«, meint er. »Dahinter steckt die Überzeugung, dass Gott dir etwas gibt, damit du dein Leben bestreiten kannst, und von dir auch erwartet, dass du das Gleiche für einen anderen tust, der wiederum auch und so weiter.« Ein Kreislauf des Gebens. Wie schön wäre es, wenn dieser Geist in Südafrika oder jeder anderen Gesellschaft auch im Alltag weiter verbreitet wäre, denke ich.

Langsam und würdevoll setzt sich der bunte Zug der Pilger in Gang, begleitet von den unterschiedlichen Musikgruppen. Der Prozessionswagen des Tempels macht den Anfang, Geeva läuft als Repräsentant der Hindu-Gemeinde ganz vorne mit. Darauf folgen die vielen Pilger, die ihren Kavady auf den Schultern tragen, ein orangefarbenes Blumenmeer, aus dem Pfauenfedern ragen. Zum Schluss reihen sich die anderen Prozessionswagen ein, die von Pilgern gezogen werden, und zwar an den Haken, die sich durch ihre Haut bohren. Autsch. Ich habe selbst noch keinen Trancezustand erlebt und weiß nicht, wie man eine solche Tortur mit einer derartigen Engelsmiene ertragen kann. Wir warten, bis der Zug vorbeigezogen ist, und gehen dann wieder über die Brücke zur Hauptstraße, um dort auf die Pilger zu warten. Polizisten haben die Straße abgesperrt und sind gerade in eine lautstarke Debatte mit einem Lkw-Fahrer verwickelt, der sich über diese Behinderung beschwert. Er drängt die Polizisten, ihn doch noch schnell durchzulassen, beißt bei ihnen jedoch auf Granit und zieht fluchend ab. Für das religiöse Ritual seiner Landsleute hat er kein Verständnis.

Die Straßenränder haben sich mittlerweile mit Schaulustigen gefüllt, darunter viele Familien mit ihren Kindern. »Guck mal, da steht eine Weiße«, ruft ein Mädchen seiner Mutter zu, der das sichtlich peinlich ist. »Kinder!«, sagt sie nur und rollt mit den Augen. Wir lachen und lösen das Unbehagen damit auf. Tatsächlich habe ich an diesem Tag nur wenige nicht indischstämmige Gesichter gesehen, weder weiße noch dunkelhäutige. »Es ist erstaunlich, dass sich nicht mehr andere Südafrikaner für eure Kultur interessieren. Es ist doch spannend, wenn so ein Festival direkt vor der Haustür gefeiert wird«, sage ich zu Ramu. »Das habe ich noch nie so gesehen«, antwortet er. »Weißt du, wir sind einfach immer noch gewohnt, dass jeder in seiner kulturellen Ecke bleibt. Das ist das Erbe der Vergangenheit«, fügt er seufzend hinzu. Eine Generationsfrage kann es aber nicht sein, denn unter den Zuschauern sehe ich viele junge Leute, die ja mittlerweile Schulfreunde und Kommilitonen aus allen Bevölkerungsgruppen haben. Vielleicht liegt es auch einfach nur daran, dass Kavady in die Osterferien fällt. Andererseits hatte ich beim Diwali-Festival in Durban Ähnliches beobachtet. Es bleibt für mich unklar, ob Berührungsängste der Grund sind oder einfach mangelndes Interesse. Leider ist

selbst das friedliche Miteinander in Südafrika weiterhin oft nur
ein geduldetes Nebenher.

Ich jedenfalls bin froh, dass ich heute hier bin. Zu Beginn hatte ich
mich noch ein wenig wie ein Eindringling gefühlt und Geeva auch
gefragt, ob es die zeremonielle Stimmung stören würde, wenn ich
ein paar Fotos mache, aber er winkte ab. »Mach dir keine Sorgen,
hier ist jeder willkommen.« Nachdem ich meine anfängliche Befan-
genheit abgelegt hatte, spürte ich das auch. Viele lächelten mir zu,
keiner schaute mich schräg von der Seite an, auch nicht, als der feierliche Zug nun an uns vorbeizieht und ich meine Kamera auf ihn
richte. Es ist ein beeindruckender Anblick, wie all diese Pilger mit
ihren nackten Füßen auf dem Asphalt ihrem Tempel entgegenge-
hen, in sich gekehrt, fast meditativ. Einige scheinen noch immer in
Trance zu sein, andere wirken auf mich langsam erschöpft. Doch sie

Kavady-Festival in Tongaat: Pilger auf dem Weg zum Tempel.

sind nicht allein, Helfer reichen ihnen Wasserflaschen und wischen ihnen den Schweiß von der Stirn, schieben den Prozessionswagen mit an, wenn sich derjenige, der ihn mit den Haken durch seine Haut zieht, zu quälen scheint. Das Gemeinschaftsgefühl ist in diesen Momenten fast körperlich spürbar, auch wenn wir nur am Rand stehen. Am Tempel angekommen, drehen die Pilger mehrere Runden, bevor sie ihre Gottheit Murugan mit Milch überschütten. Danach strömen die Leute in die Zelte, in denen in riesigen Töpfen Biryani dampft. Doch auch wenn es Tausende sind, bleibt ein Gedrängel aus, die friedliche Stimmung setzt sich fort. »Jeder weiß, dass es hier genug für alle gibt«, sagt Geeva schmunzelnd, der erneut wie aus dem Nichts aufgetaucht ist. »Also stellt euch ruhig mit an. Hier geht es nicht um Hautfarbe, Religion oder darum, ob ihr als Pilger an der Prozession teilgenommen habt. Jeder bekommt bei uns einen Teller mit warmem Essen.« Während wir warten, erzählt er begeistert davon, wie viele Leute, junge und alte, bei der Vorbereitung dieses Festessens helfen. Am Abend zuvor versammeln sich alle in der großen Halle des Tempels, waschen, putzen und schneiden bis in die Morgenstunden bergeweise Gemüse für das vegetarische Mahl, das dann von den Köchen zubereitet wird. »Die Leute helfen wirklich Jahr für Jahr wieder scharenweise. Besonders freut es mich, dass so viele junge Gemeindemitglieder tatkräftig mit anpacken«, betont er begeistert. Zu verdanken sei das natürlich auch den großzügigen Spendern, von denen einige in anderen Teilen Südafrikas oder sogar im Ausland leben, die ihre Tongaater Wurzeln aber nicht vergessen haben und mit ihrer Unterstützung auch die Opfer und die Leistung der ersten Arbeitergeneration würdigen.

Geeva selbst lebt jetzt in der vierten Generation in Südafrika. Von seinem Urgroßvater bis zu seinem Vater haben alle Männer der Familie für die Zuckerindustrie geschuftet. Er selbst arbeitet in der IT-Branche und hat seinem Vater damit einen sehnlichen Wunsch erfüllt. »Mein Vater hat 42 Jahre hier in der Zuckerfabrik von Tongaat für einen Hungerlohn gearbeitet, bis seine Gesund-

heit es nicht mehr zuließ. Er hat das in erster Linie für uns, seine
Kinder getan und gespart, wo er konnte, damit wir eine bessere
Bildung bekommen. Die Schule hatte bei uns zu Hause absolute
Priorität, denn er wollte, dass wir nie für *Tongaat Hulett* arbeiten
müssen.« Das sei typisch für die älteren Generationen gewesen,
sagt Geeva. »Wir leben zwar heute noch hier in Tongaat, aber wir
haben dank ihnen bessere Berufe und ein besseres Leben.« Ramu
nickt zustimmend, auch in seiner Familie stand Bildung an erster
Stelle. Er selbst und seine Schwester sind Lehrer geworden. Auf
der Strecke geblieben ist bei Geeva und vielen anderen indischstämmigen Südafrikanern seiner Generation jedoch die Muttersprache, was er zutiefst bedauert. »Für unsere Eltern war es wichtiger, dass wir Englisch sprechen und gute Noten mit nach Hause
bringen. Der Tamilisch-Nachmittagsunterricht, der auch hier in
der Halle des Tempels gegeben wurde, war zweitrangig.«

Ein Stück Kultur ist verloren gegangen, ein Fehler, den der
45-Jährige nicht wiederholen will. Als Vorstandsmitglied des Tempels hat er sich auch dafür engagiert, dass die zwischenzeitlich ein-
geschlafenen Kulturangebote wieder aufleben: Tabla-, Harmoni-
um- und Gesangsunterricht, klassischer und moderner indischer
Tanz, Yogakurse. »Das wird glücklicherweise gerade von der jungen Generation sehr gut angenommen. Der Tempel hat sich also
von einer rein religiösen Institution zu einer religiös-kulturellen
gewandelt. Wir glauben, dass das unsere indische Gemeinschaft
hier in Tongaat zusammenhält und dass wir auch den Hinduismus
hier in Südafrika am Leben erhalten können, wenn wir den Kindern von klein auf unsere Kultur in all ihren Facetten näherbrin-
gen.« Er sorgt sich sichtlich um die Zukunft seiner Kultur und Religion, die laut Verfassung im ›neuen‹ Südafrika geschützt sind.
Aber um sie auch frei ausüben zu können, brauche man hin und
wieder die Unterstützung der Regierung, sagt er, während wir den
dampfenden Essenstöpfen näher rücken. »Wir müssen Priester
aus Indien einfliegen lassen, damit unsere Religion nicht zu einer

billigen Kopie verkommt, und auch Kunsthandwerker, die für unseren geplanten Tempel-Neubau die Skulpturen originalgetreu herstellen«, betont er. Doch es scheitert oft an den Visa und anderen bürokratischen Hürden. »Weißt du, was mir eine Beamtin dazu sagte?«, fragt er empört. »Die Inder kommen hierher, heiraten einheimische Frauen und kehren nie wieder in ihre Heimat zurück. Deshalb sind wir bei der Visa-Vergabe extrem vorsichtig.« Er schüttelt entgeistert den Kopf. »Wenn sich an dieser Einstellung nicht schnell etwas ändert, dann könnte unsere Religion so enden wie unsere Muttersprache. Das ist eine echte Herausforderung. Davor habe ich wirklich Angst.«

Auf die Regierung ist er, wie momentan die meisten Südafrikaner, ohnehin nicht gut zu sprechen. Rechtschaffene Politiker, wie der indischstämmige Ex-Finanzminister Pravin Gordhan, würden einfach in einer Nacht-und-Nebel-Aktion abgesetzt, kritisiert er. Für dessen Gegenspieler, die einflussreiche, indische Unternehmerfamilie um die Gupta-Brüder, die im Zentrum des korrupten Geflechts stehen, das unter Präsident Zuma entstanden ist, empfindet er nur Abscheu. Seine Heimat bräuchte wieder eine verantwortungsvolle politische Führung, die unabhängig von der Hautfarbe Posten nach Kompetenz besetzt, die Demokratie schützt und die Minderheiten respektiert, statt ihre Stimmen zu ignorieren. »Sonst werden die Menschen unserem wunderbaren Land massenweise den Rücken kehren«, prophezeit er düster. Erst vor ein paar Tagen sei einer seiner Freunde nach Australien ausgewandert. »Er war ein erfolgreicher Ingenieur, aber auch ein wunderbarer Sänger und ein engagiertes Mitglied unseres Tempels. Wir haben also nicht nur eine der hochqualifizierten Fachkräfte verloren, die unser Land so dringend braucht, sondern auch eine wichtige Stütze unserer Religion.« Geeva hebt in einer hilflosen Geste die Hände gen Himmel. Er selbst denkt nicht ans Auswandern, dazu ist er in seinem Heimatort, seiner Großfamilie und seinem Tempel zu tief verwurzelt. Er fühlt sich in erster Linie als Südafrikaner, nicht als Inder, das Land seiner Vorväter kennt er nur von Reisen, vieles war ihm dort fremd.

»Was könnte denn zu einem Wandel führen, wie du ihn dir wünschst?«, frage ich. Er denkt kurz nach. »Auf Wählerstimmen können wir uns angesichts der großen ungebildeten Landbevölkerung, die nach wie vor auf leere Versprechungen reinfällt, leider nicht verlassen, obwohl das in einer Demokratie so sein sollte. Das Einzige, was uns jetzt noch helfen kann, ist das gemeinsame Gebet, am besten religionsübergreifend.« Seine Antwort verblüfft mich, vielleicht auch, weil ich selbst nicht religiös bin, aber in diesem Kontext, mitten zwischen den Pilgern wirkt sie weniger befremdlich als an einem anderen Ort. Der alte Mann hinter dem riesigen Topf schenkt mir ein fast zahnloses, gütiges Lächeln und hält mir einen Pappteller hin, eine Kelle Biryani und Süßkartoffelpüree landen darauf. Ich bedanke mich bei ihm und bei Geeva, der heute an diesem besonderen Tag so viel Zeit mit uns verbracht hat. Fast tut es mir leid, dass die Unterhaltung eine solch politische Wendung genommen hat, aber momentan kommt man in Südafrika angesichts der himmelschreienden Regierungsführung eigentlich in keinem Gespräch an diesem Thema vorbei. Während er mit seinem Teller in einem der Zelte verschwindet, setze ich mich mit Ramu nach draußen auf die kleine Wiese gegenüber dem Tempel. Wir genießen die Sonne, das fabelhafte Essen des Tempels und lassen den Tag so gemeinsam ausklingen.

Das Geheimnis der San

Der Indische Ozean verschwindet im Rückspiegel, mein Roadtrip durch Südafrika beginnt mit einem steilen Anstieg. Bald mäandert die Straße durch die sanften Hügel der Midlands, fruchtbares Farmland umgibt mich. Die Landschaft erinnert eher an die Voralpen als an das klassische Bild von Afrika. Platanen, Eichen und Buchen wachsen hier, angepflanzt von den europäischen Einwanderern, Milchkühe stehen auf den Weiden, prächtige Alleen führen zu gemütlichen Landgasthöfen. Ich bin auf dem Weg in die Drakensberge, die Buren erinnerte die gezackte Silhouette dieser mächtigen Berge an den Rücken eines Drachens, die Zulus nannten sie *uKhahlamba*, Barriere der Speere, die Grenze des Feldzugs ihres Königs Shaka. Mein Mann und ich sind oft und gerne zum Wandern in diesem zum Weltnaturerbe zählenden Schutzgebiet, das an das kleine Königreich Lesotho grenzt. Bei einem unserer letzten Ausflüge nach Kamberg, das etwa in der Mitte dieser mächtigen Bergkette liegt, waren mir gerahmte Fotos an der Rückseite des Empfangsgebäudes aufgefallen. Sie zeigen überwiegend ältere Einwohner aus der Gegend und ich sprach einen der Bergführer darauf an. Das seien die Nachkommen der San, erklärte er mir.

Die San gehören zu den Ureinwohnern Südafrikas, der Begriff fasst viele unterschiedliche Clans zusammen, die seit der Steinzeit in verschiedenen Regionen als Jäger und Sammler lebten. Ihre Felszeichnungen in den Drakensbergen sind weltweit bekannt, lange galten sie als das letzte Vermächtnis der seit Anfang des 20. Jahrhunderts ausgestorbenen lokalen San-Clans. San-Nachkommen, so hieß es, lebten nur noch weiter nördlich, in Wüstenregionen statt hier in den Bergen. Europäische Einwanderer hatten regelrecht Jagd auf die Ureinwohner gemacht, die nach dem Verlust ihrer Jagdgründe das Vieh der Siedler ins Visier nahmen; Shakas Krieger hatten die San ebenfalls verfolgt und vertrieben, zudem dezimierten eingeschleppte Krankheiten, gegen die die San keine Abwehrkräfte entwickelt hatten, die Bevölkerung. Doch nun erfuhr ich, dass eine kleine Gruppe weiterhin in den Drakensbergen leben soll, der Bergführer sprach von den ›Secret San‹ und den Spuren dieses Geheimnisses will ich nun nachspüren. Ich hatte mit Hilfe des Bergführers die Nummer von einem dieser San-Nachfahren erhalten, ihn nach vielen Versuchen auch endlich erreicht und mich mit ihm für den Vormittag verabredet.

Über Schotterstraßen erreiche ich Thendele, ein kleines Dorf bei Kamberg am Fuß der Drakensberge. Ärmliche Häuser mit buckligen Fassaden, windschiefen Türen und Blechdächern verteilen sich vom Straßenrand bis zu den Berghängen, ein zerlumpter Hirte treibt eine Kuhherde durch die Landschaft, angepflockte Ziegen zupfen an den Grashalmen. Ich parke vor dem vereinbarten Treffpunkt, dem kleinen Laden des Dorfes, steige aus, strecke meine Beine nach der Fahrt in der herrlich klaren Bergluft aus und warte gespannt auf den geheimnisvollen San-Nachfahren mit dem eher gängigen Namen Richard Duma. Ein hagerer Mann mit grünen Arbeitshosen, schweren Stiefeln und einem zerschlissenen Hemd unter einem Pullunder kommt auf mich zu. »Du wartest sicher auf mich«, sagt er und streckt mir die Hand entgegen. »Ich hoffe, du hattest niemanden im Lendenschurz mit Pfeil und Bogen erwartet«, fügt er schmunzelnd hinzu. »Das ist ja immer noch das Bild, das viele von uns haben.« Lachend setzen wir uns ins Auto und fahren gemeinsam in den Nationalpark, wo wir zu einer der Höhlen wandern wollen, die für Richard und sein Volk eine besondere Bedeutung hat. Wir melden uns wie alle Wanderer bei der Rezeption an, stiefeln gemeinsam los und Richard beginnt mir die Geschichte zu erzählen, auf die ich neugierig bin.

Der Name des 56-Jährigen geht auf Chief Dumisa Duma zurück, der Mitte des 19. Jahrhunderts regierte. In vielen Quellen wird er als Zulu beschrieben, doch Richard betont, »Dumisa war selbst einer von uns, ein *Abathwa*, wie die Zulus uns San nannten. Allerdings hatte er sich den Zulu angepasst, wurde einer von ihnen, war ein angesehener Händler, Jäger und Oberhaupt eines Dorfes.« Als solcher gewährte er dem letzten verbliebenen Grüppchen San Schutz, die nicht wie viele andere vor Shakas Kriegern oder den Konflikten mit den europäischen Einwanderern geflohen oder bei den blutigen Auseinandersetzungen gestorben waren. Die Familien wurden in seinem Dorf sesshaft und von den Bewohnern als Nachbarn anerkannt, auch Hochzeiten zwischen

Am Fuß der Drakensberge: die Autorin und
Richard Duma vor ihrer Wanderung.

Abathwa und Zulus waren nicht unüblich. »Ich wusste immer, dass
ich kein Zulu bin. Aber mir wurde von Kindesbeinen an eingebläut, dass ich mit niemandem außer einem kleinen Kreis von Ein-
geweihten über unsere wahre Identität sprechen durfte. Unsere
Vorfahren waren erschossen, verfolgt oder versklavt worden und
meine Eltern befürchteten, dass uns ein ähnliches Schicksal dro-
hen könnte.« Bis die neue demokratische Regierung 1994 in Südafrika gewählt wurde, hüteten die ›Secret San‹ deshalb ihr Geheimnis und lebten wie ihre Zulu-Nachbarn.

»Wir waren alle überglücklich, dass wir dann endlich unsere
wahre Identität offenbaren konnten«, sagt Richard, während wir
dem Weg durch die weite Graslandschaft folgen. Zunächst jedoch
glaubte man ihnen nicht; die San der Drakensberge galten schließlich als ausgestorben und die Dumas hatten äußerlich eher Ähn-
lichkeiten mit den Zulus als mit den San, die man aus anderen Lan-

desteilen kannte. »Ein Professor aus Johannesburg hat dann meine DNA untersucht und damit bewiesen, dass tatsächlich San-Blut in meinen Adern fließt«, erzählt Richard, sichtlich stolz auf seine Herkunft. Natürlich sind die unterschiedlichen Volksstämme im Lauf der Jahrhunderte nicht unter sich geblieben, viele Südafrikaner tragen noch Spuren dieser uralten Gene in sich und auch Richard ist nicht der »hundertprozentige San«, der er gern sein würde; zwar ist er ein direkter Nachkomme der Ureinwohner, aber auch Zulus gehören zu seinen Vorfahren. Aber was seinen Clan abgesehen vom genetischen Profil besonders macht, ist die Tatsache, dass die Geschichte seiner San-Urahnen durch mündliche Überlieferungen über diese lange Zeit erhalten geblieben ist. »Im Alltag unterscheidet uns nichts von unseren Zulu-Nachbarn«, betont Richard. »Aber wir haben andere traditionelle Rituale, die wir heute endlich auch nicht mehr verheimlichen müssen.«

Er bleibt vor dem traumhaften Panorama der Berge stehen. Die Gipfel, die teilweise schon im kleinen Königreich Lesotho liegen, sind schneebedeckt, im Tal mäandert ein Fluss, ein See glitzert in der Sonne. Er deutet mit der geschlossenen Faust auf einen der Berge. »Siehst du diesen Gipfel dort drüben, der an die Federkrone eines Perlhuhns erinnert?«, fragt er mich. Ich nicke. »Dieser Berg ist zentral für eines der Rituale, mit denen wir San Regen gemacht haben. Was es genau beinhaltet, kann ich dir leider nicht erzählen, weil es ein Geheimnis ist. Aber wir zeigen nur mit dem ausgestreckten Finger auf diesen Berg, wenn wir dieses Ritual durchgeführt haben und wollen, dass es regnet.« Wegen dieser besonderen Fähigkeit, mit den Geistern des Wassers zu kommunizieren und mit den ›Regen-Tieren‹ in Verbindung zu treten, sollen die Zulu, die erst viele tausend Jahre später in diese Region kamen, die Ureinwohner gefürchtet, geachtet und konsultiert haben. »Einige ihrer alten traditionellen Heiler haben diese Kunst aber auch von den San gelernt, ebenso verdanken sie uns das Wissen über die

Heilpflanzen, die hier wachsen.« Doch der Ruf der San als mächtige Heiler brachte ihnen nicht nur Anerkennung und Respekt ein. Immer wieder wurden sie wegen ihrer übernatürlichen Kräfte der Hexerei bezichtigt; so mussten die San etwa Rache befürchten, wenn Unwetter große Schäden anrichteten, jemand vom Blitz getroffen wurde oder unerklärliche Krankheiten auftraten.

Wir folgen dem Pfad weiter, der nun eng am Hang des Berges durch eine Felseinbuchtung hinter einem kleinen Wasserfall hindurchführt. Die Tröpfchen setzen sich auf unsere Haut und Kleidung, die Berglandschaft verschwindet hinter einem dünnen Schleier. Es ist einer der spirituellen Orte der San, den ihre Nachkommen bis heute als nie versiegende Quelle verehren. Detaillierter will oder kann Richard auch darüber keine Auskunft geben. Buchstäblich über Stock und Stein folgen wir nun dem steil ansteigenden Pfad durch den lichten Wald am Hang. Auf mächtigen Felsbrocken wächst Moos, zwischen dicken Wurzeln sprießen Pilze, Lianen ranken sich an den Bäumen hoch, nur ab und zu gibt die Vegetation den Blick auf das Tal frei. Als wir vor einem Zaun ankommen, kramt Richard einen Schlüssel aus seiner Hosentasche und öffnet die quietschende Gittertür. Sie schützt die Felsmalereien des *Game Pass Shelter*, die wir wenige Minuten später über eine Holztreppe erreichen. Richard hält einen Moment inne, zu Ehren seiner Vorfahren, also warte auch ich ab und mustere still die uralten Zeichnungen in roten, weißen, braunen und Ocker-Farbtönen, die die San vor Abertausenden Jahren unter anderem aus Steinpulver, Fett, Asche und Blut hergestellt haben.

Herden von Elenantilopen, auch Eland genannt, laufen über den Felsüberhang, darüber springen Jäger mit ausgestreckten Beinen, Schamanen tanzen sich in Trance. Jahrzehntelang waren europäische Forscher davon ausgegangen, dass die San in den mehreren zehntausend Zeichnungen, die sich überall in den Drakensbergen finden, nicht viel mehr als ihren Alltag darstellen und Jagdgeschichten erzählen, bis sie auf diesen ›*Rosetta Stone*‹ stießen, der ihnen erstmals die Tür zur spirituellen Welt der San einen Spalt breit öffnete. Zentral ist eine offenbar sterbende Elenantilope, ihr Kopf gesenkt, ihre Vorderbeine eingeknickt, auf dem Rücken stehen ihre Haare zu Berge, ein Symptom für die Wirkung der Giftpfeile. Ein Schamane hält den Schwanz des Tieres fest, damit dessen Kraft auf ihn übergeht, in Trance hat er sich selbst halb verwandelt, er hat Hufe statt Füße. Eine nebenstehende Figur hat keinen menschlichen, sondern einen Antilopen-Kopf. Weitere tanzen vornübergebeugt, die Arme nach hinten geschwungen.

»Die Szene ist eine Metapher für die enge Verbindung von Tod und Trance in unserer spirituellen Glaubenswelt«, erklärt Richard, der nun wieder neben mir steht. Ich kenne diese Interpretation der Wissenschaft, aber mich interessiert sein eigener Bezug zu diesem besonderen Ort. »Was bedeutet er dir?«, frage ich ihn. »Das lässt sich nur schwer in Worte fassen«, antwortet er nachdenklich. »Ich fühle mich hier meinen Wurzeln nahe, ich spüre die Kraft meiner Vorfahren und ich erinnere mich an vieles, was ich hier an dieser Stelle selbst erlebt habe.« Er erzählt, wie er und seine Familie manchmal nachts heimlich hierherkamen, als die Gegend noch eine Farm und kein Nationalpark war und die Dumas ihre San-Identität noch geheim halten mussten. »Wenn jemand aus der Familie krank war, dann wurde er von den Ältesten in diese Höhle gebracht. Sie nahmen eine Verbindung zu den Felsmalereien und unseren Ahnen auf, um den Patienten zu heilen.« Tänze im Trancezustand scheinen dafür ebenso zentral gewesen zu sein wie das umfangreiche Wissen der San über die medizinische Wirkung einheimischer Pflanzen. Am liebsten aber erinnert sich Richard Duma an die ›Eland Zeremonie‹, die sein Clan hier jedes Jahr feiert. Nach vielen Anträgen hatte die Nationalparkbehörde 2002 endlich grünes Licht dafür gegeben, wenn auch mit ein paar Einschränkungen zum Schutz der fragilen Felsmalereien. Die Feierlichkeiten müssen demnach in einem gewissen Abstand, nur in kleinem Personenkreis abgehalten werden und das Opfertier, na-

türlich eine Elenantilope, wird nicht im Park, sondern auf einer
der Nachbarfarmen erlegt.

»Nur wir Ältesten des Duma-Clans sind hier bei der eigentlichen
Zeremonie zugelassen«, erzählt der 56-Jährige. »Wir bringen am
Ufer eines Teiches erste Opfergaben dar und sprenkeln auf dem
weiteren Weg etwas Blut des Elands. Hier oben angekommen,
zünden wir ein Feuer an, um anhand des Rauches zu sehen, ob die
Ahnen unser Tun gutheißen. Wir bezeugen unseren Respekt, tanzen für sie und bitten um ihren Schutz.« Ich erkenne in seiner kurzen Beschreibung Elemente, die den Ritualen der Zulu sehr ähnlich sind. Es bleibt unklar, ob die historischen Wurzeln dieser
Zeremonie tatsächlich bis in die Zeit der San zurückreichen oder
ob sich die beiden Kulturen mit der Zeit untrennbar miteinander
vermischt haben und hier eine neue Tradition entstanden ist. »Am
nächsten Tag laden wir das ganze Dorf zu einem großen Fest ein

Uralte Felszeichnungen: Einblick in die spirituelle Welt der San.

und andere San-Nachkommen reisen aus dem ganzen Land mit ihren Familien an, um mit uns zu feiern.« Er strahlt bei dieser Erinnerung. Früher gehörte er zu einer winzigen und noch dazu
schweigenden Minderheit, heute aber staunen seine Nachbarn
über seine große ›Verwandtschaft‹ aus ganz Südafrika.

Gemeinsam betrachten wir die Felsmalereien, teilweise sind
sie gut erhalten, teilweise ist die Farbe aber auch verblichen oder
mit der oberen Steinschicht abgeblättert. »Früher gab es hier noch
viel mehr Bilder«, meint Richard. »Doch sie sind entweder mutwillig zerstört oder gestohlen worden. Die Leute haben sie einfach
aus dem Stein gehauen, entweder um sie als Andenken mitzunehmen oder um uns San zu schaden.« Mittlerweile sei ja wenigstens
das *Game Pass Shelter* durch den Zaun abgeschirmt, aber die Felszeichnungen in vielen anderen Höhlen seien solchen Kulturerbe-
Räubern weiter schutzlos ausgeliefert. »Zum einen haben es die
Sangomas darauf abgesehen, zum anderen die Anhänger charisma-
tischer Freikirchen. Sie wissen, welche Kraft die Malereien unserer Vorfahren haben, und diese Kraft wollen sie uns San rauben, um
sie für ihre eigenen Heilkräfte zu missbrauchen. Das muss aufhören!« Richard wünscht sich strengere Kontrollen durch die Nationalparkbehörde, aber solange er darauf wartet, nimmt er die Sache
selbst in die Hand. Regelmäßig wandert er von einer Felsmalerei
zur nächsten, um ihren Zustand zu dokumentieren und nachzuse-
hen, ob ungebetene Gäste dort waren. Denn schon Gebete oder
Rituale, die mit den San nichts zu tun haben, könnten diese heiligen Orte, wie er es ausdrückt, »kontaminieren«.

Als wir uns auf den Rückweg machen, hält Richard auf einmal
so abrupt an, dass ich ihm auf dem schmalen Pfad fast in die Fersen laufe. Er hält einen Finger an seine Lippen und zeigt mit einem
anderen auf den gegenüberliegenden Hang. Ein Eland, das mystische Krafttier der San, läuft majestätisch durch die Graslandschaft. Was für ein Glück! Wir beobachten es eine Weile, bis es
wieder in einem Waldstück verschwindet. »Auch wenn ich diese

Tiere oft sehe, ist es für mich bis heute doch immer noch etwas Besonderes«, sagt Richard. »Wir jagen die Elands nicht mehr wie früher, als wir noch auf ihr Fleisch angewiesen waren. Unsere Vorfahren haben das Blut, die Innereien, das Fett rund ums Herz und die Knochen im Alltag auch noch für medizinische Zwecke genutzt. Aber heute erlegen wir es nur noch für unsere rituelle Zeremonie.« Lediglich ein Kern dieser uralten Kultur ist hier in den Drakensbergen erhalten geblieben, ein Großteil des ursprünglichen Wissens ist mit den Jahrhunderten verloren gegangen.

Die Dumas sind neben den fragmentierten mündlichen Überlieferungen auf die Erkenntnisse von Archäologen angewiesen, um mehr über ihre eigenen Wurzeln zu erfahren. »Noch wertvoller ist für uns aber der Austausch mit anderen San-Clans«, betont Richard, als ich ihn darauf anspreche. »Den San in der Kalahari ist es beispielsweise ja gelungen, unsere Kultur und Sprache zu bewahren.« Schmunzelnd erinnert er sich an das erste Zusammentreffen. »Sie fragten, warum meine Haut so dunkel ist, denn ihre ist ja deutlich heller. Naja, sie hatten Jan van Riebeeck und wir Shaka Zulu«, fügt er glucksend hinzu. »Aber dank des DNA-Tests konnte ich ihnen beweisen, dass ich zwar anders aussehe, aber trotzdem ein entfernter Verwandter bin.« Richard ist offenbar sehr bemüht, den Kontakt zu dieser neuen Großfamilie weiter zu vertiefen. Er träumt davon, dass sich Vertreter aller Ureinwohner Südafrikas zweimal im Jahr treffen können. Aber angesichts der großen Entfernungen ist das teuer und ein logistischer Kraftakt. »Mein größter Wunsch ist, einen ihrer Lehrer zu uns zu holen, damit er unseren Kindern unsere vergessene Muttersprache beibringen kann. Aber auch das scheitert momentan noch am Geld.« Er hat bei diversen Behörden und Ministerien um Unterstützung gebeten, aber bislang leider ohne Erfolg. Das ärgert ihn. »isiZulu, isiXhosa, Afrikaans und so weiter, wir haben ganze elf offizielle Landessprachen in Südafrika. Aber unsere eigene Sprache, die hier lange vor allen anderen gesprochen wurde, zählt nicht dazu.«

Nur etwa ein Prozent der südafrikanischen Bevölkerung gelten als Nachkommen der Ureinwohner, der San, Khoi, Griqua und Koranna. Seit der demokratischen Wende fordert diese Minderheit von der Regierung eine Anerkennung als ›First People‹ und eine rechtliche Gleichstellung mit den anderen Volksgruppen im Land, deren traditionelle Oberhäupter und Gemeinschaften längst vom Staat anerkannt sind. Ein lang erwarteter Gesetzentwurf wurde im Herbst 2015 endlich veröffentlicht, doch bis er auch in Kraft tritt, könnte es lange dauern, denn es hagelt Einsprüche in mehreren Punkten. Im Kern kritisieren die unterschiedlichen Gruppen, die die Ureinwohner vertreten, dass die historischen Ungerechtigkeiten auch mit diesem Gesetz nicht beseitigt werden. »Wie stehst du denn zu diesem Entwurf?«, will ich von Richard wissen, als wir wieder im Tal ankommen und ins Auto steigen. Gelesen hat er das rund einhundert Seiten starke Dokument nicht, das nur auf Englisch und naturgemäß in Juristenjargon verfasst bei den öffentlichen Anhörungen vorgelegt wurde. »Die Tatsache, dass es diesen Entwurf überhaupt gibt, ist schon ein Schritt in die richtige Richtung. Aber dieser ganze Prozess dauert einfach zu lange. Meine Familie und ich hoffen, dass der Präsident es bald unterschreiben kann und wir endlich bekommen, was uns zusteht: Anerkennung, Gerechtigkeit und das Land unserer Vorväter«, antwortet er.

Die ersten Häuschen von Thendele tauchen am Straßenrand wieder auf, vor einer kleinen Kneipe hängen junge offenbar bierselige Männer herum. Seine Gemeinde bräuchte vor allem Arbeitsplätze, sagt Richard. Wenn sie Farmland als Entschädigung für die Vertreibung und Verfolgung der Vergangenheit bekämen, dann könnten sie wenigstens ein landwirtschaftliches Projekt starten. Viehzucht und der Anbau von Speisepilzen sind aus seiner Sicht vielversprechende Geschäftsfelder. »Das ist ein bescheidener Wunsch, denn eigentlich gehört ja ganz Südafrika uns«, fügt er kämpferisch hinzu. Land ist in Südafrika ein Dauerkonflikt, bei der überforderten und außerdem nicht sonderlich effektiv arbeitenden Behörde stapeln sich die Landklagen ehemals Vertriebener bereits seit Jahren. Der einst nomadische Lebensstil seiner Vorfahren steigert die Erfolgsaussichten ebenfalls nicht, auch wenn ich verstehen kann, dass er den Status quo als ungerecht empfindet. Eine Anerkennung als ›First People‹ ist sicherlich längst überfällig. »Sie wäre auch im Interesse ganz Südafrikas«, meint Richard. »Wie meinst du das?«, frage ich nach. »Ich denke, dass wir hier in unserem Land auch deshalb so viele Probleme und Konflikte haben, weil wir als ›First People‹ nach wie vor ausgegrenzt und nicht anerkannt werden. Das verärgert unsere Vorfahren und das lassen sie uns alle spüren.« Eine Art Fluch der Ahnen liegt demnach also über der krisengeschüttelten Demokratie. Es ist eine Theorie, die ich auf meiner Reise von Südafrikanern ganz unterschiedlicher Herkunft noch öfter hören werde. Die Geister der Vorfahren sind mächtig in diesem Land.

Kapitel 2

Eastern Cape

Von Freiheitskämpfern, Erben und Jockeys

Die schwüle, subtropische Hitze umarmt mich wie ein feuchtwarmes Handtuch – ein vertrauter Willkommensgruß der Südküste von KwaZulu-Natal, der bei mir mittlerweile Heimatgefühle auslöst. Schon bevor die kurvenreiche Straße einen ersten Blick auf den Indischen Ozean freigibt, spüre ich seinen Atem auf meiner Haut. Nach der trockenen Bergluft öffnet sich jede Pore fast spürbar, atmet die hohe Luftfeuchtigkeit ein und wieder aus. Der dünne Film, der sich auf der Haut bildet, ist im Sommer ein ständiger Begleiter. Nicht jeder mag ihn, aber ich liebe dieses Klima und die Natur, die es hervorbringt. Üppiges Grün in allen denkbaren Schattierungen prägt das Provinzstädtchen Port Edward. Bananen-, Macadamianuss- und Kaffee-Plantagen säumen die Straße, unterbrochen von noch ungezähmten Waldstücken, die dem Fluss entgegenzustreben scheinen, der die

Grenze des ehemaligen Homelands Transkei markiert. Die nächste Woche werde ich hier verbringen, auf den Spuren des jungen Nelson Mandela und einer neuen Generation Freiheitskämpfer.

Gemächlich fließt der Mtamvuna unter dem großzügigen Metallbogen einer Brücke hindurch. Links die breite Mündung ins Meer, rechts steile Felswände und die saftig grünen Wälder, durch die sich der alte Grenzfluss seit Jahrhunderten einen Weg gebahnt hat. Früher trennte die Brücke Südafrika von der pseudo-unabhängigen Transkei, heute verbindet sie die beiden Provinzen KwaZulu-Natal und Eastern Cape. Südafrika ist zusammengewachsen, die Bruchstellen sind auf den ersten Blick nicht mehr sichtbar, alte Grenzen wie diese sind heute buchstäblich fließend.

Ein Relikt der Apartheid wartet unmittelbar auf der anderen Seite des Mtamvuna: ein Casino. Im puritanischen Südafrika war Glücksspiel damals verboten, also lagerte man es in die schwarzen Homelands aus. Schließlich waren sie nach der bigotten Logik des rassistischen Regimes eigenständige Staaten, auch wenn sie nie als solche von der Weltgemeinschaft anerkannt wurden. Die Transkei war 1976 das erste Homeland, das in die vollkommen von Südafrika abhängige Unabhängigkeit entlassen wurde. Für den Apartheid-Staat war es ein schier unerschöpfliches Reservoir billiger Arbeitskräfte, die man bequem wieder dorthin abschieben konnte, wenn sie ihre Pflicht getan hatten, und ein sündiges Paradies. Black Jack statt *Black Lives Matter*. Bis heute gibt es diese glitzernden Spieltempel inklusive Hotel, Golfplatz, Wasserrutschen und Kino auch in anderen ehemaligen Homelands. Doch es zieht mich nicht an den Roulettetisch, sondern ans andere Ende des großzügigen Casino-Geländes, ans Ufer des Mzamba-Flusses, wo ich mit Nonhle verabredet bin.

Freunde hatten mir ihre Nummer in die Hand gedrückt, als ich ihnen von meinen Plänen erzählte, ein paar Tage die wilde Küste, die Wild Coast, entlangzuwandern. Es ist eine meiner Lieblingslandschaften in Südafrika: urwüchsig und von atemberaubender

Schönheit. Vor vielen Jahren war ich hier gemeinsam mit meinem Mann mit Rucksack und Zelt unterwegs. Von Port St. Johns sind wir etwa einhundert Kilometer bis nach Port Edward gewandert – auf schmalen Fußpfaden durch die weite, spärlich besiedelte Hügellandschaft, kraxelnd entlang schroffer Abhänge, barfuß über die Sandstrände, durch mehr als hüfthohes Wasser der Flussmündungen watend, staunend an Wasserfällen, die sich tosend direkt ins Meer stürzen, und berührt von der Gastfreundschaft der Einheimischen, die uns unterwegs begegneten. Es war der Beginn einer Liebe zu dieser Region und ihren Menschen, den Mpondo. »Diesmal musst du Nonhle treffen! Außerdem ist es sicherer, wenn du nicht allein unterwegs bist«, hatten mir meine Freunde ans Herz gelegt. Ihr Name ist mir vertraut, Nonhle Mbuthuma ist eine einheimische Umweltaktivistin, seit Jahren setzt sie sich für den Erhalt der Natur und Kultur ihrer Heimat ein. Eine bessere Weggefährtin kann ich mir nicht wünschen, um mehr über Land und Leute zu erfahren. »Triff mich Montag früh am Fluss«, hatte Nonhle mir am Telefon spontan zugesagt. ›Meet me at the river‹, so wie der berühmte Song von Miriam Makeba. Die Melodie summend, parke ich mein Auto auf dem Casino-Parkplatz, schultere meinen Rucksack und folge ihrer Wegbeschreibung über eine große Wiese. Vom Tiefblau des Indischen Ozeans weht nicht einmal der Hauch einer Brise. Kein Wölkchen trübt den blitzblauen Himmel und auch meine Stimmung ist ungetrübt.

Nonhle ist noch nicht da, als ich den vereinbarten Treffpunkt erreiche. Das ist eher die Regel als die Ausnahme in Südafrika und daher kein Grund zur Sorge. Geduldiges Warten gehört zu den Dingen, die ich während meiner Zeit hier gelernt habe, wenn auch notgedrungen und zunächst zähneknirschend. Mittlerweile empfinde ich die meisten Menschen bei Besuchen in der alten Heimat Deutschland oft als extrem ungeduldig. Nach ein paar Minuten Verspätung wird schon das Smartphone für einen Anruf gezückt. Einem Südafrikaner würde das im Traum nicht einfallen. Mir auch nicht mehr. Doch ein wenig deutsch bin ich dann doch noch. Während die meisten meiner südafrikanischen Freunde Pünktlichkeit für unnütz halten, weil ja sowieso alle zu spät kommen, halte ich mich weiter an vereinbarte Uhrzeiten. Und warte. Wie jetzt auf Nonhle. Ich habe mir die Zeit schon an hässlicheren Orten vertrieben. Diverse Meter unter mir, in einer felsigen Schlucht, gurgelt der Fluss. Das braune Wasser hat die Steine rundgewaschen, die überall aus der Oberfläche ragen. In jeder Felsritze der Abhänge sprießt widerspenstiges Grün: Wildblumen, Aloe-Stauden, Büsche. Ich setze mich unter einen Baum auf einen Stein, Schatten tanken, bevor ich den Rest des Tages der prallen Sonne ausgesetzt bin. Sogar die sonst lebhaft zwitschernden Vögel scheinen in dieser Hitze den Atem anzuhalten. Die Stille ist intensiv, fast körperlich spürbar. So bekommt das Warten fast etwas Meditatives. Doch lange dauert es heute nicht: Mit nur einer halben Stunde Verspätung sehe ich zwei Gestalten über die große Wiese vom Casino auf mich zukommen – Nonhle, eine schlanke junge Frau, die sich mit einem breitkrempigem Hut und einem Tuch über den Schultern gegen die Sonne gewappnet hat, und ihren Begleiter, der sie um mehrere Köpfe überragt. Er stellt sich als Khumbulani vor und begrüßt mich eher distanziert mit Handschlag, während Nonhle mich fest umarmt.

»Schön, dich zu sehen«, sagt sie. »Aber, *eish!* Es ist furchtbar heiß heute. Kein perfekter Tag für eine Wanderung.« *Eish!* Ein typisch südafrikanischer Ausruf, der vieles bedeuten kann, auf der Skala von Überraschung bis Schock, von Unglauben bis Horror. Mal von weit aufgerissenen Augen, mal von Kopfschütteln begleitet. Der Ursprung soll im isiXhosa liegen, der beherrschenden Sprache der Transkei also. Mittlerweile aber benutzen es alle. Das Wort ist lautmalerisch einfach zu schön, um von den anderen Sprachen ignoriert zu werden. Auch in meinem Vokabular hat es mittlerweile einen festen Platz. *Eish!* Nonhle nimmt ihren Hut von ihren ratzekurzen Haaren, wischt sich mit ihrem Tuch die

Schweißperlen von der Stirn, setzt sich neben mich und schlägt eine Planänderung vor: Damit wir nicht als dehydrierte Brathähnchen enden, könnten wir die Wanderung abkürzen, anstatt wie verabredet rund 15 Kilometer bis nach Xolobeni zu wandern, und bei ihrer Familie übernachten, die nicht ganz so weit weg wohnt. Ich spüre, dass die Hitze nicht der einzige Grund für ihr Anliegen ist; ein Gefühl, das sich später bestätigt. Also stimme ich zu. Planänderungen gehören in Südafrika ohnehin zum Alltag. Flexibilität ist hier eine ebenso nützliche Eigenschaft wie Geduld. Zu meiner Überraschung gehen wir nicht in Richtung Meer, sondern ein Stück flussaufwärts. »Du kennst dich hier natürlich besser aus, aber müssen wir nicht da lang?«, frage ich. »Du warst aber wirklich lange nicht mehr hier«, schmunzelt Nonhle. Stimmt. Das letzte Mal, dass ich den Mzamba-Fluss überquert habe, liegt etliche Jahre zurück. Der einzige Weg führte damals bei Ebbe durch die Meeresmündung. Seit wenigen Jahren jedoch gebe es eine neue Route, erzählt Nonhle, während sie der Hitze angemessen gemächlich einem kleinen Trampelpfad folgt: eine 140 Meter lange, schmale Hängebrücke für Fußgänger, die schon nach der nächsten Biegung auftaucht. Eine zierliche Konstruktion aus dicken Drahtseilen und Holzlatten.

Nonhle bleibt fast feierlich stehen: »Diese Brücke sieht auf den ersten Blick nicht nach viel aus. Aber sie hat Menschenleben gerettet!« Sie macht eine kleine, wie sich im Lauf der nächsten Tage herausstellt, für sie typische Kunstpause. »Noch vor nicht allzu langer Zeit sind jedes Mal, wenn Hochwasser war, vor allem Kinder hier ertrunken. Denn die einzige weiterführende Schule ist auf der anderen Seite.« Jahrelang hatte die Dorfgemeinschaft die Regierung um eine Brücke gebeten. Ohne Erfolg. Nonhle zuckt resigniert die Schultern. Von der Regierung erwartet sie ohnehin keine Hilfe mehr. Die Sorgen ländlicher Gegenden wie ihrer Heimat interessierten auch im »neuen Südafrika« niemanden. Stattdessen realisierten ein gemeinnütziger Verein, österreichi-

sche Architekturstudenten und Freiwillige das Projekt im Selbst-
bau gemeinsam mit der ansässigen Bevölkerung. »Weißt du, was
mich besonders beeindruckt hat?«, fragt Nonhle, um ihre Frage
direkt selbst zu beantworten: »Wir haben über alles selbst entschieden, zum Beispiel den exakten Standort für die Brücke. Normalerweise kommen Leute mit Geld, einer bestimmten Vorstellung von Entwicklung und der Überzeugung, dass sie besser
wissen, was die Einheimischen brauchen, als diese selbst.« Auch
deshalb würden so viele, auch durchaus wohlgemeinte Projekte,
mittelfristig scheitern. »Ich kenne das Problem leider«, stimme
ich ihr seufzend zu. Als Korrespondentin habe ich in Südafrika
und anderen Ländern des Kontinents schon viele gescheiterte
Entwicklungsvorhaben gesehen. Nicht nur, aber auch weil sie teils
an den Bedürfnissen vorbeigehen und kein Gefühl der Teilhabe
besteht.

Die Brücke schwankt etwas, als wir sie betreten. Unter unseren Füßen einfache Holzlatten. Rechts und links schließen weitere Holzlatten ein schützendes Metallgitter ab, hüfthoch, sodass
man sich daran festhalten kann. Ich nehme dieses Angebot gerne
an. Schwindelerregende Höhen und Abgründe sind nicht gerade
meine Stärke. Nonhle geht selbstbewusst voran, ihr stiller Begleiter folgt uns. Noch denke ich, dass er einfach zufällig den gleichen
Weg hat. Auf der anderen Seite rasten ein paar Frauen im Schatten
zurückgelehnt auf einem flachen Stein mit einer glatten Oberfläche; offenbar ein beliebter Rastplatz. Pralle Einkaufstüten stehen
auf dem Boden. »Früher führte auch der Weg zum Supermarkt
durch den Fluss«, erklärt Nonhle, während sie grüßend vorbei-
geht. Die Brücke macht den Alltag wesentlich einfacher. Unbe-
schwerlich ist er trotzdem nicht. Ein steiler Pfad führt auf das Plateau, buchstäblich über Stock und Stein. Schweigsam machen wir
uns an den Aufstieg. Für mich ist es eine Wanderung, für die Einheimischen jedoch der kürzeste Weg zu größeren Läden, Schulen,
Krankenhäusern und Arbeitsplätzen auf der anderen Seite des

Flusses. Die Grenzen mögen mittlerweile fließend sein, der Unterschied zwischen dem ehemals rein weißen Provinzstädtchen und dem Homeland aber ist nach wie vor unübersehbar. Wie so oft in Südafrika muss man nicht weit gehen, um sich plötzlich in einer anderen Welt wiederzufinden.

Hier scheint die Zeit stehen geblieben zu sein: Das Leben an der Küste des Pondolands, zwischen den Flüssen Mtamvuna und Mthatha, wirkt so ursprünglich wie die Natur. Weit und breit ist keine Straße in Sicht, nur Trampelpfade durch das lange raue Gras, in dem gelbe und violette Wildblumen blühen. Vor Urzeiten sind die San durch diese Wiesen gestreift, dann ließen sich die Urahnen der Mpondo hier nieder. Traditionelle Rundhütten stehen verstreut in der weiten, sanft hügeligen Landschaft. Teils sind sie grasgedeckt, teils moderner, mit Wellblechdach. Nonhle ruft einer Frau im Vorbeigehen einen Gruß zu, die ihr kleines Maisfeld mit einer Hacke bearbeitet. Mais ist wie überall in Südafrika auch hier das Grundnahrungsmittel, außerdem bauen die Familien Süßkartoffeln, Spinat, Bohnen und anderes Gemüse für den Eigenbedarf an. »Wir kaufen nur das im Laden, was wir nicht selbst produzieren können, so wie Öl, Salz oder Zucker«, erklärt Nonhle und deutet dann schmunzelnd auf ein anderes Gewächs, einen Busch mit den charakteristisch gezackten handförmigen Blättern. Das sogenannte *Pondo Gold*, im Rest der Welt bekannt als Cannabis oder Marihuana, sei Teil der Kultur, meint Nonhle. Es werde als Medizin für Menschen und Tiere genutzt und wachse daher in jedem Garten. Natürlich aber wird es auch geraucht und verkauft; die bekannte Geschichte des Handels mit *Pondo Gold* reicht mehrere hundert Jahre zurück. »Lässt die Polizei euch also einfach gewähren?«, möchte ich wissen. Nonhle schüttelt den Kopf. Regelmäßig kommen Polizisten vorbei, um Pflanzen auszureißen oder aus Hubschraubern mit Pestiziden zu besprühen. Schließlich gilt Cannabis auch in Südafrika als illegale Droge. Den Mpondo scheint das egal, nach dem Motto: Die Regierung küm-

Wanderung an der Wild Coast: Umweltaktivistin Nonhle und ihr Bodyguard.

mert sich nicht um uns, also kümmern wir uns auch nicht um ihre
Regeln. »Eigensinn ist unser Markenzeichen«, sagt Nonhle voller
Stolz auf ihr Volk. »Sollen die Behörden ruhig über unsere angebliche Sturheit schimpfen.« In ihrem eigenen Land sollten die Menschen so leben dürfen, wie sie es seit Jahrhunderten tun.

Das Land gehört im Pondoland, wie im Rest der Transkei, der
Gemeinschaft. Eigentum im westlichen Sinne und Grundbücher
gibt es nicht. Lokale Stammesführer, die *Chiefs*, verwalten das Land
und teilen es zu. Wer heiratet und eine neue Familie gründet, bekommt ein Grundstück zugewiesen und kann dort sein *Umzi* bau-
en, mehrere Rundhütten zum Kochen, Schlafen, Baden, inklusive
Pferch für das Vieh. »Kann also jeder einfach beim *Chief* um ein
Stück Land bitten?«, frage ich nach. »Wenn du als Außenstehende
herziehen und ein Haus bauen wolltest, würden wir eine Ver-
sammlung aller Bewohner einberufen und abstimmen«, antwortet
Nonhle. Das klingt nach Basisdemokratie. Allerdings gibt es nicht
nur im Pondoland immer wieder auch Klagen über die Machtfülle

der *Chiefs*, mangelnde Rechte für Frauen und ausufernde Korruption. Wir folgen dem Trampelpfad weiter, parallel zur Küste. Windschiefe Zäune rahmen die Felder ein, um sie vor Kühen und Ziegen zu schützen, die sich überall frei bewegen. Das Vieh hat hier eindeutig Vorrang: Kühe liefern Milch, Protein, Leder und Dünger für die Felder, dienen als Sparbuch für schlechte Zeiten und, wie auch bei anderen südafrikanischen Volksstämmen, als Währung des traditionellen Brautpreises, *Lobola*. »Mein Großvater hatte neun Töchter«, sagt Nonhle. »Entsprechend groß war seine Herde!« Ziegen erfüllen eher eine rituelle Funktion, sie werden zum Beispiel geschlachtet, wenn ein Kind geboren wurde. »So stellen wir das neue Familienmitglied unseren Ahnen vor. Keiner käme auf die Idee, eine Ziege einfach so zum Abendessen zu schlachten!«

Das Leben ist noch immer in alten Traditionen verwurzelt, eng verbunden mit dem Vieh und dem Land. »Was bedeutet dir dieses Land?«, frage ich. »Das Land ist unser Leben. Es fließt durch unsere Adern«, betont Nonhle, während ihr Blick die grünen Hügel fast zu streicheln scheint. Seit Generationen ernährt dieses Land ihr Volk, die Häuser werden traditionell aus dem Lehm der Erde gebaut und mit Gras gedeckt, das hier wächst. Die Toten werden hier begraben, sodass die Ahnen weiterhin in der Nähe der Familie sind. Ihre Geister sind lebendiger Teil des Alltags; sie beschützen, beraten oder bestrafen ihre Nachkommen. Mir ist bewusst, dass ich als Außenstehende nur die groben Umrisse dieser Kultur erfassen kann, wie die des Containerschiffes, das gerade im Dunst des Meereshorizonts auftaucht. Schweigend gehen wir ein paar Schritte weiter, auf bedeutungsschwangerem Boden. »Weißt du«, setzt Nonhle von selbst wieder an, »durch das Land wissen wir, wer wir sind. Es gehört nicht uns, wir gehören zu ihm. Es ernährt uns nicht nur, es macht unsere Identität aus. Ohne unser Land wüssten wir nicht mehr, wer wir sind.« Dieser Satz taucht die Geschichte in ein anderes Licht: Immer wieder mussten die Mpondo ihr Land und damit ihre Identität und Lebensweise verteidigen: gegen Shakas Krieger ebenso wie gegen Buren und Briten, teilweise auch gegen eigene *Chiefs*, die mit den Kolonialmächten kooperierten, und natürlich gegen die Politik der Apartheid. Der Widerstand gipfelte Ende der 50er-, Anfang der 60er-Jahre schließlich in der Pondo-Revolte. Die Mpondo lehnten sich insbesondere gegen den *Bantu Authorities Act*, als Vorläufer der Homeland-Gesetzgebung, und das *Betterment Scheme* auf. Die angebliche Verbesserung, die in weiten Teilen Südafrikas umgesetzt wurde, bedeutete das Ende des traditionellen, selbstbestimmten Lebens auf dem Land, der über Jahrhunderte entstandenen sozialen Struktur und Kulturlandschaft. Korrumpierte *Chiefs* wurden zu Handlangern einer zentralen Verwaltung, Steuern auf Hütten und Vieh erhoben. Die Einheimischen sollten von ihren weit verstreuten *Umzi* in Dörfer nach europäischem Vorbild umsiedeln, ihr Weideland einzäunen und Flächen für kommerzielle Landwirtschaft räumen.

Da Regierungsvertreter Gesprächsangebote der Bauernbewegung *iKongo* ignorierten, entlud sich der Zorn neben Sabotage- und Boykottakten auch in sporadisch aufflammender Gewalt: Häuser der *Chiefs*, die mit den Behörden kollaborierten, wurden abgebrannt, Spitzel vertrieben und Sicherheitskräfte angegriffen. Am 6. Juni 1960, nur wenige Monate nach dem wesentlich bekannteren Massaker von Sharpeville, ereignete sich 800 Kilometer weiter südlich im Pondoland ein Massaker, an das sich bis heute nur wenige Südafrikaner erinnern. Die Polizei hatte von einem geheimen *iKongo*-Treffen auf dem Ngqusa Hill erfahren, Hubschrauber kreisten über den eingekesselten und überwiegend nur mit Stöcken und Speeren bewaffneten Mpondo, auf Tränengas folgten Schüsse. Mindestens elf Menschen wurden getötet, Dutzende verletzt und festgenommen. Doch der Widerstand der Mpondo war nicht gebrochen. Der Staat verhängte schließlich den Ausnahmezustand: Nächtliche Hausdurchsuchungen, bei denen teilweise auch einfache Feldhacken beschlagnahmt wurden, waren die Folge, mehrere tausend Mpondo wurden ohne Anklage auf unbestimmte Zeit inhaftiert und, wie die Wahrheits- und Versöhnungskommission später hören sollte, auch gefoltert, Dutzende zum Tode verurteilt und hingerichtet. Gegen diesen Goliath konnten die Mpondo nicht gewinnen und die Gründung des Homelands Transkei letztlich nicht verhindern. Aber wenigstens in diesem kleinen Küstenstreifen hatte das zynische *Betterment Scheme* keine Chance; Landschaft und Lebensstil sind weitgehend erhalten geblieben. Zumindest bis jetzt. Denn es gibt eine neue Gefahr.

Am Nachmittag erreichen wir ein *Umzi* in zarten Violett-Tönen, umgeben von sanften Hügeln, Blick aufs Meer. Ein Hund springt schwanzwedelnd an Nonhles Beinen hoch. »Endlich zu Hause«, sagt die 38-Jährige mit einem tiefen Seufzer. In diesen Rundhütten ist sie aufgewachsen, ihre Eltern wohnen noch immer hier, ebenso wie eine ihrer Schwestern, die uns herzlich begrüßt. Sie umarmt uns, erkundigt sich nach unserem Wohlbefinden, reicht uns Handtuch und Wassereimer, damit wir uns den Staub und Schweiß der Wanderung von Gesicht und Händen waschen können. Erfrischt betreten wir das einzige eckige Haus, das oberhalb der Rundhütten und des Vieh-Pferchs steht. Unsere Augen müssen sich nach der grellen Sonne erst mal an das schummrige Licht in dem kleinen Raum gewöhnen. Auf dem Tisch vor der schwarzen Couchgarnitur stehen bereits Gläser und Getränke: Tee und löslicher Kaffee, Wasser und Limonade, ein Krug mit einer milchig weißen Flüssigkeit. »Das ist *amaRhewu*«, erklärt Nonhle, ein Getränk aus fermentiertem Maismehl und Hefe, das je nach Tradition auch mit Zucker oder, wie hier, Süßkartoffeln zubereitet wird. Nach einem langen Arbeitstag auf dem Feld komme man damit schnell wieder zu Kräften, erklärt Nonhle, aber *amaRhewu* sei auch ein Symbol der Gastfreundschaft, das Besucher nach langer Anreise Energie spenden soll. Sie nimmt einen großen Schluck direkt aus dem Krug, so wie es Tradition ist, und reicht ihn mir weiter. Das dickflüssige Getränk schmeckt säuerlich, aber gar nicht übel. Nach mir trinkt der weiterhin schweigsame Khumbulani in mehreren, durstigen Zügen.

»Komm, ich zeig dir, wo alles ist, während es noch hell ist«, sagt Nonhle nach der Stärkung. Sie stößt die Tür zu einer bis auf zwei Matratzen fast leeren Rundhütte auf; hier werden wir beide in der Nacht schlafen. Sie schaut mich fragend an. »Alles in Ordnung«, beruhige ich sie. Luxus hatte ich nicht erwartet. Nach ein paar Schritten erreichen wir die Küche: Auf dem penibel sauber gefegten Lehmboden des runden Raums steht ein Gaskocher, an den Wänden stapeln sich Plastikeimer mit Vorräten wie Zucker und Maismehl. Nonhles Schwester trägt einen Eimer mit Wasser auf dem Kopf hinein und stellt ihn neben der Tür ab. Sie hat es gerade aus einem Bach geschöpft. Denn fließend Wasser gibt es hier ebenso wenig wie elektrischen Strom. Auf einem kleinen Regal stehen mehrere Batterien, ein Draht führt zu einem Solarpanel auf dem Dach. Tagsüber werden die Akkus aufgeladen, abends in LED-Lampen eingesetzt. »Im Gegensatz zu den Paraffinlampen von früher ist das ein großer Fortschritt«, betont Nonhle und tritt wieder nach draußen. Ein Trampelpfad führt zu einem Plumpsklo, das – wie ich später feststelle – momentan keine Tür hat, dafür aber einen wunderbaren Blick über die Hügel und Maisfelder aufs Meer. Eine Tür wäre mir in diesem Fall lieber gewesen. Ziegen grasen zwischen Rundhütten und Pferch, Hühner scharren in der rötlichen sandigen Erde. Neben ihrem Stall dient ein kleiner Verschlag aus Wellblech als Badezimmer. Als Gast bin ich vor Sonnenuntergang zuerst an der Reihe. Ich ziehe den Vorhang zum Innenhof zu, steige in eine runde Plastikwanne, lasse mir das lauwarme Wasser aus einem Eimer über den Körper laufen und seife mich ein, während nebenan die Hühner gackern. Ich kenne diese Art von Duschen bereits gut und habe mit der Zeit eine Technik entwickelt, bei der ich möglichst wenig Wasser verbrauche. Schließlich müssen die Frauen jeden Liter mühsam auf dem Kopf hierher

transportieren. Nichts an diesem einfachen Leben ist einfach. Es
ist wichtig, das zwischendurch immer wieder selbst zu erleben. Es
hat meine Perspektive auf den eigenen vergleichsweise luxuriösen
Alltag zu Hause verändert; ich wertschätze die scheinbar selbst-
verständlichen Dinge heute wesentlich mehr als früher.

Frisch gebadet versammeln wir uns im Schein der LED-Lampe
zum Abendessen. Dampfende Töpfe mit Hähnchenschenkeln,
mieliepap, einem festen Maisbrei, *morogo,* einer Art Spinat, und einer Sauce aus Hühnerfond, Zwiebeln und Tomaten stehen auf
dem Couchtisch. Gegessen wird mit dem Löffel und den Händen.
Es schmeckt köstlich. Mit vollem Magen wird auch unser bisher
schweigsamer Begleiter Khumbulani redseliger, er unterhält sich
mit Nonhles Mutter, die uns vor dem Zubettgehen noch kurz begrüßen wollte. Eine drahtige Frau in Kittelschürze; ihre ledrigen
Hände und ihr wettergegerbtes Gesicht erzählen von einem Leben harter körperlicher Arbeit, ihre dunklen Augen aber sind von
einer tiefen Zufriedenheit geprägt. Mehrmals lacht sie glucksend
auf, offensichtlich genießt sie es, Gäste zu haben. Ich kann dem
Gespräch leider nur bruchstückhaft folgen, da ich weder die Sprache der Transkei, isiXhosa, noch das lokale isiMpondo, gut genug
beherrsche. In einem Land wie Südafrika mit elf offiziellen Sprachen und zahlreichen weiteren Dialekten stößt man schnell an
seine Grenzen. Mir fällt aber auf, dass Khumbulani etliche, mir
besser vertraute Wörter aus dem isiZulu benutzt. Als Nonhles
Mutter sich verabschiedet, frage ich ihn: »Lebst du hier in der Region oder bist du nur zu Besuch?« Khumbulani lächelt: »Gut bemerkt. Ich komme aus KwaZulu-Natal.« Ich hake nach. »Da wohne ich auch. Aus welchem Ort stammst du denn?« »Ach, nur aus
einem kleinen unbedeutenden Dorf.« Khumbulani macht eine
Pause, in der sein Lächeln immer breiter wird: »Aus Nkandla.
Kennst du das?« Jetzt muss auch ich grinsen: »Wer kennt Nkandla
heutzutage nicht!« Jacob Zumas Heimatort mit seiner schlagzeilenträchtigen Privatresidenz. »Aber warum wanderst du dann mit

uns gemeinsam hier durchs Pondoland?«, frage ich den jungen Zulu weiter. Seine Miene verdunkelt sich. »Zur Sicherheit«, antwortet er. »Ich passe auf, dass euch nichts zustößt. Mein Job ist es, Nonhle zu beschützen.« Mir stockt der Atem.

Ich wusste, dass Nonhle sich als Aktivistin im *Amadiba Crisis Committee* engagiert. Seit über einem Jahrzehnt kämpft die Gruppe nun schon gegen die Pläne eines Bergbaukonzerns, der in den Dünen der Küste Titan abbauen will, und gegen den Bau einer Autobahn. Ich wusste auch, dass einer der führenden Aktivisten, Sikhosiphi »Bazooka« Rhadebe, im März 2016 unter bislang ungeklärten Umständen erschossen worden war. Aber mir war nicht bewusst, dass auch Nonhles Leben derart in Gefahr ist, dass sie einen Bodyguard braucht. »Wir wissen, dass es eine Abschussliste gibt, und ich stehe auch darauf«, bestätigt Nonhle nüchtern. Sie vermutet, dass ihr Cousin maßgeblich an dem Komplott beteiligt ist. Von Beginn an hat er sich auf die Seite des Bergbaukonzerns geschlagen und ist dafür offenbar reich entlohnt worden. »Auf einmal hatte er einen Geländewagen und baute ein großes Haus.« Das sei kein Zufall. Er manipuliere die Einheimischen, verspreche Arbeitsplätze und Wohlstand, besteche die einen und bedrohe all jene, die die Bergbaupläne ablehnen. Durch die ehemals eingeschworene Gemeinschaft der Mpondo an der Küste geht nun ein tiefer Riss. Er schmerzt Nonhle wie eine eiternde Wunde. »Ich weiß nicht, wie das Ganze ausgehen wird. Aber ich wünsche mir nichts sehnlicher als eine Rückkehr zu unserem normalen Leben.« Sie selbst lebt im ständigen Ausnahmezustand. Der wahre Grund, warum wir heute nicht in Xolobeni übernachten, sind ihr Cousin und seine Anhänger, die dort wohnen. »Wir wären dort einfach nicht sicher«, sagt Nonhle und schaut dann wortlos durch die offene Tür in die stockdunkle Nacht.

Über dem Meer geht gerade der Mond auf. Nach einem Moment nachdenklicher, schwerer Stille beschließen wir, schlafen zu gehen und am nächsten Tag weiterzureden. Khumbulani begleitet

uns wie ein Schatten zu unserer Rundhütte und zieht die Tür von
außen zu. »Bekomm keinen Schreck, wenn es nachts klopft«,
meint Nonhle fürsorglich, nachdem wir uns auf unsere Matratzen
gelegt haben. »Die Ziegen schlafen oft auf der Schwelle. Wenn sie
sich kratzen, klingt es, als würde jemand klopfen.« Wir wünschen
uns eine gute Nacht. Erstaunlich rasch gewinnt die Müdigkeit den
Kampf gegen das mulmige Gefühl in der Magengegend. Ich drifte
in einen tiefen Schlaf voller bizarrer Traumbilder, aus dem ich
frühmorgens trotz allem ausgeruht aufwache. Nonhle schläft
noch. Sie muss erschöpft sein, denke ich und schleiche mich nach
draußen. Ihre Familie ist schon seit Sonnenaufgang auf den Beinen, ihr Vater hat Ziegen und Kühe aus dem Pferch getrieben, ihre
Mutter arbeitet auf dem Maisfeld, ihre Schwester wringt Wäsche
über einem Plastikbottich aus und hängt sie zum Trocknen auf.
Alltag im Pondoland. Man kann das Leben hier rückständig, ja
ärmlich nennen, man kann sich fragen, warum viele Mpondo es so
hartnäckig verteidigen und sich gegen eine Entwicklung nach
westlichem Modell wehren – zu Zeiten der Pondo-Revolte ebenso
wie heute angesichts der Bergbaupläne. Die Geschichte scheint
sich auf zynische Weise zu wiederholen. Auch nach dem erfolgrei-
chen Freiheitskampf kämpft diese weitgehend von der regieren-
den ehemaligen Befreiungsbewegung ANC vergessene Landbevölkerung weiterhin darum, frei über die Zukunft ihrer Heimat
entscheiden zu dürfen. Eigentlich ist das nicht zu viel verlangt.
Die Frage, was Freiheit in der vergleichsweise jungen Demokratie
eigentlich bedeutet, prägt nicht nur das Pondoland, sondern ganz
Südafrika.

Nach einem kräftigen Frühstück brechen wir drei Richtung
Meer auf. Wir laufen endlose, fast menschenleere Sandstrände
entlang. Nur ein paar Fischer stehen auf den Felsnasen, die hier
und da in die Brandung ragen. Eine Frau klopft Muscheln von den
Steinen. Ein paar Kühe traben aus den grün bewachsenen Dünen
an den Strand. Bei Ebbe überqueren wir eine der vielen Flussmün-

dungen, das Wasser reicht uns bis zum Gürtel, die Strömung zerrt an den Beinen. Bei Flut ist hier kein Durchkommen. Nonhle braucht für die Gezeiten keinen Kalender; der Rhythmus der Natur, nach dem sich alles hier richtet, ist ihr seit Kindesbeinen an vertraut. Sie erzählt von Pflanzen, die nur hier in dieser Dünenlandschaft wachsen, von Fossilien, die man entlang der Küste findet, von archäologischen Artefakten aus der Eisenzeit. Der Bergbaukonzern verspricht eine Rehabilitation der Landschaft, nachdem das Titan abgebaut ist. »Es ist doch unmöglich, die urwüchsige Natur einfach wieder anzupflanzen, als wäre nichts geschehen«, spreche ich aus, was mir im Kopf herumgeht. Nonhle nickt. »Ich würde mir wünschen, dass die Regierung unsere Region als Natur- und Kulturerbe anerkennt und dem Bergbau damit endlich ein für allemal eine Absage erteilt.« Stattdessen wird die Entscheidung seit Jahren immer wieder hinausgezögert.

Die Sonne hat ihren Zenit schon überschritten, als wir die roten Dünen von Xolobeni erreichen. Ihre leuchtende Farbe hebt sich von Weitem von den grünen Hügeln ab. Unter dem roten, teils zu festgebackenen Formationen geformten Sand schlummern die Titan-Vorkommen. Schätzungen zufolge würde der Abbau rund 20 Jahre dauern. Nonhle runzelt die Stirn. »Aber wovon werden unsere Kinder danach leben? Werden sie in Slums inmitten einer zerstörten Landschaft hausen, in einer Gesellschaft, in der es keinen sozialen Zusammenhalt mehr gibt?« Ihre braunen Augen schauen mich durchdringend an. Statt an den kurzfristigen Profit müsse man langfristig und nachhaltig denken. Aber dafür sei ihre Regierung ja nicht gerade bekannt, fügt sie sarkastisch hinzu. »Sie ignoriert die Stimme der Bevölkerung. Darin unterscheidet sie sich nicht vom Apartheid-Regime.« Nonhle steht kerzengerade im roten Sand, jeder Muskel angespannt, als wappne sie sich für einen direkten Angriff. Sie ist nun ganz Aktivistin, eine moderne Freiheitskämpferin. »Meine Vorväter sind für unser Land gestorben und ich werde ihren Kampf bis zum Ende weiterführen«, betont sie. »Aber hast du gar keine Angst?«, frage ich behutsam nach. »Doch, natürlich«, antwortet sie. Eines bereitet ihr bei allem Mut Sorgen: »Sollte ich jetzt getötet werden, würde mein Geist keine Ruhe finden. So wie Bazookas. Er ist jetzt auf der anderen Seite, aber nicht bei den anderen Toten, sondern irgendwo zwischendrin gestrandet, weil er mitten aus seinem Kampf gerissen wurde.«

Nonhles Worte klingen noch am nächsten Tag in meinem Kopf nach. Wir haben eine ganze Weile geredet, bevor wir uns herzlich verabschiedeten, in der Hoffnung, uns bald wiederzusehen. Sie und Khumbulani sind am Strand zurückgewandert, für mich ging es in die andere Richtung weiter nach Mtentu. Beim Anblick der traumhaften und noch weitgehend unberührten Küstenlandschaft habe ich mich immer wieder gefragt, wer in aller Welt auf die Idee kommt, hier einen Tagebau zu planen. Natürlich eine rhetorische Frage, denn Profit schlägt Schönheit in den meisten Fällen. Ein wenig wehmütig schaue ich von meiner Rundhütte auf die grünen Hügel und die Mündung des Mtentu-Flusses. Anderswo wäre das ein Millionen-Euro-Ausblick. Mein Gastgeber Siyabonga Ndovela hat den Traum des Ökotourismus vielleicht auch deshalb noch nicht ganz aufgegeben. Mit viel Mühe hat er eine der Rundhütten für Rucksacktouristen eingerichtet, mit selbstgebauten Stockbetten, nach Kernseife duftenden Decken und Kopfkissen, Gaskocher und akkubetriebener LED-Lampe. »Duschen und richtige Toiletten können wir leider noch nicht bieten«, sagt er mit Blick auf das Plumpsklo, das diesmal immerhin eine Tür hat. »Aber ein paar Touristen waren vor deinem Besuch schon da«, erzählt er stolz und führt mir ein kurzes Video auf dem zerbrochenen Display seines Smartphones vor, das ein Gast gedreht hat. Es zeigt Siyabonga und seine Familie im Kreis mit jungen Touristen abends beim Lagerfeuer; Wasserfälle, Strandimpressionen und Kanufahrten, lauter fröhliche Gesichter. Eine heile Welt.

Ich kenne die Gegend um Mtentu von früheren Besuchen gut; hier habe ich zum ersten Mal einen Einblick in die Kultur und Mystik der Mpondo bekommen. Mein Mann war mit Jabulani, einem *Sangoma*, befreundet, der nur einen Hügel weiter lebte. Seine besondere Kraft war für mich spürbar, auch ohne an den Geist der Ahnen zu glauben. Sein Lachen war ansteckend, seine Liebe zu seinem Land grenzenlos. Ich erinnere mich gern an die gemeinsamen Wanderungen, Jabulani vorweg, mit dem wehenden Tuch der *Sangoma*. Immer wieder hielt er abrupt an, deutete mit seinem geschnitzten Stock auf einheimische Heilpflanzen, oft unscheinbare Kräuter oder Knollenpflanzen, die im langen Gras wachsen: einige für körperliche Leiden, andere für spirituelle. Doch gegen Jabulanis eigene Krankheit war kein Mpondo-Kraut gewachsen. Erst starb seine Frau an Aids, ein paar Jahre später er selbst. So wie viele seiner Nachbarn. Oft stigmatisiert, elend und einsam, damals noch ohne Zugang zu den lebensrettenden antiretroviralen Medikamenten. Es war die Zeit, in der die südafrikanische Regierung unter Präsident Thabo Mbeki noch öffentlich an der Existenz des HI-Virus zweifelte und rote Bete und Knoblauch als wirksame Mittel propagierte. Eine fatale, furchtbare Zeit. An die schönen Zeiten mit Jabulani aber denke ich trotz seines tragischen Endes gern zurück, stelle mir vor, wie sein Geist über der Landschaft schwebt.

Ich folge einem steilen Pfad runter zum Fluss. Nach mehreren Tagen Katzenwäsche sehne ich mich nach einem Bad, tauche bald ins Wasser ein und schwimme ein paar Längen in dieser paradiesischen Landschaft. Über das sandige Flussbett huschen Schwärme kleiner Fische, die in diesem ökologisch noch intakten Lebensraum ihre perfekte Kinderstube haben. Die Sandbänke sind mit den lila Blüten einer kleinwüchsigen Pflanze bedeckt, dahinter ragen Felswände empor, fedrige Palmen wachsen aus den Steinspalten, sogar ganze Bäume. Auf einem Ast entdecke ich eine Eule, die hier auf die Nacht wartet, ihre orangefarbenen Augen leicht geöffnet, nur für den Fall, dass ich ihr zu nahe komme. Ein paar Meter weiter spülen die Wellen des Indischen Ozeans Kauri-Muscheln an den Strand. Ich schließe die Augen und genieße den Klang der Natur. Wellenrauschen. Vogelzwitschern. Bis ich plötzlich ein Motorengeräusch wahrnehme. Am anderen Ufer, dort wo das Naturreservat Mkambati beginnt, kämpfen sich zwei Allradfahrzeuge über Stock und Stein die Böschung hinunter. Mehrere Männer und Frauen steigen aus, einige tragen die grünen Uniformen der Parkverwaltung, andere gelb-rote T-Shirts, wie normalerweise die Rettungsschwimmer. Das sind weder Touristen noch Angler. Sie haben Klemmbretter, große Kisten und ein Boot dabei, das sie wenig später in den Fluss gleiten lassen und durch das niedrige Wasser mühsam in meine Richtung schieben. Neugierig schlendere ich auf sie zu, begrüße eine der Frauen und frage en passant: »Was führt Sie in diese entlegene Gegend?« Ein finster dreinblickender Ranger mit Pistole am Gürtelholster stellt sich schweigend dazu. Die Frau jedoch antwortet bereitwillig: Sie entnähmen Wasserproben für das Umweltamt der Provinzregierung. »So können wir feststellen, welche Auswirkungen die Projekte haben, die hier in absehbarer Zeit umgesetzt werden. Schließlich ist das noch ein nahezu unberührtes Ökosystem und da ist es gut, eine Messbasis zu haben.« Ich horche auf: »Vielleicht gelingt es Ihnen ja mit Hilfe der Daten, die Bergbaupläne und den Autobahnbau noch zu verhindern.« Aber sie nimmt mir den Wind aus den Segeln. »Ich glaube nicht. Sie wissen ja, wie das ist, wenn sich Politiker erst mal etwas in den Kopf gesetzt haben.« Mit diesen Worten steigt sie in das mittlerweile startbereite Boot und braust davon.

Nachdenklich schaue ich der Gruppe hinterher. Einige Kilometer flussaufwärts soll eine monströse Betonbrücke über den Mtentu gebaut werden, rund 1,2 Kilometer lang, auf 160 Meter hohen Betonpfeilern. Für den Titan-Abbau werden enorme Mengen Wasser benötigt, die unter anderem auch aus diesem Fluss gepumpt werden sollen. Zwar sollen ökologische Studien größere

Schäden verhindern, aber das sind erfahrungsgemäß nur Lippen-
bekenntnisse. Kaum einer glaubt, dass die Natur und die Einheimischen hier Priorität haben werden, obwohl die Behörden dies
seit Jahren gebetsmühlenartig wiederholen. Geknickt mache ich
mich auf den Rückweg zu Siyabonga. Er ist wütend, als ich ihm
von meiner Begegnung erzähle. »Sind die schon wieder da«,
schnaubt er. »Wir brauchen hier keine Autobahn.« Sie sei nur geplant, damit das Titan überhaupt von hier abtransportiert werden
könne. Den Einheimischen bringe eine solche Straße nichts, zu-
mal Gebühren erhoben werden sollen, um die Millionen für das
Mammutprojekt wieder zurück in die Kassen zu spülen. »Die Leute haben hier schon Probleme, Geld für ein Minibustaxi in die Klinik oder den Supermarkt zusammenzukratzen!« Die versproche-
nen Jobs, die durch Straßen- und Bergbau entstehen sollen, gingen
ebenfalls an der Realität vorbei. »Dafür brauchen sie vor allem
qualifizierte Fachkräfte, aber die können wir hier nicht bieten.
Schließlich haben viele Mpondo nicht einmal die Schule abgeschlossen.« Die schlechte Bildung sei ein Problem, fügt er seufzend hinzu. Viele würden den Versprechungen der Bergbau-Lob-
by ebenso auf den Leim gehen wie dem ANC. Sie machten ihr
Kreuzchen bei jeder Wahl weiterhin treu bei der alten Befreiungsbewegung. »Sie kennen nur die eine Partei.« Gerade die Eltern-
und Großelterngeneration verstünde nicht, wenn die Aktivisten
von Demokratie, Verfassungs- und Menschenrechten reden. »Das
ist so, als würde man eine andere Sprache sprechen.«

Siyabonga selbst hat sein *matric*, den südafrikanischen Schulabschluss, gerade erst in der Tasche. Mit 24 Jahren. Das ist ihm
mir gegenüber etwas peinlich. Aber der Grund ist nicht etwa Faul-
heit. Seine Eltern haben ihn erst mit 12 eingeschult, als er groß genug war, um den langen Fußmarsch zu bewältigen. Denn zur
nächsten Grundschule sind es 11 Kilometer, zur weiterführenden
sogar 17, und das ist nur der Hinweg. »Viele brechen die Schule
deshalb ab. Es ist einfach zu anstrengend, denn wenn man nach

Hause kommt, warten noch andere Pflichten auf einen. Zu den
Hausaufgaben kommt man erst am Abend, wenn überhaupt.«
Schweigend beobachten wir eine Weile die Kinder, die erst wild
durch die Landschaft toben und dann dabei helfen, Kühe und Ziegen aus der weiten Graslandschaft zurück in ihre Pferche zu treiben. Selbstbewusst versperrt ein gerade einmal Dreijähriger einer
Kuh den Weg. Das Tier biegt daraufhin tatsächlich in die ge-
wünschte Richtung ab. »Früher habe ich meinen Großvater mit
seinen Kühen begleitet«, erzählt Siyabonga weiter. Dabei hat er
ihm auch von der Pondo-Revolte erzählt. »Wie er und seine Mitstreiter sich in Höhlen vor der Polizei versteckt haben und warum
unser Land für uns Mpondo so wichtig ist.« Stolz spricht aus seiner Stimme, so wie schon bei Nonhle. In der Verfassung stehe,
dass jeder Südafrikaner seine Kultur frei ausüben dürfe. Die Kultur der Mpondo sei nun einmal untrennbar mit ihrem Land verbunden. »Nun aber sagt man uns, dass die Mineralien unter der
Erde dem Staat gehören. Welches Land gehört dann uns? Nur die
oberen zehn Zentimeter?« Siyabonga schüttelt empört den Kopf.
Wieder schauen wir eine Weile schweigend den Kindern zu. Die
Sonne taucht die Landschaft langsam in erste zarte Orange- und
Rottöne. Die Mütter kehren mit Eimern auf dem Kopf vom Fluss
zurück, fachen Feuer an und wärmen das Badewasser auf. Auf dem
Gaskocher köchelt bereits der Maisbrei fürs Abendessen. Die
Kinder kennen die Routine. Lachend, die kleinen Geschwister hu-
ckepack, laufen sie über die Wiese nach Hause.

   »Möchtest du, dass deine Kinder auch so aufwachsen können?«, frage ich. Siyabonga nickt und fügt hinzu: »Nur mit mehr
Möglichkeiten als früher.« Er ist nicht gegen Entwicklung. Aber
sie muss zum Leben der Mpondo passen und nicht über ihren
Kopf hinweg entschieden werden. Seine Wünsche sind bescheiden: Ein paar neue Schotterstraßen, um die alten buckligen Pisten
zu ersetzen, sodass auch Autos ohne Allradantrieb in die entlegene Region gelangen können. Ein Krankenwagen oder wenigstens

regelmäßig verkehrende, kostenlose Minibusse in die Klinik und
Schule. Ein Mobilfunkmast, damit man nicht nur auf den Hügel-
kuppen erreichbar ist und vor allem in Notfällen schnell Hilfe holen kann. Investitionen in die Landwirtschaft, damit die Familien
einen Überschuss produzieren können, den sie auch verkaufen
können. Und natürlich eine Förderung des Öko-Tourismus. So
könnten auch langfristig Arbeitsplätze geschaffen werden. »Müssen wir erst unser Land opfern und unsere Identität aufgeben, bis
wir als gleichwertige Bürger behandelt werden?« Siyabongas Frage
ist berechtigt und sie betrifft nicht nur das Pondoland, diesen kleinen Küstenstreifen, in dem sich die großen Herausforderungen
des gesamten Landes widerspiegeln. »Was kann Südafrika von den
Mpondo lernen?«, hatte ich Nonhle zum Abschied gefragt.
Kampfgeist, hatte sie wie aus der Pistole geschossen geantwortet.
»Die Bereitschaft, seine Überzeugungen zu verteidigen, auch
wenn es aussichtslos erscheint.« Bei allen offenen Konflikten ist
dies eine in der Vergangenheit bereits mehrmals erfolgreich er-
probte Zutat des Bindemittels, das Südafrika im Innersten zusammenhält: Kampfgeist.

Ein schweres Erbe

»Guten Morgen, M'am. Sie wissen, warum ich Sie anhalte?«, fragt
der Polizist mit autoritätsgetränkter Stimme, nachdem er mich an
den Straßenrand gewinkt hat. »Bin ich zu schnell gefahren?«, frage
ich etwas ratlos. »Nein, die Geschwindigkeit war ok. Aber Sie hätten das Taxi nicht überholen dürfen. Da war eine durchgezogene
Linie.« Die war mir tatsächlich entgangen. Die Straßenmarkie-
rungen sind teilweise so verwaschen, dass sie kaum mehr zu erkennen sind. Außerdem hatte ich mich mehr darauf konzentriert,
den Ziegen, Kühen, Eseln und Hunden auszuweichen, die jede
Fahrt durch die Transkei in einen Hindernisparcours verwandeln.
Zäune gibt es kaum, die meisten Tiere bewegen sich frei in der

Landschaft, überqueren dabei regelmäßig auch die Fahrbahn oder machen dort sogar ein Nickerchen. Doch für den Polizisten würde das natürlich wie eine laue Entschuldigung klingen, deshalb komme ich ihm gar nicht erst mit Erklärungsversuchen. Er schaut mich prüfend an: »Führerschein, bitte.« Ich reiche dem Beamten die kleine Plastikkarte durchs Fenster. Er nickt und geht eine Runde um mein Auto, das von der stundenlangen holprigen Fahrt auf den unbefestigten, von Schlaglöchern übersäten Pisten von Mtentu bis zur Nationalstraße N2 von einer rötlich-braunen Staub- und Matschschicht bedeckt ist. »Wäre es Ihnen recht, wenn ich Ihnen dann jetzt mal den Strafzettel ausfülle?«, fragt der Polizist höflich, nachdem er sich von Straßentauglichkeit und Zulassung meines Fahrzeugs überzeugt hat. »Naja, lieber wäre es mir natürlich, wenn Sie darauf verzichten könnten«, rutscht es mir spontan heraus. Der Beamte schaut halb erstaunt, halb belustigt von seinem Klemmbrett mit dem Formular auf, in das er gerade meine Daten eintragen will. Ich hoffe, er hat meine Bemerkung nicht als Bestechungsversuch gewertet. »War nur ein dummer Spruch. Mir ist schon klar, dass da nichts zu machen ist«, schiebe ich deshalb hinterher. Er antwortet mit einer Frage: »Wohin sind Sie denn überhaupt unterwegs?« »Nach Qunu«, sage ich wahrheitsgemäß. »Ah, Qunu!«, ruft er aus und betont dabei den gutturalen Klicklaut, das Xhosa-Q, das mir trotz etlicher Versuche immer noch nicht perfekt über die Lippen kommt. »Der Ort, in dem unser geliebter Vater Nelson Mandela aufgewachsen ist«, fügt er nach einer Kunstpause hinzu. Ein Lächeln huscht über sein bislang ernstes Ordnungshüter-Gesicht. Ich erzähle ihm von meiner Reise durch seine Heimat, bei der dieser historische Ort einfach nicht fehlen darf. »Na, wenn das so ist, dann fahren Sie vorsichtig. Es gibt viele Unfälle auf dieser Strecke«, meint der Beamte nun fast väterlich, während er mir meinen Führerschein zurückgibt. »Und achten Sie auf die durchgezogenen Linien!« Ich verspreche es ihm, bedanke mich und fahre dank des Mandela-Bonus ohne ein Knöllchen weiter. Freie Fahrt für jene, die auf den Spuren des legendären Freiheitskämpfers unterwegs sind!

Nelson Mandelas Gesicht schaut mir gleich zweimal entgegen, als ich nachmittags die ehemalige Hauptstadt der Transkei, Mthatha, erreiche: ein Porträt aus jungen Jahren, der Zeit des Widerstands mit stolzem, unbeugsamen Gesichtsausdruck, das andere Foto Jahrzehnte später aufgenommen, beseelt vom warmherzigen Lachen des geliebten Vaters der Nation. Die riesigen Konterfeis hängen links und rechts von den mächtigen Säulen am Eingang des neoklassizistischen *Bhunga Building* im Herzen der quirlig-chaotischen Provinzstadt. Menschen strömen aus den Minibustaxis auf die breite Hauptstraße, überqueren sie überall, wo sich eine Lücke im dichten Verkehr bildet. Einige Frauen transportieren kiloschwere Maismehlsäcke auf den Köpfen, andere stöckeln mit hohen Schuhen zum nächsten Friseursalon. Ein zerlumpter Mann verteilt Werbeblättchen eines traditionellen Heilers an der Kreuzung, die Erfolg im Beruf und bei den Frauen verheißen. Ein kleiner Stand mit Guthabenkarten und Ladekabeln für Handys scheint jedoch populärer, ebenso wie die Fastfood-Filiale, an denen Jugendliche in Schuluniformen Schlange stehen. An der Mauer gegenüber kleben die Überreste vergilbter Wahlplakate über einem kindlich-naiv gemalten Mandela-Porträt. Die Gegenwart hat die Vergangenheit überlagert, die Erinnerungen sind verblichen und leben nur im Museum wieder auf. 1927 wurde der Grundstein für das künftige Verwaltungsgebäude der Transkei gelegt, später war das *Bhunga Building* Sitz des Parlaments der aus Pretoria gelenkten Marionettenregierung des Homelands, seit dem Jahr 2000 ist hier die ständige Sammlung des Nelson-Mandela-Museums untergebracht. Bei meinen letzten Besuchen in Mthatha war das Gebäude wegen Renovierung geschlossen, aber diesmal steht die Tür offen. Ich betrete die riesige Eingangshalle, in der sich ein paar Angestellte langweilen. Die Stille scheint nach dem Trubel draußen fast unwirklich. Offenbar bin ich die einzige Besucherin. Ich gelange in einen Flur, von dem die Ausstellungsräume abgehen, die jeweils einem anderen Aspekt des Lebens von Mandela gewidmet sind: dem Privatmann, dem Freiheitskämpfer, dem Staatspräsidenten. Eindrucksvolle, lebensgroße Fotos, Ton- und Videoaufnahmen nehmen mich mit auf eine bewegende Zeitreise: vom traditionellen Leben in der Transkei 1918, dem Geburtsjahr Nelson Rolihlahla Mandelas, über das als *Treason Trial* bekannte Gerichtsverfahren, bei dem Mandela gemeinsam mit 155 anderen Südafrikanern wegen Landesverrats angeklagt worden war, bis zur Vereidigung des ersten dunkelhäutigen, demokratisch gewählten Präsidenten 1994.

Eine Stimme holt mich in die Gegenwart zurück: »Wenn Sie Fragen haben, dann können Sie sich gern an mich wenden.« Ich schaue auf und blicke in ein freundliches Gesicht. Es kommt mir bekannt vor. »Zimisile Gamakulu?«, frage ich, nachdem mir der Name glücklicherweise binnen Sekunden wieder eingefallen ist. Der Mann nickt erstaunt und mustert mich aufmerksam: »Jetzt erinnere ich mich auch«, sagt er nach einer kurzen Denkpause, »bist du nicht die Journalistin, mit der ich vor Jahren in Qunu unterwegs war?« Genau die bin ich. Wir umarmen uns wie alte Freunde. Was für ein wunderbarer Zufall! Vor fünf Jahren bin ich Zimisile zum ersten Mal im Mandela-Museum in Qunu begegnet, rund anderthalb Jahre vor Nelson Mandelas Tod. Gemeinsam haben wir die Spuren seiner Kindheit verfolgt: Die Hügel von Qunu, auf denen er als Junge das Vieh hütete. Den flachen Felsen, den er und seine Freunde als Rutschbahn benutzten. Die Ruinen seiner Grundschule, in der der kleine Rolihlahla, dessen Xhosa-Name frei übersetzt so viel bedeutet wie Unruhestifter oder »jemand, der die Wahrheit ans Licht bringt«, von seiner Lehrerin den wesentlich weniger prophetischen, aber bis heute bekannteren, christlich-britischen Namen Nelson erhielt, so wie es damals üblich war. Über holprige Pisten erreichten wir damals auch den *Great Place* in Mqhekezweni, ehemaliger Sitz des Regenten des

abaThembu-Volksstammes, Jongintaba, der den jungen Mandela
nach dem frühen Tod des Vaters bei sich aufgenommen hatte. Fasziniert beobachtete der Teenager dort, was er später in seinen Me-
moiren als »Demokratie in ihrer reinsten Form« bezeichnete und
was seinen eigenen Führungsstil zeitlebens prägte.

Auch deshalb war es für mich damals eine aufschlussreiche Re-
portage-Reise; einen besseren und kundigeren Begleiter als Zimisile hätte ich mir nicht wünschen können. Wie Nelson Mandela
gehört er zum weit verzweigten Madiba-Clan, benannt nach einem König der abaThembu, der im 18. Jahrhundert in der Transkei
regierte. »Nachnamen bekamen wir erst, als die Weißen in unser
Land kamen«, erklärt er, »doch bis heute wissen wir trotz unterschiedlicher Nachnamen, wer zu welchem Clan gehört. Es ist eine
Art gesellschaftlicher Klebstoff, der uns bis heute verbindet.« Ein
Madiba zu sein scheint angesichts der Lichtgestalt Nelson Mandelas Segen und Fluch zugleich. »Die Leute erwarten, dass man
ebenfalls einen starken Charakter und Führungsqualitäten hat,
Verantwortung übernimmt und sich wie ein Vorbild verhält; nicht
wie ein ganz normaler Mann, sondern geradezu übermenschlich.«
Zimisile lächelt bescheiden. In meinen Augen macht er seinem
Clan alle Ehre. Wenige Jahre nach der demokratischen Wende seines Landes hängte der heute 50-Jährige seinen Job als Telekommu-
nikationstechniker an den Nagel, studierte Geschichte und Tourismus und begann ein neues Leben als Touristenführer in seiner
ländlichen Heimat. »Hast du diese Entscheidung jemals bereut?«,
frage ich. »Niemals«, antwortet er wie aus der Pistole geschossen.
»Ich arbeite lieber mit Menschen als mit Kabeln. Doch noch wichtiger ist, dass ich etwas für meine Heimatgemeinde und mein Land
tun kann, indem ich die Geschichte Nelson Mandelas erzähle.«
Wir schlendern ein paar Schritte weiter in den nächsten Raum, in
dem unzählige Geschenke untergebracht sind, die Nelson Mandela aus aller Welt erhalten hat – von Orden über selbstgemalte Ge-
mälde und lange Briefe bis zu den bunten Hemden, die er so gern

getragen hat. »Das ist der Lieblingsraum von Kindern, die hier ins Museum kommen«, sagt Zimisile strahlend. Mit Kindern teilt er sein Wissen am liebsten. »Es ist wichtig, dass sie die Geschichte unseres Landes kennen, damit sie sich nie wiederholt.«

»Es ist heute in der Ära Zuma wohl wichtiger denn je, sich daran zu erinnern«, bemerke ich. An die Persönlichkeiten, Prinzipen und Werte, die das Fundament der südafrikanischen Demokratie bilden. An die Ziele des Freiheitskampfes. An die Verheißung eines visionären multikulturellen Rechtsstaats. Nie zuvor in der Zeit seit der demokratischen Wende schien dieses Erbe, das untrennbar mit dem Namen Nelson Rolihlahla Mandela verbunden ist, so gefährdet wie in den letzten Jahren. Der lange Weg zur Freiheit ist noch länger und steiniger, als viele Südafrikaner erwartet hatten. Viele Hoffnungen haben sich nicht erfüllt. Aber, und das ist die gute Nachricht, die große Mehrheit ist wohl bereit, diesen Weg trotzdem weiter zu gehen. Davon zeugen die fast alltäglichen Proteste im Land, an denen sich vor allem die Generation beteiligt, die nach dem Ende der Apartheid geboren wurde. *Born Free* werden sie genannt, aber wirklich frei fühlen sich die wenigsten. Die Debatte, was Freiheit eigentlich bedeutet, wird so kontrovers und leidenschaftlich geführt wie lange nicht mehr. Zimisile stimmt mir leidenschaftlich nickend zu: »Ich setze große Hoffnungen in die *Born Free*. Ich liebe diese junge Generation. Bei ihnen dreht sich nicht alles um die Hautfarbe, sondern in erster Linie um Arbeitsplätze, Bildungschancen und gerechte Perspektiven.« Gleichzeitig macht auch er sich angesichts der explosiven und teils militanten Stimmung in seinem Land Sorgen: »Wenn wir die amtierende Regierungspartei und das derzeitige Wirtschaftssystem nicht bald ablösen, riskieren wir einen Bürgerkrieg.« Das Wort wiegt schwer. Mehrmals stand Südafrika in der Vergangenheit am Rande eines Bürgerkriegs, doch bislang ist es dem Land immer wieder gelungen, einen solchen Flächenbrand zu verhindern. Zum Beispiel nach der Ermordung des legendären Untergrundkämpfers Chris

Hani 1993, der wie viele politische Größen des Landes hier in der Transkei geboren wurde. Nicht der damals noch amtierende Präsident Südafrikas de Klerk, sondern Nelson Mandela richtete sich in einer Fernsehansprache an alle Bürger, weiße und schwarze Südafrikaner. Das Morden müsse ein Ende haben, sagte er und hob hervor, dass der entscheidende Hinweis zur Ergreifung des Mörders von einer weißen Frau gekommen sei. Alle Südafrikaner müssten nun zusammenstehen. Schmerz und Wut dürften nicht jenen in die Hände spielen, die dem Volk die Freiheit verweigerten, für die Chris Hani sein Leben gegeben habe. Nach einer solch besonnenen politischen Führung, die das Land eint, statt es noch weiter zu spalten, die Konflikte verhindert, statt Öl ins Feuer zu gießen, sehnen sich viele Südafrikaner heute.

Einer der Museumswärter unterbricht unser Gespräch. Höflich bittet er darum, langsam aufzubrechen, denn das Museum schließt bald. Wir wenden uns also wieder der Ausstellung zu, durchqueren die restlichen Räume zügig, treten dann gemeinsam nach draußen auf die Straße und reden dort eine Weile weiter. Ich erzähle, dass ich diesmal gern auch Mvezo besuchen würde, den Geburtsort Mandelas, in dem nun sein Enkel Mandla als traditionelles Oberhaupt regiert. »Ich fahre gern mit dir hin und zeige dir alles«, schlägt Zimisile vor. Also verabreden wir uns für den nächsten Morgen. »Kann ich dich irgendwo absetzen?«, frage ich, als wir uns gerade verabschieden wollen. Tatsächlich haben wir den gleichen Weg: Zimisile wohnt direkt um die Ecke von der Pension in Qunu, in der ich ein Zimmer gebucht habe. Also fahren wir gemeinsam.

Der Übergang von den Außenbezirken Mthathas in das rund 30 km weit entfernte Dorf ist fließend, etliche neue Häuser sind in der sanften Hügellandschaft gebaut worden, die Hauptverkehrsader wurde vor einigen Jahren erst ausgebaut. Sie führt direkt am Anwesen der Mandelas vorbei, einem mit Mauern vor neugierigen Blicken abgeschirmten, rosa gestrichenen Gebäude, von dem ein

von Aloe-Stauden gesäumter Weg zur Grabstätte Nelson Rolihlahla Mandelas führt. Es war sein ausdrücklicher Wunsch, hier am
Ort seiner Kindheit in Qunu seine letzte Ruhe zu finden. Ich erinnere mich noch gut an die bewegende Trauerfeier Mitte Dezem-
ber 2013; es war ein trauriger und gleichzeitig stolzer Tag für Südafrika. Tausende Gäste aus aller Welt waren ins kleine Qunu
geströmt, alle Trauerredner würdigten das einzigartige Vermächtnis Mandelas und die Aufgabe, dieses Erbe fortzusetzen, das Fernsehen berichtete live. Nur für die anschließende Beisetzung erbat
sich die Familie etwas mehr Privatsphäre. In absehbarer Zeit soll
das Grab für die Öffentlichkeit zugänglich gemacht werden, bislang jedoch ist es keine Pilgerstätte und mit bloßem Auge kaum er-
kennbar. Vor dem Wachposten am Eingangstor hat sich eine kleine Ziegenherde versammelt, ansonsten wirkt die Villa verwaist, ja
seelenlos. »Hier wohnt niemand mehr«, bestätigt Zimisile meinen
Eindruck. »Nur ab und zu kommen die Kinder vorbei. Mandelas
Witwe Graça Machel lebt in Johannesburg.« Ebenso wie Ex-Frau
Winnie Madikezela-Mandela, die das Haus vor Gericht erstreiten
wollte. »Es ist wirklich schade«, fügt Zimisile hinzu, »früher sind
die Einwohner von Qunu regelmäßig zu Besuch gekommen. Heute fühlen sich die meisten hier nicht mehr willkommen.«

Nachdenklich biegen wir in eine direkt gegenüberliegende ungeteerte Straße ein, wo sich unsere Wege für heute trennen. Zimisile geht nach Hause, ich kehre in der kleinen Pension ein. Sie ist
typisch für das Dorf: Ein rechteckiges Wohnhaus, eine Rundhütte
im Garten, in dem sowohl ein kleines Maisfeld als auch eine Schaf-
herde Platz finden. Tradition und Moderne scheinen sich hier mü-
helos zu verbinden. Meine Gastgeber sind freundlich, aber wortkarg, daher drehe ich zu Fuß eine kleine Runde durch den Ort.
Hirtenjungen treiben Ziegen, Schafe und Kühe zurück in die Pferche; sie kichern schüchtern, als ich ihnen *Molweni*, Hallo, zurufe.
In den kleinen Nutzgärten arbeiten wettergegerbte Alte, die meinen Gruß nur zögerlich, mit skeptischen Blicken garniert erwi-

dern. Vor einer Kneipe lungern ein paar deutlich alkoholisierte
junge Männer herum, die mir »Hey *Mlungu*!« hinterhergrölen, einem gängigen, wenn auch für mein Empfinden abfälligen Begriff
für Weiße. Auch in Mandelas Heimat ist ein weißes Gesicht keine
Selbstverständlichkeit, die Distanz ist spürbar, mal abgesehen von
den Betrunkenen sicherlich auch wegen der Sprachbarriere, und
leider reichen meine isiXhosa-Kenntnisse nicht, um das Eis zu
brechen. So hänge ich meinen eigenen Gedanken und Erinnerungen nach. Als ich Zimisile hier zum ersten Mal begegnet war, hatte
ich mit mehreren Dorfbewohnern über ihren Alltag und ihr Leben
gesprochen. Armut, Arbeitslosigkeit, fehlende Bildungschancen
sind bis heute auch in Qunu die größten Probleme. Viele Einwohner hatten sich einen Mandela-Entwicklungsbonus für ihren Ort
erhofft, doch der blieb weitgehend aus. Ihre Kinder sitzen weiterhin in überfüllten Klassenzimmern und schlecht ausgestatteten
Schulen. »Unsere Kinder gehen zwar in die Schule. Aber die Bildung, die sie dort bekommen, ist oft schlechter als die *Bantu Education* von damals«, hatte Zimisile eben noch im Gespräch gesagt.
Das habe ich während meiner Arbeit als Südafrika-Korrespon-
dentin leider schon oft gehört. Es jagt mir einen kalten Schauder
über den Rücken.

Hendrik Verwoerd, der als einer der Architekten der Apartheid gilt, hatte das entsprechende Gesetz Anfang der 1950er-Jahre
in seiner Zeit als Minister für Eingeborenenangelegenheiten mit
auf den Weg gebracht. Missionsschulen, die bis dahin maßgeblich
für die Bildung schwarzer Südafrikaner gesorgt und teilweise auch
liberale, egalitäre Ideen vertreten hatten, wurden fortan vom Staat
kontrolliert. Das Curriculum wurde auf die »Lebenschancen« und
das »Lebensumfeld« zugeschnitten, was konkret bedeutete, dass
die als *Bantus* bezeichneten schwarzen Südafrikaner nur lernten,
was sie aus Sicht des faschistischen Regimes brauchten, um in ihren eignen Gemeinschaften zu arbeiten oder die Befehle ihrer
künftigen weißen Arbeitgeber zu verstehen und zu erfüllen. Alles

Nelson Mandelas Geburtsort – Gedenkstätte in Mvezo.

Weitere sei, frei nach Verwoerd, sinnlos und würde die *Bantus* nur
frustrieren, da für sie eine Arbeit über einem gewissen Niveau in
der europäischen Gesellschaft ohnehin unmöglich sei. Heute,
nach mehr als 20 Jahren Demokratie und gleichen Bildungschancen auf dem Papier, sind die Unterschiede zwischen den ehemals
weißen Schulen, denen in den Townships und insbesondere denen
in ländlichen Regionen noch immer unübersehbar krass. Nicht
die Hautfarbe, sondern Wohnort und Portemonnaie entscheiden
im »neuen Südafrika« über die Bildung. Ich habe das in vielen
Schulen im ganzen Land erlebt; etwas, das mich trotz aller journa-
listischen Distanz besonders wütend macht. Die Apartheid, so
wie es Präsident Zuma seinen Wählern immer wieder weismachen
wollte, kann dafür trotz der verheerenden *Bantu Education* nicht
allein verantwortlich gemacht werden. Hier geht es zweifelsfrei
auch um die Versäumnisse der ANC-Regierungen seit 1994.
Schwarze Studenten, mit denen ich während der Studentenpro-
teste in den letzten Jahren gesprochen habe, sehen darin sogar
Kalkül: Ungebildete Bürger seien leichter zu regieren, sagten sie

mir. Die politische Führung der ehemaligen Befreiungsbewegung ANC halte die Bevölkerungsmehrheit bewusst dumm, um sie weiter mit leeren Versprechungen zu füttern und an der Macht zu bleiben.

Mein Blick bleibt an dem Hügel mit der Ruine der Grundschule hängen, die Nelson Mandela vor vielen Jahrzehnten besuchte, als Erster seiner Familie, der überhaupt eine Schulbildung erhielt. Direkt nebenan steht heute eine weitere Schule, die ich vor Jahren besucht habe. Im Gedächtnis geblieben sind mir die rudimentäre Ausstattung und der sympathische Schuldirektor Wonga Mda. Als ich ihn damals nach seiner E-Mail-Adresse fragte, um ihm einen Link zu meiner Radioreportage zu schicken, zuckte er nur entschuldigend die Schultern. In seiner Schule gab es keine Computer, selbst in seinem Büro nicht, und den Luxus eines Laptops konnte er sich auch nicht leisten. Er war ein engagierter Mann, mit Leib und Seele Schuldirektor, der mit leuchtenden Augen von den wenigen Schülern erzählte, die es bis an die Universität geschafft hatten. »Aber viele verlassen die Schule leider ohne einen Abschluss«, sagte er damals bedauernd. Die Gründe sind vielfältig. Armut spiele in vielen Fällen eine Rolle, ungewollte Schwangerschaften, aber auch mangelnde Motivation, betonte Mda. Gegen diese Probleme war seine Schule mit ihren äußerst bescheidenen Mitteln machtlos. »Ich versuche, sie zu motivieren, trotz aller Hindernisse zu lernen, indem ich sie an *Tata* Mandela erinnere.« Wie viele Südafrikaner sprach der Schuldirektor liebevoll von *Tata*, das bedeutet Vater auf isiXhosa. »Ich sage ihnen immer: Ihr könnt die Mandelas der Zukunft sein!« Seine Worte gehen mir nicht aus dem Kopf, während ich weiter durch Qunu streife. Aus einem Minibustaxi strömen Jugendliche in Schuluniformen, die offenbar einen langen Tag hinter sich haben. Von einem *Tuck Shop* kommen mir ein paar Frauen entgegen, Einkaufstüten auf dem Kopf, Babys in einem Tuch auf dem Rücken. Mir begegnen nur Junge und Alte, die Generation dazwischen fehlt weitgehend. Vor

allem Männer zwischen 20 und 50 scheinen deutlich in der Minderheit. In Dörfern wie Qunu gibt es in jeder Familie mindestens
einen, der in den großen Städten Geld verdient und damit auch
die ländliche Verwandtschaft über Wasser hält, wie schon zu Zeiten der Apartheid, oft mit dem kargen Lohn als Bergmann, Land-
arbeiter oder Haushaltshilfe. Das sogenannte *migrant labour system*,
das vor allem nach der Entdeckung von Gold- und Diamantenvor-
kommen ausgebaut wurde, hat diesen ländlichen Gemeinden im
Gegensatz zu den großen Konzernen keinen Wohlstand gebracht,
sondern statt dessen tiefe gesellschaftliche Wunden hinterlassen.
Viele Ehemänner kamen nur einmal im Jahr nach Hause, Familien
wurden auseinandergerissen, Kinder wuchsen in der Obhut der
Großeltern auf; statt kleinbäuerlicher Landwirtschaft florierte das
Geschäft mit den billigen Arbeitskräften.

   »Daran hat sich bis heute im Gros kaum etwas geändert«, bestätigt Zimisile meinen Eindruck, als er am nächsten Morgen
pünktlich am vereinbarten Treffpunkt auftaucht. »Ich würde mir
wünschen, dass unsere Kinder einmal hier in Qunu eine Arbeit
finden könnten und nicht wegziehen müssten.« Er selbst schätzt
sich glücklich, dass er als Vater Zeit mit seiner Familie verbringen und auf die Erziehung seiner drei Kinder Einfluss nehmen
kann. Sein eigner Vater gehörte zu den Männern, die nur einmal
im Jahr aus Johannesburg zu Besuch nach Hause kamen. Seufzend lässt er sich in den Beifahrersitz fallen: »Unsere Regierung
tut leider nicht viel für ländliche Gemeinden wie diese.« »Und
was ist mit dem Mandela-Enkel Mandla, der ja immerhin als
ANC-Abgeordneter im Parlament sitzt und als *chief* das traditionelle Oberhaupt in Mvezo ist?«, frage ich, wohlbewusst, dass ich
hier in ein Wespennest steche, denn Zwelivelile Mandla Mandela
ist ein umstrittener, skandalumwobener Mann, der unter anderem für einen landesweiten Aufschrei sorgte, als er die Gebeine
der drei verstorbenen Kinder Nelson Mandelas ohne Absprache
mit der Familie von Qunu nach Mvezo überführen ließ. »Über

Mandla wirst du dir gleich selbst ein Bild machen können«, antwortet Zimisile diplomatisch.

Wir folgen der Nationalstraße N2 mehrere Kilometer und biegen dann in eine frisch gepflasterte Straße ein, die sich einen Hügel
hinaufwindet. Bald tauchen hinter einem Zaun ungewöhnlich eng
beieinander stehende, schicke Rundhäuser auf, frisch gestrichen
und reetgedeckt. Dahinter mehrere große Gebäude, ebenfalls im
traditionellen Stil. Trotz der runden Formen, der freundlichen
Braun- und Gelbtöne und der Reetdächer hat dieser frisch erwei-
terte *Mvezo Great Place* etwas Festungshaftes. Hier also lebt Mandla Mandela. Hier baut er seit Jahren ein eigenes Mandela-Museum,
inklusive Konferenzzentrum, und setzt sich damit aus Sicht vieler
Einheimischer eher selbst ein Denkmal statt seinem Großvater.
Südafrikanische Medien haben den weitläufigen Gebäudekomplex
wegen der Millionengelder, die bereits geflossen sind, auf den
Spitznamen »Mandlas Nkandla« getauft – natürlich sehr zum Ärger des berühmten Enkels. »Das Museum ist noch nicht für Besucher geöffnet«, grummelt der Wachmann am Tor. Doch so leicht
lassen wir uns nicht abweisen. Zimisile verwickelt den Mann in
eine Unterhaltung auf isiXhosa, deren Inhalt ich nur bruchstückhaft seinen wunderbar ausdrucksstarken, ausladenden Gesten ent-
nehme. Nach etwa einer Viertelstunde lässt uns der Wachmann
tatsächlich auf das Gelände, begleitet uns von da an jedoch mit weiterhin skeptischer Miene auf Schritt und Tritt. Also verkneife ich
mir die kritischen Fragen und gebe mich als unbedarfte Touristin:
»Hier also wurde Nelson Mandela geboren!« Wir bleiben neben einer Bronzestatue des berühmten Freiheitskämpfers und Friedens-
nobelpreisträgers stehen. Seine im Gang erstarrte Haltung wirkt
so, als würde er gleich zu einer Wanderung in die Landschaft aufbrechen. Weit unten im Tal macht der Mbashe-Fluss gemächlich
eine großzügige Schleife und markiert damit die Grenze zum
Thembuland, dem Stammesgebiet der abaThembu, die im 16. Jahrhundert vom Fuß der Drakensberge an die Küste gezogen waren.

Auf einer kleinen Aussichtsplattform sind ein paar verloren wirkende Schwarz-Weiß-Porträts von Mandela montiert. »Weiter dürfen Sie nicht gehen«, weist uns der Wachmann an. »Das ist Privatgrundstück.« Nur ein paar Meter weiter unten stehen die Rundhäuser, in denen Mandla Mandela wohnt, gut abgeschirmt und offenbar bewacht, Hunde bellen hinter der Mauer. Der Hausherr ist gerade nicht zu Hause, sondern in Kapstadt, wo er sich um seinen zweiten Job als ANC-Abgeordneter im Parlament kümmert. »Früher konnte man dort noch die Ruine von Nelson Mandelas Geburtshaus sehen«, raunt Zimisile mir etwas wehmütig zu. Denn der Enkel hat sein Anwesen einfach über die historische Stätte gesetzt. Es war das Haus seines Urgroßvaters, Gadla Henry Mphakanyiswa, der als *chief* in Mvezo regierte und dem König der aba-Thembu als Berater zur Seite stand. Ein traditionsbewusster und, wie damals üblich, polygamer Mann mit vier Ehefrauen. Sein berühmter Sohn aus der Ehe mit seiner dritten Frau, dem er den bedeutungsschwangeren Namen Rolihlahla gab, beschreibt ihn in seiner Autobiografie als einen hochgewachsenen Mann mit dunkler Haut und aufrechter, stattlicher Körperhaltung, von der er hoffe, sie geerbt zu haben. Ebenso sei wohl der mitunter sture Charakter vererbt worden. 1920 kostete diese »Sturheit« wohl auch Mandelas Vater seine Führungsposition als *Chief.* Es gibt verschiedene Versionen der Geschichte; als gesichert gilt, dass sich Einwohner aus Mvezo beim Magistrat der damaligen britischen Kolonialverwaltung über ihren *Chief* beschwert hatten. Offenbar gab es Konflikte um Vieh und Land. Der Magistrat zitierte Gadla Henry Mphakanyiswa zu sich, doch der kam der Anordnung nicht nach, da er die Einmischung der Briten in diese traditionelle Angelegenheit nicht anerkannte. Entsprechend seiner Verwandtschaftsbeziehung war er vom König der abaThembu als *Chief* bestimmt worden, die britischen Herrscher jedoch kontrollierten die traditionellen Oberhäupter. Als der britische Magistrat die Absage von Mandelas Vater erhielt, ließ er den rebellischen *Chief*

von Mvezo prompt absetzen. Gadla Henry Mphakanyiswa verlor
seinen Titel und mit großen Teilen seines Landes und seines Viehs
auch sein Vermögen. Der erst zweijährige Rolihlahla zog mit seiner Mutter von Mvezo nach Qunu, wo sie in dieser schwierigen
Zeit von Freunden und Verwandten unterstützt wurden. In Qunu
verlebte der junge Mandela, wie er selbst in seiner Biografie
schreibt, einige der glücklichsten Jahre seiner Kindheit. »Für seinen Lebenslauf ist Qunu also wichtiger als der Geburtsort Mvezo«,
betont Zimisile. Doch das lukrative Geschäft mit dem Andenken
möchte sich natürlich auch Enkel Mandla nicht entgehen lassen,
der fast ein Jahrhundert später in Mvezo regiert.

Nach anfänglichem Zögern lässt sich der Wachmann von uns
zu einem kleinen Rundgang durch das noch unfertige Museum
überreden. Wir drücken unsere Nasen an den Scheiben der noch
leerstehenden Rundhütten platt, folgen den gepflegten Wegen
durch das offenbar von Landschaftsarchitekten gestaltete Gelände, weichen den Kühen aus, die irgendwie einen Weg hinein gefunden haben, aber niemanden zu stören scheinen, bewundern einen großen halbrunden Saal mit Zuschauerrängen, in dem in
Zukunft Veranstaltungen für Touristen und Einheimische stattfinden sollen, und die schicken Gäste-Chalets mit ihrem atembe-
raubendem Ausblick auf die Flusslandschaft im Tal. Die Architektur ist geschmackvoll, schick bis luxuriös, wirkt jedoch in der
ländlichen, eher ärmlichen Umgebung überdimensioniert, so wie
die Verwaltungsgebäude für die Ratsmitglieder des *Chief*, die VIP-
Räume und der riesige Konferenzsaal. An der Decke hängen
mächtige kronleuchterartige Lampen, Dutzende Stuhlreihen warten auf Gäste, an der Wand hängt ein überlebensgroßes Porträt-
foto von Nelson Mandela, das uns magisch anzieht. Seine Augen
scheinen uns direkt anzusehen, ein Lächeln umspielt seine Lippen. Er trägt die traditionelle Tracht der Mitglieder der königlichen Familie der abaThembu, eine Kopfbedeckung aus Leopardenfell, in der eine Feder steckt, ein weiteres Fell liegt über seinen

Schultern, darunter trägt er eines seiner berühmten wild gemus-
terten Hemden. »Er sieht stolz und zufrieden aus«, bemerke ich.
Zimisile nickt zustimmend und murmelt: »Zufrieden. Ja, das trifft
es.« Er ist sichtlich gerührt, geht ganz nah an das Bild heran, als
wolle er Kontakt aufnehmen. Nach einer Weile sagt er: »Dieses
Porträt habe ich noch nie gesehen. Es muss aus Mandlas privatem
Besitz stammen.« Wie zufrieden aber wäre der Großvater wohl
mit seinem Enkel, frage ich mich, als wir uns wenig später beim
Wachmann bedanken und einen kleinen Streifzug durch Mvezo
beginnen. Unmittelbar hinter dem Museumskomplex verwandelt
sich die gepflasterte Straße wieder in eine der typischen staubigen, ungeteerten Pisten, die weite Teile der Transkei prägen. Auch
sonst unterscheidet sich Mvezo, trotz seines *Chief* mit dem berühmten Namen, nicht von anderen ländlichen Gemeinden.

Wir kommen mit einer Gruppe Männer vor einem kleinen Laden ins Gespräch. Keiner hier ist gut auf Mandla Mandela zu sprechen, aber keiner möchte namentlich zitiert werden. »Unser *Chief*
benutzt seinen Namen nur, um sich selbst zu bereichern«, sagt der
eine, »er ist ein Blender, dem es nur ums Geld geht. Wir sind ihm
egal.« Ein anderer fügt hinzu: »Schau dir doch nur mal seinen Palast an. Er lebt in Saus und Braus, während wir weiter arm bleiben.
Er ist auch nicht besser als Zuma.« Und ein Dritter meint: »Jetzt
will er uns auch noch verbieten, Alkohol zu trinken. Nur, weil er
diese Frau geheiratet hat!« Diese Frau heißt Rabia Clarke und ist
seit 2016 die vierte Ehefrau des Mandela-Enkels, eine indischstämmige muslimische Südafrikanerin, mit der er nun sein erstes
Kind bekommen hat, nachdem lange über Zeugungsunfähigkeit
spekuliert wurde. Mandla ist für diese Ehe zum Islam konvertiert,
was für ihn augenscheinlich auch ein Bekenntnis zur Regenbogennation ist. Nach der traditionell muslimischen Hochzeitszeremo-
nie wurde er in der südafrikanischen Presse mit den Worten zitiert: »Rabia und ich sind in unterschiedlichen kulturellen und
religiösen Traditionen aufgewachsen. Dass wir zusammengekom-

men sind, spiegelt wider, was wir gemein haben: Wir sind Südafrikaner.« Eigentlich ein Satz, der an seinen Großvater erinnert.
Doch bei seinen Landsleuten hat seine Entscheidung gleich mehrere kontroverse Diskussionen ausgelöst: Andere traditionelle
Oberhäupter aus dem Eastern Cape bemängelten, dass sie weder
vorher eingeweiht wurden noch eingeladen waren, sorgten sich,
ob der Islam und die traditionellen Aufgaben eines *Chief* überhaupt vereinbar sind, und beschwerten sich, dass er als Mann die
Religion seiner Frau angenommen hat. In ihrer Kultur passt sich
normalerweise die Frau dem Mann an. Für die Einwohner von
Mvezo aber war diese Hochzeit auch aus einem anderen Grund
skandalös: »Er hat uns gesagt, dass er hier in seinem Land keinen
Alkohol mehr dulden und alle Verkaufsstellen schließen will«, redet sich einer der Männer in Rage. »Dabei wissen wir doch, dass er
seinen Gästen zu Hause durchaus weiterhin Alkohol ausschenkt.«
Heftiges Nicken und zustimmendes Murmeln von allen Seiten.
Allerdings hatte Mandla Mandela dem Alkohol wegen seiner po-
tenziell zerstörerischen Wirkung auf Familien schon Jahre, bevor
er seine neue Gattin kennenlernte, den Kampf angesagt. Sein an
Aids verstorbener Vater soll ihn nach eigenen Aussagen vor den
Gefahren des Alkohols gewarnt haben. Doch davon wollen die
Männer nichts wissen. Sie wollen sich auch von einem Mandela
nicht bevormunden lassen.

Nachdenklich folgen Zimisile und ich der langen, kurvenrei-
chen Straße durch das Hinterland der weitläufigen Gemeinde.
Wir sehen Frauen, die auf dem Kopf Bündel mit Feuerholz teils
steile Abhänge hinaufschleppen. Hirtenjungen, die eine Herde
Kühe vor sich hertreiben. Klapprige Minibustaxis, die gekonnt
Schlangenlinien um die Schlaglöcher fahren. Mädchen, die zu der
Musik aus ihrem Handy ein paar Tanzschritte proben. Kinder, die
uns mit selbstgebastelten Drahtautos lachend hinterherlaufen.
Junge Männer, die bierselig vor einem Kiosk herumhängen. »Wir
haben jetzt viel über Konflikte geredet«, nehme ich den Ge-

sprächsfaden wieder auf, um zu hören, was Zimisile auf meine
Leitfrage bei dieser Reise antworten wird, »aber was hält Südafrika aus deiner Sicht trotz aller Gegensätze und Probleme weiterhin
zusammen?« »Ich denke, es ist der Wunsch nach einem einfachen,
würdevolleren Leben«, meint er, nachdem er ein paar Minuten
nachgedacht hat. »Weißt du, die meisten Südafrikaner verlangen
gar nicht viel. Sie brauchen keinen Luxus, sondern einfach die Basics, die ein bescheidenes Glück ausmachen.« Seine Einschätzung
spricht mir aus dem Herzen. Bei den vielen Protesten, die Südafrika in den letzten Jahren zunehmend erlebt hat, geht es im Kern genau darum: um einen gerechten Zugang zu Bildung, Gesundheit
und Arbeit, um ein Dach über dem Kopf, Wasser- und Stroman-
schlüsse, um ein Leben ohne ständige Angst vor Kriminalität, um
eine Regierung und traditionelle Oberhäupter, die sich zuerst um
die Bürger kümmern, statt eigene Interessen zu verfolgen. Die
Frustration darüber, dass viele dieser Basics noch immer nicht erreicht worden sind, schlägt regelmäßig in Wut und Gewalt um.
Südafrika steht aus Sicht vieler wieder einmal am Abgrund.
Zimisile jedoch schüttelt entschieden den Kopf: »Viele tragen
Mandelas Traum für unser Land weiter in ihrem Herzen und setzen sich dafür ein. Wir Südafrikaner lieben unser Land und wollen
nicht, dass es im Bürgerkrieg versinkt. Wenn es wieder einmal auf
der Kippe steht, dann stehen wir beieinander und erinnern uns an
unsere gemeinsamen Ziele und Wünsche.« Auch damit spricht er
mir aus der Seele. Er beschreibt eine Stimmung, die ich schon oft
gespürt habe. So kehren wir etwas leichter ums Herz nach Qunu
zurück, verabschieden uns und versprechen, in Kontakt zu bleiben, was uns bis dato auch tatsächlich gelungen ist.

Ein Loblied auf ein Rennpferd

»*Government, we need your help*«, wir brauchen die Hilfe der Regierung! Der Appell steht auf einem großen Schild am Rand der Na-

tionalstraße N2, auf der ich Richtung East London, der Stadt, in der ich 1990 als Austauschschülerin gelebt habe, unterwegs bin. Neugierig nehme ich den Fuß vom Gas. Ein paar Meter weiter taucht schon das nächste Schild auf: »*Government, we are not waiting. We are carrying on*«, wir warten nicht mehr auf die Regierung, wir machen weiter. Dahinter erstreckt sich ein eingezäuntes Fußballfeld, das augenscheinlich nicht aus staatlichen Mitteln gebaut wurde. Ich kenne die Geschichte nicht, aber ich kann sie erahnen. Wahrscheinlich haben die Einwohner lange um einen solchen Sportplatz gebeten, der in ländlichen und zudem armen Regionen wie dieser eher eine Ausnahme als die Regel ist. Wahrscheinlich haben sie unzählige Briefe geschrieben und Stunden in ergebnislosen Meetings mit der lokalen Regierung verbracht. So lange, bis ihnen der Geduldsfaden gerissen ist und sie die Gelder auf andere Weise aufgetrieben haben. Bravo, denke ich, während der Sportplatz im Rückspiegel verschwindet. Hier hat offenbar nicht die Frustration, sondern Eigeninitiative gesiegt. Mein knurrender Magen hält mich davon ab, die Geschichte weiterzuverfolgen.

Auf der Suche nach einem Snack halte ich im nächsten Provinzstädtchen Butterworth an. Zum Glück ergattere ich im Verkehrschaos einen Parkplatz an der Hauptstraße. Minibustaxis parken hier nicht nur in zweiter, sondern dritter Reihe, auf ein Hupkonzert folgt das Blöken der Schafe, die auf einem klapprigen Pick-up zusammengepfercht stehen, Fußgänger sind auf die Straße ausgewichen, weil die Bürgersteige schier überquellen. Ich stürze mich zu Fuß ins Getümmel, das einzige weiße Gesicht weit und breit, versuche nicht auf den Müll auf dem Boden zu treten und an die wackligen Holzstände der Händler zu stoßen, die gut die Hälfte des Bürgersteigs einnehmen. Neben Gemüse liegen darauf auch rohes Fleisch und ganze Schweinsköpfe, süßlich riechend in der Nachmittagshitze, umschwirrt von Fliegen, die die Händlerinnen ab und zu mit einer zusammengerollten Zeitung verscheuchen, wenn auch nur für ein paar Minuten. Mir vergeht beim

Blick in die umschwärmten glasigen Schweinsaugen fast der Appe-
tit. Eine Frau, die auf einem Schemel direkt neben einem solchen
Stand sitzt, beißt dagegen völlig unbeeindruckt in einen Hühner-
schenkel, tippt mit der anderen Hand eine Nachricht in ihr Handy und lässt sich gleichzeitig neue *Extensions* in ihr Haar flechten.
Das alltägliche Chaos wirkt sich weder auf ihren Magen noch auf
ihre Multitasking-Fähigkeiten aus. Ich dagegen bin froh, als ich ein
paar Meter weiter die gefliese Einkaufspassage erreiche und damit
dem leeren Blick der toten Schweine entfliehen kann. Auch hier
wimmelt es nur so vor Menschen, vor den Geldautomaten haben
sich meterlange Schlangen gebildet, die Läden sind zum Bersten
voll. Natürlich, fällt es mir mit einem Schlag ein: Heute ist nicht
nur Freitag, sondern auch der Beginn eines neuen Monats, die Leute haben gerade ihr Gehalt, Rente oder Kindergeld erhalten. Rund
17 Millionen Südafrikaner erhalten Sozialleistungen vom Staat,
ihr Anteil ist mittlerweile größer als der der arbeitenden Bevölkerung. Viele kommen mit ihrem mageren Einkommen kaum über
die Runden, müssen sich in der zweiten Monatshälfte regelmäßig
Geld leihen oder auf Mahlzeiten verzichten. Es ist also kein Wunder, dass hier heute so viel los ist.

Mit einem Getränk und einem abgepackten Sandwich in der
Hand reihe ich mich in die Supermarktschlange ein. Vor mir wartet eine Frau mit einem weit größeren Einkauf: Kiloschwere Säcke
mit Maismehl, Zucker und Kartoffeln liegen neben einer Plastik-
flasche grell-orangefarbenem Sirup und einer Familienpackung
Tee in ihrem Einkaufswagen. Angeregt unterhält sie sich mit der
älteren Frau vor ihr, bis ihr Gespräch rüde unterbrochen wird.
»Hey *gogo*!«, ruft eine helle Stimme quer durch den Laden. Sekunden später steht die dazugehörige junge Frau auch schon neben
den beiden und plappert nonstop auf die ältere ein. Worum es
geht, kann ich leider nicht verstehen, so gern ich es auch täte. Also
versuche ich in den Gesten und Gesichtern zu lesen. Die ältere
Frau lässt die jüngere gewähren, die den Supermarkt offenbar zu

ihrer Bühne erkoren hat. Sie spricht lauter als nötig, lacht immer wieder künstlich auf und nimmt unterschiedliche Posen ein, sodass ihre kurvenreiche Figur in ihrem knappen Oberteil und den hautengen Jeans zur Geltung kommt. Die als *gogo*, also Oma, bezeichnete Ältere lässt sich davon jedoch nicht beeindrucken. Die offenbar vom Grauen Star getrübten Augen schauen eher gelangweilt aus dem mit Tonerde bedeckten, maskenartigen Gesicht. Ein Kopftuch und ein langes hochgeschlossenes Kleid runden ihre traditionelle, würdevolle Erscheinung ab, die keinerlei Bestätigung braucht. Was wohl in ihrem Kopf vorgeht? Ihre Miene ist undurchdringlich. Ihre ins Abseits manövrierte Gesprächspartnerin macht aus ihren Gefühlen dagegen weniger Hehl. »Hey *gogo*!«, äfft sie die junge Frau nach, als diese wenig später davonstolziert. Kopfschüttelnd verzieht sie das Gesicht. Für mich ist die Reaktion ein Ausdruck einer wachsenden Kluft zwischen den Generationen, zwischen Tradition und Moderne, die hier in der Provinz noch tiefer scheint als in den Städten. Immer wieder haben mir ältere Südafrikaner in den letzten Jahren ihr Leid geklagt, die Jüngeren würden sich nur noch für oberflächliche, kommerzielle Werte interessieren, zunehmender Egoismus verdränge den alten Gemeinschaftssinn, sie verstünden diese Generation einfach nicht mehr. Vielleicht dreht sich die Unterhaltung, an die die beiden älteren Frauen nun wieder anknüpfen, auch darum.

Ich schnappe das Wort *amanzi* auf. Wasser. Was es damit auf sich hat, verstehe ich erst ein wenig später, als ich in der Einkaufspassage nach einer Toilette suche, um mir die Hände zu waschen. Die Tür ist abgesperrt, ein Wachmann steht gelangweilt davor. »Wir haben kein Wasser«, erklärt er mir. »Probier es mal bei der Bushaltestelle.« Ich folge seinem Rat. Auf der anderen Seite der Einkaufspassage warten Minibustaxis und klapprige Busse teils mit laufendem Motor auf ihre Passagiere, die mit Einkäufen vollgepackt ein- und aussteigen. Es riecht nach Benzin, Müll und Abwasser. Eine ältere Frau sitzt vor dem schäbigen Kabuff, in dem die öffentliche Toilette untergebracht ist. »Die hier ist offen«, bestätigt sie, »aber Wasser gibt es hier auch nicht. Wir haben schon seit Monaten keins!« Das ist nicht zu über-riechen: Es stinkt durchdringend nach Urin. Nach Händewaschen ist mir längst nicht mehr, aber die Neugier treibt mich an und so werfe ich doch noch einen Blick hinein. Eine nahezu unwirkliche Szene erwartet mich: Neben der Tür sitzt eine dicke Frau auf einem umgedrehten Eimer und kassiert Eintritt. Dabei plaudert sie unbeeindruckt mit drei anderen, die eine zieht sich gerade die Strumpfhose über den Schlüpfer, die andere hockt mit hochgeschobenem Rock auf einem Eimer, die dritte leert ihre Notdurft in die verkrustete Toilettenschüssel, über der Dutzende Fliegen kreisen. »Wie lange müsst ihr schon so improvisieren?«, frage ich die Frau am Eingang fassungslos. »Seit einem halben Jahr«, antwortet sie schulterzuckend. »Ich bringe jeden Morgen Wasser aus dem Fluss zum Spülen und Toilettenpapier her.« Völlig unbeeindruckt hält sie mir die Rolle hin. Ich lehne dankend ab. »Und wie lange soll das noch so weitergehen?«, frage ich. »Keine Ahnung«, meint sie, »die ganze Stadt hat kein Wasser.« Ich verabschiede mich dankend und bin froh, als ich wieder an die frische Luft komme.

Sechs Monate ohne Wasser! Später lese ich in einer Lokalzeitung von den verheerenden Auswirkungen einer Dürre und leeren Stauseen, aber auch von Misswirtschaft und veralteter Infrastruktur. Und trotzdem spüre ich hier keine Proteststimmung, der Alltag geht irgendwie weiter, das Chaos scheint zur Normalität geworden zu sein. ›We make a plan‹, das ist eine Art Leitsatz in Südafrika. Wenn die Dinge nicht nach Plan laufen, entwickelt man eben einen neuen und improvisiert. Südafrikaner sind Meister dieser Kunst. Ich habe sie schon oft dafür bewundert, mir einiges abgeschaut, bin mit den Jahren selbst geduldiger und flexibler geworden und lächele mittlerweile über Touristen aus Deutschland, die schon die Krise bekommen, wenn Kleinigkeiten nicht so funktionieren, wie sie sie sich vorgestellt haben. Aber ein halbes Jahr ohne

Wasser? In diesem himmelschreienden Fall empfinde ich das sonst
so erstrebenswerte Improvisationstalent eher als Ausdruck tiefer
Frustration über eine Verwaltung, die nicht einmal mehr für die
Grundbedürfnisse ihrer Bürger aufkommt. Daran sollte sich keiner gewöhnen müssen, denke ich, als ich wieder in mein Auto steige und zu meiner Unterkunft in einen der Randbezirke von Butterworth fahre. Bei meiner Ankunft werde ich auch dort direkt auf die
prekäre Wasserversorgung hingewiesen. »Unser Wasser kommt
aus den Regentanks«, erklärt die Besitzerin der kleinen Pension,
»wir müssen sehr sparsam damit umgehen.«

Nach einer kurzen Dusche breche ich am nächsten Morgen
zeitig wieder auf. Denn bevor ich East London ansteuere, möchte
ich noch einen Abstecher in die Gegend machen. Ein befreundeter
Filmemacher hatte mir von einer Tradition erzählt, die selbst viele Südafrikaner nicht kennen: Pferderennen in der Transkei. Über
einen seiner Kontakte hatte ich erfahren, dass an diesem Samstag eines dieser Rennen ganz in der Nähe, einem Ort namens Teko
Kona, stattfinden soll. Das möchte ich mir nicht entgehen lassen.
Aber es ist gar nicht so einfach, die ›Rennbahn‹ zu entdecken. Die
Abfahrt finde ich noch, aber sobald die Teerstraße aufhört, entpuppt sich mein Navigationsgerät als orientierungslos. Also frage
ich mich durch, in einem Kauderwelsch aus Englisch und ein paar
Brocken isiXhosa, mit Händen und Füßen. Die Leute, die ich am
Rand der unbefestigten Straße anspreche, sind freundlich, wenn
auch erstaunt bis belustigt über meine gestikulierte Frage. Sicherlich kommt es nicht alle Tage vor, dass eine weiße Frau durch diese ziemlich entlegene ›schwarze‹ Gegend fährt, noch dazu auf der
Suche nach einem Pferderennen. Nach mehrmaligem Schulter-
zucken, einigen widersprüchlichen Wegbeschreibungen und ein
paar Umwegen taucht endlich ein Pick-up mit einem Pferdeanhän-
ger im Rückspiegel auf. Ich lasse ihn passieren, hefte mich an seine
Stoßstange und folge ihm vorbei an Rundhütten, spielenden Kindern und grasenden Kühen, eine kurvige Seitenstraße entlang, die

immer schmaler wird, bis sie schließlich nur mehr eine vage Fahr-
spur im langen Gras ist. Am Fuß des Hügels erreichen wir ein weit-
läufiges Feld, auf dem bereits ein paar Anhänger stehen.

Der Fahrer des Pick-ups entpuppt sich als einer der Organisatoren: Andile Kula ist der Vorsitzende der *Eastern Cape Traditional
Horseracing Association* und freut sich über meinen spontanen Besuch. »Wir sind stolz auf unsere Tradition, die Generationen zu-
rückreicht, und wir freuen uns, wenn sich jemand dafür interessiert«, sagt er, während er meine Hand schüttelt. Gemeinsam
gehen wir zum Anhänger, in dem sein prächtiges Pferd Laduma
buchstäblich schon mit den Hufen scharrt. »Ein paar Tage vor
dem Rennen bekommt er ein bisschen mehr Kraftfutter«, erklärt
Andile stolz, »dann weiß er schon, was los ist. Er kann es kaum erwarten!« Einer seiner Helfer führt das Pferd routiniert auf die
Wiese und wärmt es für das Rennen auf. Auf der Hügelkuppe tauchen im selben Moment Dutzende Pferde mit ihren Reitern auf,
denn ein Auto mit Anhänger, wie Andile es hat, können sich hier in
der Transkei nur wenige leisten. Auch Sättel und Reitstiefel sind
eher die Ausnahme. Es ist ein echtes Spektakel, die Reiter werden
von einer singenden und tanzenden Menschenmenge begleitet. Die
Männer tragen geschnitzte Stöcke und Peitschen aus geflochtenem
Leder, zu ihren tiefen Bassstimmen kommen die *ululations* der Frau-
en, hohe vibrierende Klänge, wie sie zu festlichen Anlässen oder als
freudige Willkommensgrüße üblich sind, Kinder tanzen kreuz und
quer den Hang hinunter. »Das ist Teil des Rituals«, erklärt Andile lächelnd, als er meine Begeisterung bemerkt. »Jedes Pferd hat seine
Fans in der Familie und Nachbarschaft und seine eigene Lobeshym-
ne, die ihm Kraft für das Rennen geben soll.« Grasfetzen fliegen in
die Luft, als die Reiter an uns vorbeigaloppieren. Wie echte Renn-
pferde wirken die meisten Tiere nicht, viele erinnern eher an Ponys
aus dem benachbarten Königreich Lesotho. *Indigenous horses*, einheimische Pferde nennt Andile sie, im Gegensatz zu seinem hochgewachsenen Vollblut. »Der Name ist irreführend«, mischt sich ein

Mann in unser Gespräch ein, der sich als Tierarzt Stanley Luyanda Adam vorstellt. »Denn natürlich gab es hier in Südafrika bis zur Ankunft der Europäer keine Pferde.« Mit den Buren und den Briten, die im 19. Jahrhundert auch hier blutige Kriege um die Vorherrschaft am Kap geführt hatten, kamen die Pferde in die Transkei. Heute sind sie aus diesem Landstrich nicht mehr wegzudenken. Im Alltag sind Pferde Transport- und Lastentiere, die mir überall in der weiten Hügellandschaft begegnet sind. »Ich nenne sie deshalb *salt-fetchers*«, sagt der Tierarzt schmunzelnd – die, mit denen man Salz holt. »Sie haben sich mit der Zeit gut an unser Klima angepasst, sind robust, widerstandsfähig und seit Langem auch ein fester Bestandteil unserer Kultur.« Früher soll es Rennen mit Kühen gegeben haben, doch das ist lange her. Pferderennen waren offensichtlich reizvoller und spannender.

Die Stimmung um uns herum hat mittlerweile Volksfestcharakter. Unter den Geruch von Pferdeäpfeln mischt sich der Duft von Grillfleisch. Frauen haben kleine improvisierte Stände aufgebaut, verkaufen knuspriges Schweinefleisch, saftige Lammkote-

Pferderennen in Teko Kona – Zuschauer feuern ihre Favoriten kurz vor der Ziellinie an.

letts und kalte Getränke. Streunende Hunde versuchen, auf dem
Boden einen Knochen zu ergattern. Aus den Lautsprechern eines
Minibustaxis, das gerade eine weitere Fuhre Schaulustiger abgela-
den hat, wummern Kwaito-Beats. Die jüngeren Kinder bewundern
und liebkosen die Pferde, die Männer fachsimpeln darüber, ob ein
gescheckter Hengst das Zeug für einen Sieger hat, die halbwüch-
sigen Jockeys reiten von der Menge bejubelt eine erste Runde auf
der Rennstrecke, die provisorisch mit Reifen markiert ist und auf
der teilweise noch Kühe und Schafe grasen. »Das ist natürlich keine
professionelle Rennbahn«, sagt Tierarzt Stanley, während er Ross
und Reiter weiter durch seine randlose Brille beobachtet. »Aber
es ist besser als früher. Kannst du dir vorstellen, dass die Rennen
vor Jahren noch auf der Straße stattgefunden haben?« Ich schüt-
tele den Kopf. »Das war vollkommen inakzeptabel. Ich habe dafür gesorgt, dass sie auf die Felder umziehen, und seitdem achte
ich darauf, dass keine Verletzungsgefahr besteht.« Frühmorgens ist
Stanley die Strecke abgelaufen, hat Steine weggeräumt und Löcher
im Boden aufgefüllt. »Wenn ich kein grünes Licht gebe, dann findet das Rennen nicht statt.« Ich folge Stanley, der nach der Rennbahn nun auch noch die Pferde begutachten möchte. Er geht auf
eine Gruppe junger Männer zu, die ihn voller Respekt begrüßen
und ihm nacheinander ihre Tiere vorführen. Stanley schaut sich
die Hufe an, untersucht Gelenke und Zähne, streicht mit seiner
Hand über Rücken und Bauch, um Zecken oder Wunden zu ertas-
ten. »Alles bestens«, sagt er und gibt dem letzten Gaul einen liebe-
vollen Klaps auf den Hintern. »Die Leute hier lieben ihre Pferde«,
erzählt er, als wir zur nächsten Gruppe schlendern. »Manchmal
fehlen allerdings das Geld und das Wissen, um sie optimal zu versorgen. Dann komme ich ins Spiel. Ich gebe ihnen Ratschläge und
bei Bedarf auch gespendetes Futter, Decken und Medikamente.«
Oft ist er in seiner Freizeit unterwegs, hilft ehrenamtlich, ist Tag
und Nacht erreichbar, fährt teilweise Hunderte Kilometer bis zum
nächsten Rennen oder einem Tier in Not. »Das ist zwar manchmal

anstrengend, aber ich könnte mir kein erfüllenderes Leben vorstellen. Pferde sind meine Leidenschaft!«

Andile Kula hat sich in der Zwischenzeit um die Logistik gekümmert, die Reihenfolge und Teilnehmer der Rennen festgelegt. Breitbeinig steht er gemeinsam mit ein paar anderen Männern auf der Ladefläche seines Pick-ups, den er direkt an der Ziellinie geparkt hat. Durch ein Megafon ruft er zum ersten Rennen auf: »*Indigenous horses*, 800 Meter. Macht euch bereit für den Start!« Die sogenannten einheimischen Pferde laufen der Fairness halber getrennt von den schon von Natur aus überlegenen Vollblütern, jeweils über drei Entfernungen. Eine regelrechte Prozession setzt sich in Bewegung, die Fans begleiten ihre Favoriten singend bis zur Startlinie, einige Pferde tänzeln dabei wie bei einer Dressurschau oder laufen ein paar Schritte rückwärts, andere preschen ein paar wilde Schritte voran. »Jeder hat über die Jahre seinen eigenen Stil entwickelt und die Pferde entsprechend trainiert«, erklärt Andile voller Stolz auf diese Tradition, die herkömmliche Pferderennen wirklich fad erscheinen lässt. Da können die Hüte der Damen von Ascot noch so ausgefallen sein. »Für uns wäre es nichts, so weit entfernt von unseren Pferden auf den Rängen zu sitzen.« Andile schüttelt lachend seinen Kopf: »Wir brauchen den direkten Kontakt zu ihnen und genießen diese feierliche Atmosphäre.« Eine Gruppe zelebriert ein ganz besonderes Ritual: Sie bildet einen Kreis um eine braune Stute, die sich auf wundersame Weise in der Mitte hinlegt und minutenlang so verharrt, bis ihr Besitzer sie behutsam am Halfter zieht. Begleitet von Gesang und *ululations* schwingt sich der Jockey in den Sattel, setzt seinen Reithelm auf und nimmt die Startposition neben seinen Kontrahenten ein. Offenbar wirkt die geheimnisvolle Zeremonie, denn Minuten später galoppiert dieser Reiter als Erster über die Ziellinie. Der Jubel der Zuschauer, die mittlerweile zu Hunderten die Rennbahn säumen, kennt keine Grenzen, als die Jockeys eine feierliche Ehrenrunde durch die Menge drehen, natürlich wieder begleitet von ihren singenden Fanclubs.

Rund um Andiles Pick-up hat sich eine Gruppe Männer gebildet, Geldscheine wechseln den Besitzer. Augenscheinlich geht es hier nicht nur um Tradition und Spaß, sondern auch um Geld. »Wie wichtig sind die Wetten?«, frage ich. Andile Kula kneift die Augen zusammen und wirkt auf einmal nicht mehr ganz so entspannt. Er ist im Hauptberuf Polizist und muss als Gesetzeshüter nun eine diplomatische Antwort finden. »Das sind hier keine offiziellen Pferdewetten«, wiegelt er ab, »dafür gelten schließlich entsprechende Regeln und Gesetze. Aber wenn zwei Freunde untereinander wetten, welches Pferd schneller ist, dann ist das ihre Privatsache. Mehr findet hier nicht statt.« Ich erspare ihm weitere Nachfragen, auch wenn ich das Gefühl habe, dass der Wetteinsatz vor allem bei den Rennen der Vollblüter durchaus mehr ist als nur ein spielerischer Deal unter Freunden. Nach einem Start, bei dem nur die Hälfte der Pferde losgaloppiert ist, entspinnt sich rund um den Pick-up eine kontroverse, lautstarke Debatte darüber, ob das Rennen gültig ist oder wiederholt werden muss. Die meisten Zuschauer und Fans bekommen davon jedoch wenig mit, denn inzwischen hat sich Partystimmung breitgemacht. Das Rennen scheint ein willkommener Anlass, um einfach mal den, oftmals wahrscheinlich harten, Alltag hinter sich zu lassen. Junge Männer flirten mit noch jüngeren Frauen, die sich für den Anlass extra schick gemacht haben. Familien haben Picknickdecken im Gras ausgebreitet und essen gemeinsam das gegrillte Fleisch in der Sonne. Freunde und Bekannte umarmen sich mit großen Gesten, als hätten sie sich schon lange nicht mehr gesehen. Viele Männer streifen mit Literflaschen Bier durch die Menge, einige schwanken bereits ein wenig und torkeln dabei auch auf die Rennbahn. »Macht bitte die Strecke wieder frei«, mahnt Andile durch sein Megafon, bevor das nächste Rennen beginnt. Schließlich soll hier keiner unter die Hufe geraten.

»Es wäre schön, wenn wir unseren Sport etwas professionalisieren könnten, ohne die Tradition zu verlieren«, meint er seufzend. Absperrungen für die Zuschauer, Startboxen für die Pferde, Sättel für die Reiter, eine richtige, regelmäßig gepflegte Rennbahn – das ist sein bescheidener Traum. Aber, wie so oft, sind auch diese Anfragen bei den Behörden auf taube Ohren gestoßen. »Vielleicht finden wir ja noch einen Sponsor«, fügt Andile hinzu. Seine Augen folgen einem der jungen Jockeys, der wie die meisten hier gerade mal im Teenageralter ist. »Wir haben hier in der Transkei so viele junge Talente«, fährt er nachdenklich fort. »Es wäre doch großartig, wenn wir einen Jungen wie ihn auch auf eine Jockey-Akademie schicken und ihm so eine echte Berufsperspektive eröffnen könnten.« Doch dafür fehlen das Geld und die Beziehungen. Schnittmengen zwischen dem professionellen Reitsport und der traditionellen Variante in der Transkei gibt es kaum. Stattdessen überwiegen Berührungsängste, Vorbehalte und schwarz-weiße Stereotype. »Aber das soll uns die Freude heute nicht verderben«, sagt Andile. Sein Pferd Laduma steht nun im Rennen der Vollblüter über 1000 Meter am Start und er fiebert sichtlich mit. Beim Startschuss spannen sich seine Muskeln, als würde er selbst gleich losrennen. Atemlos schaut er zu, wie sein elegantes Pferd vom Mittelfeld an die Spitze vorrückt und sich ein Kopf-an-Kopf-Rennen mit zwei starken Konkurrenten liefert. Die Menschenmenge johlt, als Ladumas Hufe über die Ziellinie donnern, und auch Andile hält jubelnd die Hände in die Luft. »Dritter Platz«, ruft er freudestrahlend. »Das ist doch ein großartiges Ergebnis!«

Es braucht nicht viel, um glücklich zu sein, denke ich, als ich wenig später in Richtung East London aufbreche. Die Stimmung bei diesem traditionellen Pferderennen kann locker mit der beim prestigeträchtigen *Durban July* mithalten, bei dem die besten Jockeys des Landes antreten. Dort geht es darum, sich in Szene zu setzen, die neuste Reitmode auszuführen, an einem Gläschen Champagner zu nippen und hohe Preisgelder einzustreichen. In Teko Kona dagegen stehen die Tradition, der spielerische Wettstreit und das Gemeinschaftsgefühl im Vordergrund. Regelrecht

Die Autorin bei der Ankunft der Pferde: Lautstarke Gesänge begleiten die
Tiere und ihre Reiter.

beseelt von diesem außergewöhnlichen Samstagmorgen folge ich
der kurvigen Hauptstraße, die sich an die teils steilen Abhänge der
Hügel schmiegt. Aloestauden, Dornbüsche, fedrige Akazien und
meterhohe kakteenähnliche Euphorbien prägen die Landschaft.
Trampelpfade führen zu den mitten im gefühlten Nirgendwo verstreuten Rundhütten, ein paar verlassene oder bis auf die Grund-
mauern niedergebrannte Gehöfte stehen verloren in der Gegend.
Am Himmel ziehen dicke Wolken auf und verstärken den eher tris-
ten Anblick. Hinter einer Kurve taucht der *Kei River* auf, der Fluss,

der die westliche Grenze der Transkei markiert. Träge fließt das
braune Wasser dem Ozean entgegen. Die verwaiste Grenzstation
auf der anderen Seite der Brücke weckt Erinnerungen. Als 16-jähri-
ge Austauschschülerin war ich mit meiner Gastfamilie zum ersten
Mal hier. Damals, 1990, brauchte ich als Deutsche noch ein Visum
für die Einreise in das ›unabhängige‹ Homeland, Grenzbeamte ins-
pizierten meinen Reisepass. Heute weist nichts mehr auf dieses abstruse Kapitel der südafrikanischen Geschichte hin.

Anhalter säumen die Straße, hoffnungsvoll halten sie ihre kleinen, teils schwer lesbaren Schilder in die Luft. EL, für East London, oder PE, für Port Elizabeth, steht darauf. Frauen und Männer, die am Wochenende ihre Familien besucht haben, sind nun
wieder auf dem Weg zurück zu ihren Arbeitsplätzen in die größeren Städte. Einige haben nur einen kleinen Rucksack dabei, andere große Taschen und einer sogar ein lebendes Huhn. Schweren
Herzens fahre ich an ihnen vorbei. Ich weiß, wie unzuverlässig und
schlecht ausgebaut das öffentliche Verkehrssystem ist, auch die
Minibustaxis, auf die die Bevölkerungsmehrheit in Südafrika angewiesen ist, verkehren hier in der Provinz längst nicht im Stunden-
takt. Vielen bleibt also gar nichts anderes übrig, als am Straßenrand
auf eine Mitfahrgelegenheit zu hoffen. Zu Hause nehme ich regelmäßig Anhalter mit, überwiegend Leute, die ich vom Sehen her
kenne, oder allein reisende Frauen. Selbst das sorgt oftmals schon
für erstaunte Gesichter. »Ich hätte niemals gedacht, dass jemand
wie du mich mitnehmen würde«, sagte mir eine Tramperin einmal.
»Jemand wie ich?«, fragte ich nach. »Naja, eine weiße Frau so ganz
allein ...«, antwortete meine dunkelhäutige Beifahrerin, »hast du
keine Angst? Ich würde mich das nicht trauen.« Die hohe Kriminalitätsrate in Südafrika sorgt für tiefes Misstrauen, Sorgen um die eigene Sicherheit blockieren oft den Impuls zu helfen. Die Warnungen sind nicht neu und leider in den letzten Jahrzehnten auch nicht
leiser geworden. Schon meine Gasteltern bläuten mir damals ein:
»Wenn dich jemand um Hilfe bittet, dann lass dich nicht davon be-

eindrucken. Es könnte eine Falle sein. Ruf lieber die Polizei.« Ich
erinnere mich noch gut daran, wie mich diese Worte damals schockiert haben.

Je näher ich East London komme, desto mehr holen mich die
Erinnerungen an meine Austauschzeit wieder ein. Ein paar Tage
vor meinem 16. Geburtstag hatte ich erstmals südafrikanischen
Boden betreten und bereits damals ein tiefes Gefühl der Verbun-
denheit mit diesem Land gespürt, das ich mir nach wie vor nicht
wirklich erklären kann. Im Gegensatz zu meinen Mitschülern, die
das elfte Schuljahr in England, den USA oder Australien verbrach-
ten, ging ich im Sommer 1990, ein knappes halbes Jahr nach der
Freilassung Nelson Mandelas aus dem Gefängnis, nach Südafrika.
Sicherlich hatten die Geschichten meines Vaters zu dieser damals
noch recht ungewöhnlichen Entscheidung beigetragen. Er hatte
mir und meinen Geschwistern von klein auf von seiner Kindheit
in Angola erzählt, wo meine Großeltern Sisal anbauten. Es waren
teils sagenhafte, abenteuerliche und geheimnisvolle Geschichten,
die mein Interesse für den Kontinent weckten. Mein Vater ging
unmittelbar nach dem Schulabschluss in Windhoek für das Studium nach Deutschland, sein Bruder führte die Pflanzung bis zum
Ausbruch des Bürgerkrieges weiter und zog später mit seiner Familie nach Kapstadt, insofern gab es dort weiter Familienbande.
Über mehrere Ecken fanden wir in East London eine Gastfamilie,
die mich gern für ein gutes halbes Jahr aufnahm. Eine vergleichsweise kurze, aber prägende Zeit in meinem Leben.

Ich nehme die Ausfahrt und finde das Haus meiner Gastfamilie auf Anhieb. Das einst schmucke Haus mit der überdachten Ve-
randa und den Bleiglasfenstern sieht heruntergekommen aus.
Grasbüschel wachsen in den Regenrinnen, das Tor rostet, die Fassade könnte einen neuen Anstrich gebrauchen. Meine Gastfamilie
wohnt längst nicht mehr hier, stattdessen wirbt ein Schild neben
der Haustür für *personal training*. Neugierig drücke ich die Klingel,
doch offenbar ist niemand zu Hause. Also stelle ich mich auf die

Zehenspitzen, um wenigstens einen Blick über die Mauer zu ergattern. Im einst gepflegten Garten sprießt das Unkraut, keine
Spur mehr von den geliebten Rosenstöcken meiner Gastmutter.
Auch die Nachbarschaft hat sich verändert, viele alte Häuser sind
offenbar abgerissen worden, um Platz für Bürogebäude oder Auto-
händler zu machen. Sentimental oder gar traurig stimmt mich das
alles nicht, denn die Zeit in diesem Haus war ohnehin durchwachsen. Meine Gasteltern waren mir gegenüber zwar überaus freundlich, nahmen mich mit auf Reisen und ließen mir viele Freiheiten,
anderseits verkörperten sie das typisch konservativ-rassistische,
weiße Kleinbürgertum, das die Nationale Partei immer unterstützt und den ANC verteufelt hatte. In einem winzigen Raum im
Hinterhof wohnte die schwarze Hausangestellte aus der Transkei,
Tag und Nacht bereit, den Hausherren zu Diensten zu sein. Selbst
den Anweisungen der Kinder folgte sie widerspruchslos und
schweigend, ihre eigenen Kinder und Enkel bekam sie dagegen
nur einmal im Jahr zu Gesicht. Es wurde schon als Zeichen des
Protests gewertet, dass ich, wie von zu Hause gewohnt, weiter
mein Bett machte, das gebrauchte Geschirr in die Küche trug und
auch mal einen Teller abwusch. Kritische Nachfragen wurden mit
den Worten abgespeist, ich kenne Südafrika nicht und könne mir
daher auch kein Urteil erlauben. Teilweise musste ich mir auch abstruse Theorien über die »natürliche Überlegenheit der weißen
Rasse« anhören, die in der These gipfelte, dass Schwarze »weniger
entwickelte Gehirne« haben. Bei einem der vielen Grillfeste im
Garten schwärmte ein Freund der Familie von den Deutschen, um
dann im Brustton der Überzeugung hinzuzufügen: »Das, was ihr
damals mit den Juden gemacht habt, hätten wir auch längst mit
den Schwarzen tun sollen.« Mir stockte der Atem. Ich konnte
nicht glauben, dass ich das richtig verstanden hatte, und zweifelte
an meinen damals noch lückenhaften Englischkenntnissen. Es
war ein Moment, in dem ich am liebsten meine Koffer gepackt
hätte. Stattdessen aber zog ich mich von der Familie so weit wie

möglich zurück und verbrachte mehr Zeit mit Freunden, mit denen ich offen reden konnte. Heute bin ich froh, dass ich das Austauschjahr nicht abgebrochen habe. Es hat mich politisiert und meine Überzeugungen in puncto universelle Menschenwürde und -rechte gefestigt.

In der Schule lasen wir in dieser Zeit ausgerechnet »1984« von George Orwell. Wie es dem Englischlehrer gelungen ist, dieses Buch in der damaligen Zeit am konservativen Schulrat vorbei auf den Lehrplan zu nehmen, ist mir bis heute schleierhaft. Eine passendere Lektüre hätte ich mir jedenfalls nicht wünschen können. Begeistert zog ich im Test Parallelen zur Realität im Südafrika der frühen 90er-Jahre, so wie ich sie damals wahrnahm, und erzielte die beste Note der Klasse. Nicht wegen meiner überragenden Englischkenntnisse, sondern wegen meiner Interpretation. Bis auf wenige Ausnahmen hatten meine Mitschüler die Tragweite des Buches offenbar nicht begriffen. Sie waren die Kontrolle des Polizeistaats ebenso gewohnt wie Multiple-Choice-Aufgaben, hinterfragten es kaum, dass sie jeden Morgen in ihrer Schuluniform zu einer Art Fahnenappell antreten mussten und dass sogenannte *prefects* wie Spitzel jede Verletzung der kleinkarierten Schulregeln den Lehrern petzten. Für mich war diese Schule ein ebenso großer Kulturschock wie der Alltag der Gastfamilie. Auch hier versuchte ich mich, soweit es ging, rar zu machen. Durch eine Mitschülerin, die erfrischend anders war und in deren Haus auch schwarze Südafrikaner ein- und ausgingen, die nicht zum Personal, sondern zum Bekanntenkreis ihrer Mutter gehörten, wurde ich in eine Clique aufgenommen, die mein bis dato eher verheerendes Bild von Südafrika zurechtrückte. Sie zeigten mir die hellen Flecken an den öffentlichen Gebäuden und Parkbänken, an denen vor Kurzem noch die Schilder ›*Whites Only*‹ gehangen hatten, erzählten begeistert vom Tag der Freilassung Nelson Mandelas nach 27 Jahren Haft, vom Ende der bleiernen Ära der Apartheid, die sich damals ankündigte, aber, wie wir heute wissen, wesentlich länger nachwirken sollte, als

wir es uns damals erträumten. Leider habe ich im Lauf der Jahre den
Kontakt verloren, nur eine Freundin aus dieser Zeit konnte ich in
Johannesburg wieder aufspüren. So fahre ich allein mit meinen Gedanken durch East London, am Hafen vorbei, in dem mein Gast-
vater gearbeitet hat, an meiner alten Schule, an einem der Häuser
meiner Freunde, in dem nun eine Familie aus der Transkei lebt, zum
Strand, an dem sich unsere Clique oft getroffen hat, und schließlich zum Flughafen, an dem ich damals vergleichsweise naiv und
behütet gelandet und deutlich erwachsener und politisch geprägt
wieder abgereist bin. Südafrika war mir unter die Haut gegangen,
im negativen wie im positiven Sinne. Als Teenager war es mir nicht
vollkommen bewusst, dass ich Geschichte in Kleinformat miterlebt hatte, die Zeit des Umschwungs in einer ehemals weißen Bas-
tion zwischen den beiden Homelands Transkei und Ciskei, in der
sich die einen für einen Bürgerkrieg wappneten und die anderen die
Geburt einer Demokratie vorbereiteten. Für mich als Korrespondentin in Südafrika sind diese frühen Erlebnisse und Eindrücke von
unschätzbarem Wert. Vielleicht bin ich auch deshalb so überzeugt
davon, dass es Südafrika trotz aller schlagzeilenträchtigen Untergangsszenarien wieder schaffen wird, das Ruder herumzureißen.
Das Land hat schon so viele schwierige Hürden genommen.

Kapitel 3

Western Cape

*Von Entwurzelung, Nachbarschaftshilfe
und Humor*

Unter mir nur weites, trockenes Land. Aus dem Flugzeug wirkt es so, als hätten Sand und Steine das ohnehin karge Grün der Halbwüste Karoo gänzlich vertilgt. Dünne Wolken hängen über den durstigen Ebenen, ohne sie mit einem Tropfen Regen zu bedenken. Flussläufe durchziehen die Landschaft wie überwiegend blutleere und nur teilweise lebensbringende Adern. Einzelne kreisrunde Felder wirken wie Inseln, geformt und genährt durch Bewässerungsanlagen der Landwirte. Der saftige Küstenstreifen mit der berühmten *Garden Route*, die zum Standardprogramm der meisten Südafrika-Touristen gehört, ist hinter den schroffen Berghängen am Horizont nur zu erahnen. Ich kenne sowohl die Küste als auch die Karoo von früheren Reisen und habe mich entschieden, die rund 1.000 Kilometer nach Kapstadt diesmal zu fliegen. Von den pittoresken Kleinstädten ist von oben nur das schachbrettarti-

ge Muster der Straßen zu erkennen, die Grundstücke werden zum
Stadtrand hin kleiner, Teerstraßen spärlicher, und die in der Nachmittagssonne glänzenden Wellblechdächer der dicht an dicht ge-
bauten Häuschen markieren den Beginn der Townships. Von oben
sind sowohl die aktuelle Dürre als auch die während der Apartheid
entstandene Trennung der Bevölkerungsgruppen unübersehbar.
Beides wirkt auf mich wie eine Einstimmung auf die Stadt, die stolz
den Spitznamen *Mother City* trägt. Eine Mutter mit Problemen.
Kapstadt leidet ebenso unter einer historischen Wasserknappheit
wie der tiefen gesellschaftlichen Kluft, die mir in dieser traumhaften Kulisse am Kap noch krasser scheint als in anderen Großstädten des Landes. Beim Landeanflug tauchen die letzten Sonnen-
strahlen des Tages den berühmten Tafelberg und die prächtigen
Meeresbuchten in ein kitschiges Rot-Orange, ebenso wie die selbst
im Abendrot wenig romantischen Armensiedlungen und das glit-
zernde Blechbuden-Meer der *Cape Flats*, in das ich in den nächsten
Tagen eintauchen werde.

Es ist eine Ankunft mit Trommeln und Trompeten. Die ersten Klänge der jazzig-karnevalesken Marschmusik empfangen
mich, als ich meinen Koffer in die Ankunftshalle rolle, und schwellen mit jedem Schritt weiter an. Meine Füße können gar nicht anders, als im Takt mitzugehen. Die fröhlichen Rhythmen der *Cape
Minstrels* gehören zu Kapstadt wie der Tafelberg; die Wurzeln reichen zurück bis ins finstere Kapitel der Sklaverei. Ab Mitte des
17. Jahrhunderts bis in die 1830er-Jahre wurden Menschen aus Indien, Indonesien und diversen afrikanischen Staaten ans Kap ver-
schifft, um für die Niederländische Ostindien-Kompanie, in kolo-
nialen Haushalten, auf Farmen oder als Handwerker zu arbeiten.
Die Nachkommen dieser Entwurzelten und Entrechteten form-
ten mit den Jahren eine gemeinsame multikulturelle Identität, die
sich heute in Essen, Sprache und der Musik widerspiegelt, die nun
durch die Eingangshalle des Flughafens tönt. Bands verbanden musikalische Einflüsse aus den Ursprungsländern der Sklaven mit de-

nen der Khoi-Ureinwohner, der europäischen Einwanderer und von US-amerikanischer Minstrel-Musik. Sie spielten in Tavernen ebenso wie auf der Straße und feierten schließlich die Abschaffung des Sklavenhandels mit einem Straßenumzug, Tanz und Musik; eine Tradition, die bis heute als *Tweede Nuwe Jaar Carnival* lebendig und mittlerweile auch eine Touristenattraktion ist. Also steht diese Cape Minstrel Band nun auch jenseits des Neujahrsfestes am Haupteingang des Flughafens, begrüßt ankommende Gäste mit bemalten Gesichtern, bunten Uniformen und der Hoffnung auf ein paar Geldscheine. Wer bei diesem Anblick wohl an die Sklaven denkt, die Kapstadt mit aufgebaut haben? Der eingängige Beat begleitet mich bis zur Autovermietung und klingt auf der Fahrt in meinem Kopf nach, während ich an den Townships vorbei in Richtung Innenstadt fahre. Ich nehme die Abfahrt nach Woodstock, einem der ältesten Viertel der Stadt, und parke vor einem Haus am Ende einer schmalen Sackgasse.

»Leonie!« Meine Gastgeberin dehnt das ›o‹ genüsslich, schenkt mir ein nahezu zahnloses Lächeln, breitet ihre Arme aus und drückt mich an ihre dicke weiche Brust. Ich sinke ein und fühle mich direkt geborgen. Vor einem knappen halben Jahr bin ich Shanaaz Abrahams zum ersten Mal begegnet und wir haben uns sofort verstanden. Die ruppig-liebevolle Art der 49-Jährigen gefiel mir auf Anhieb und der Gesprächsfaden riss nie ab. Ebenso ging es mir mit ihrer Freundin, meiner Namensvetterin Leonie Verster, die nun ins Wohnzimmer tritt und mich ebenfalls fest umarmt. »Wir freuen uns schon seit Tagen auf deinen Besuch!« Mir geht es genauso. Ich freue mich darauf, die beiden noch besser kennenzulernen und mehr über ihre ungewöhnliche Freundschaft zu erfahren. Historische Gegensätze spielen für sie offenbar keine Rolle: Shanaaz stammt aus einer Familie, deren Vorfahren unter anderem als Sklaven ans Kap kamen, sie ist Muslimin und galt während der Apartheid als *Coloureds*. Leonie dagegen stammt aus einer weißen Buren-Familie, war in jungen Jahren Leistungssportlerin und arbeitet als Jura-Dozentin. Für die üblichen Klischees haben die beiden nur beißenden Humor übrig: Leonie nennt Shanaaz scherzhaft ›ISIS‹, als Anspielung auf den islamistischen Terror, die wiederum kontert grinsend mit »Was hast du gesagt, *white bitch?*«.

Vor neun Jahren saß Shanaaz vor ihrem Haus und beobachtete die kistenschleppende, neue weiße Nachbarin. »Sie war die dritte Weiße, die in unsere Straße gezogen ist«, erzählt sie, während sie sich auf das Sofa fallen lässt. »Ich sah, dass sie eine alleinstehende Frau ist, so wie ich auch, und habe ihr deshalb sofort unsere Hilfe angeboten.« Leonie setzt sich in den Sessel gegenüber und fährt mit der Geschichte fort: »Shanaaz' Bruder kam am nächsten Tag vorbei, um mir bei ein paar Reparaturen zu helfen. Wir Frauen haben uns einen Tee gekocht und sind ins Gespräch gekommen. Heute, viele Tassen Tee später, sind wir wie eine Familie.« Wie aufs Stichwort kommen Shanaaz' Kinder herein, setzen sich zu uns, die kleine Tochter kuschelt sich ganz selbstverständlich an Leonie. Ihr Bruder geht schnurstracks zum Kühlschrank und schmiert sich ein Brot. Er hat eine Zeit lang hier gelebt, als es Probleme in der Großfamilie gab. »Früher mussten wir öfter mal mit leerem Magen zu Bett gehen«, sagt Shanaaz. »Erinnerst du dich, dass du damals nur ein Kleid und ein paar Schuhe hattest, wenn man diese zerfetzten Latschen überhaupt noch so nennen konnte?«, fragt Leonie rhetorisch, denn natürlich hat ihre Freundin diese harten Zeiten nicht vergessen. Gemeinsam schmiedeten sie einen Plan: Shanaaz' Bruder baute für Leonie im Hinterhof ein zusätzliches Zimmer mit Bad, die zwei Schlafzimmer im oberen Stockwerk vermieten die beiden Frauen seitdem gemeinsam an Touristen oder Studenten. Das Geschäft brummt und Shanaaz hat endlich ein regelmäßiges Einkommen. »Es ist wunderbar, wie sich unsere Arbeitsaufteilung ganz selbstverständlich ergeben hat«, erzählt Leonie. »Shanaaz sorgt tagsüber dafür, dass hier alles läuft. Ich übernehme dann am Abend, wenn ich von der Arbeit nach Hause komme.« »Was wir hier schon alles erlebt haben!«, fügt Shanaaz

grinsend hinzu. Die beiden erzählen mir von den skurrilsten Erlebnissen mit ihren Gästen, wie beim Ping-Pong übernehmen sie
abwechselnd jeweils einen Part der Anekdoten und schütten sich
regelrecht aus vor Lachen. Ohne Frage, sie sind wirklich ein famos
eingespieltes Team und ich freue mich schon auf die weiteren gemeinsamen Abende, als ich etwas später todmüde ins Bett falle.

Am Morgen weckt mich der Duft von Kaffee und Toast. Shanaaz hat das Frühstück vorbereitet, das wir nun gemeinsam ver-
putzen. »Was hast du denn heute vor?«, fragt sie. Ich erzähle ihr,
dass ich das Bo-Kaap erkunden möchte, ein Viertel aus dem
18. Jahrhundert, in dem bis heute überwiegend Nachfahren der
sogenannten Kap-Malaien, muslimischer Sklaven und politischer
Gefangener aus Südostasien, leben. »Dort bin ich aufgewachsen!«,
freut sich Shanaaz und erklärt mir mit leuchtenden Augen, wo ihr
Elternhaus steht. Sie fragt mir Löcher in den Bauch, wo genau ich
hingehen werde und mit wem ich mich verabredet habe. Mütter-
lich legt sie mir ans Herz, welche Seitenstraßen ich wegen der
Drogenkriminalität eher meiden sollte und wo ich unbekümmert
auch zu Fuß gehen könnte. Ich muss ihr versprechen, auf mich
aufzupassen, bevor ich losziehen kann. Ich kenne diesen Beschüt-
zerinstinkt vieler Südafrikaner mittlerweile und schätze ihre Sorge um meine Sicherheit, auch wenn mir die Warnungen manchmal
übertrieben vorkommen und ich oft eher meinen eigenen Instink-
ten folge.

Ich durchquere die Innenstadt mit ihren historischen Bauten,
Hochhäusern, lebendigen Geschäftsstraßen und holpere wenige
Minuten später über das Kopfsteinpflaster des Bo-Kaap. Rechts
und links der schmalen, teils steilen Straßen am Fuß des Signal Hill
leuchten die berühmten knallbunt herausgeputzten historischen
Häuser in der Sonne: pinke und lila, grüne und gelbe, rote und
blaue Farbtupfer. Davor posieren Touristen, die gerade ein Reise-
bus ausgespuckt hat, für Selfies und Gruppenfotos. Die farbenfro-
he Kulisse ist ein äußerst beliebtes Motiv, aber für die Einheimi-

schen scheint sich jedenfalls diese Gruppe nicht zu interessieren. Sie macht weder Platz für eine verschleierte Frau mit Kinderwagen und würdigt auch die freundlich grüßenden Bauarbeiter an der Straßenecke keines Blickes. Ich ärgere mich über die Ignoranz, fühle mich angesichts dessen selbst etwas unbehaglich in meiner weißen Haut und bin froh, dass mein Weg in die entgegengesetzte Richtung führt.

Mein Ziel ist die *Auwal Masjid*, die älteste Moschee Südafrikas. Das Gründungsjahr 1794 steht in würdevoll geschwungener Schrift über dem Eingang des Gebäudes mit seiner moosgrünen Fassade, auf die prächtige Palmen ihren Schatten werfen. Die Moschee ist eng mit der Familiengeschichte der Frau verbunden, mit der ich verabredet bin. Eine Freundin, die im Bo-Kaap lebt, hatte den Kontakt zu Fowzia Achmat hergestellt, denn sie kennt das Viertel offenbar wie kaum eine andere und engagiert sich seit Jahrzehnten für die Interessen der Bewohner. Mit einer Prise Skepsis und erst nachdem sie mich am Telefon ausführlich zu meinen Motiven befragt hatte, stimmte die 67-Jährige unserem Treffen zu. Autorität umhüllt sie wie ihr langes Kleid. Ihre braunen Augen mustern mich aufmerksam, als wir uns begrüßen. Doch offenbar bestehe ich diesen Test und so dauert es nicht lange, bis sie zu erzählen beginnt. »Als ich noch ein Kind war, hat mein Vater oft von einem Urururgroßvater erzählt, der aus Bengalen stammte und hier am Kap eine Frau heiratete.« Es ist die Geschichte von Achmat van Bengalen, der wie viele Sklaven den Namen seiner Heimat bekam, und von Saartjie van die Kaap, Tochter freier Sklaven, die es offenbar zu Wohlstand gebracht hatten. »Sie besaß dieses Grundstück und es ist den beiden zu verdanken, dass diese Moschee gebaut wurde. Ich habe mich lange gefragt, ob mein Vater diese Geschichte erfunden hat. Als ich herausfand, dass sie wirklich wahr ist, hat mich das unglaublich stolz gemacht!«

Ein Bus mit Touristen fährt im Schritttempo vorbei und parkt dann in zweiter Reihe. Kurzer Fotostopp. Nach wenigen Minuten fährt er schon wieder weiter. Ich erzähle Fowzia von meinem unangenehmen Erlebnis bei der Ankunft. »Fühlt ihr euch hier manchmal wie Statisten im eigenen Film?«, frage ich. »Lass es mich so formulieren: Wir haben nichts gegen Tourismus«, antwortet sie, »aber das Problem ist, dass die Menschen hier im Viertel bislang kaum davon profitieren. Das muss sich ändern. Denn viele, insbesondere unsere jungen Leute, sind arbeitslos.« Sie wünscht sich, dass im Bo-Kaap wieder eigene Fremdenführer ausgebildet werden, so wie es früher einmal war, und dass touristische Angebote, die es bereits gibt, gebündelt werden. Ein Teil der Einnahmen könnte dann in Projekte fließen, die dem gesamten Viertel zugute kommen, so wie bereits die Gebühren für Filmteams. Das würde vor allem jungen Bewohnern und Frauen neue Perspektiven und Fähigkeiten vermitteln, für die das Bo-Kaap einmal berühmt war. »Hier lebten die besten Schneider Kapstadts! Es gab hervorragende Schreiner und Schmiede. An diese handwerklichen Traditionen könnten wir wieder anknüpfen.«

Auf dem Weg zu ihrem Haus kommen wir an Tante-Emma-Läden und mehreren weiteren Moscheen vorbei, wenn auch weniger geschichtsträchtigen. Wie Fowzia tragen viele Frauen einen *doek*, ein Tuch, das kunstvoll um den Kopf gewickelt wird. »Unsere einzigartige Kultur hier im Bo-Kaap wird durch den Islam und die Sklavenvergangenheit geprägt«, erzählt sie. Die *Cape Minstrels* gehören genauso dazu wie die Süßigkeiten zum Fastenbrechen. Überhaupt, das Essen im Bo-Kaap! Fowzia klatscht in die Hände. »Wir scherzen immer darüber, dass wir ständig essen. Sei es nach unseren wöchentlichen Gebetstreffen, zum Geburtstag des Propheten oder zu Beerdigungen. Dann wird töpfeweise Essen zubereitet. Jeder bringt etwas mit. Das ist Teil unserer Kultur und Tradition. Wir essen ohne Ende.« Die würzigen Currys und Chutneys, der exotische Hackfleischauflauf *Bobotie* und die vor Süße und Fett triefenden *Koeksisters* sind weit über die Grenzen des kleinen Bo-Kaap berühmt, eine kulinarische Reise zu den Kulturen, die das Viertel geprägt haben, von Indien bis Holland. »Die Leute sehen meinen *doek,* hören, dass ich aus dem Bo-Kaap komme, und denken an *Samoosas*«, sagt Fowzia mit zuckenden Mundwinkeln, »so ist das mit Klischees. Aber wer mich kennt, weiß: Ich kann gar nicht kochen!«

Diese Aufgabe übernehmen ihre beiden Schwestern, mit denen Fowzia gemeinsam in ihrem ehemaligen Elternhaus wohnt. Im Gegensatz zu den knallbunten Nachbarhäusern in der Straße ist es in einem eleganten Braun gehalten. Als Fowzia die Haustür öffnet, empfängt uns der köstliche Duft von Koriander, Zwiebeln und gebratenem Fleisch. Ein Flur führt ins Wohn-Esszimmer, die Einrichtung ist vornehm: antike Holzmöbel, silberne Kerzenleuchter, Kristallglas in einer Vitrine, von den hohen Decken hängen schwere Vorhänge. Wir setzen uns an den massiven Esstisch. Ihre Familie hatte Glück, dass sie vor gut vier Jahrzehnten hier einziehen konnte. Sie hätte auch in einem der Townships für »Farbige« landen können. Denn die Achmats gehören zu den über 60.000 Menschen, die aus District Six vertrieben wurden, der Heimat ihrer Mutter. »Mein Vater kehrte im Bo-Kaap zu seinen Wurzeln zurück«, sagt Fowzia. Ihre Mutter wurde hier nie heimisch.

District Six war ein lebendiges, multikulturelles, wenn auch offenbar weitgehend heruntergekommenes Viertel, bevor die Apartheid-Regierung es dem Erdboden gleichmachte. Der Journalist Howard Lawrence schrieb damals in einem Artikel, der heute im District Six Museum hängt, das Viertel sei ein Slum, aber eben auch das zu Hause vieler Menschen, es sei nicht nur ein Ort, sondern eine Art zu leben. »Wir hatten dort weiße und schwarze Nachbarn, Christen und Muslime lebten Tür an Tür«, erinnert sich Fowzia. »Es war ein enges nachbarschaftliches Verhältnis unabhängig von Hautfarbe, Religion oder sozialem Status.« Doch dieser besondere Geist wurde ebenso zerstört wie die Häuser der Bewohner, als District Six im Zuge des *Group Areas Act* zu einer weißen Gegend erklärt wurde. Die Nachbarn wurden nach Haut-

farben getrennt in die entsprechenden Townships zwangsumge-
siedelt.»Unser Haus war eines der letzten, um uns herum waren
fast alle Gebäude bereits abgerissen worden. In dieser Lage kam
mein Vater mit einem Brief von der Regierung nach Hause, in dem
stand, dass man uns ein Haus in Hanover Park zugewiesen hatte«,
erzählt sie weiter. Hanover Park war damals ein Viertel für
Coloureds, in dem heute die berüchtigten Gangs der Stadt, Kriminalität und Drogen regieren. Diese Zukunft konnte die Familie
natürlich nicht voraussehen, aber die Entfernung zum Stadtzentrum, die aus dem Boden gestampfte Nachbarschaft, die jeglicher
historischer Wurzeln entbehrte, und die im Gegensatz zu ihrem
großzügigen Haus in District Six kleinen Neubauten waren vor allem ihrer Mutter ein Dorn im Auge.»Meine Mutter wehrte sich
mit Händen und Füßen. Sie sagte: Lieber ziehe ich in den Bahnhof
als in eines dieser Township-Häuser. Sie wollte es sich nicht einmal ansehen.« Durch einen Freund der Familie fanden sie das
Haus im Bo-Kaap, in dem Fowzia und ihre Schwestern bis heute
leben, die Eltern zahlten es mühsam Stück für Stück mit ihren Ge-
hältern als Maler und Schneiderin ab. Für ihre Mutter war es zeitlebens ein Kompromiss. Nach der demokratischen Wende und einer gewonnenen Entschädigungsklage zog sie wieder zurück, in
ein neues Haus ihrer alten Heimat. Nach ihrem Tod wohnt nun
Fowzias jüngere Schwester mit ihrer Familie dort. Viele andere
Vertriebene und ihre Nachkommen warten darauf bis heute.

Fowzia war 23 Jahre alt, als die Familie entwurzelt wurde. Sie
hatte in unserem Gespräch bereits erwähnt, dass sie während der
Apartheid politisch aktiv war. Sie engagierte sich im Rahmen der
United Democratic Front, einem breiten multiethnischen Oppositi-
onsbündnis aus zivilgesellschaftlichen, kirchlichen, gewerkschaft-
lichen und studentischen Gruppen, das dem ANC nahestand. Es
trug maßgeblich dazu bei, dass sich lokale Strukturen bildeten, die
eine Schlüsselrolle bei der politischen Bildung und der Mobilisie-
rung der Bevölkerung spielten. Boykott- und Protestaktionen wa-

ren ihr Markenzeichen, den bewaffneten Widerstand des ANC
dagegen lehnten viele ihrer Mitgliedsorganisationen ab. »War es
die Zwangsumsiedlung, die dich politisiert hat?«, frage ich. Die
alte Dame schüttelt den Kopf und beginnt von zwei Erlebnissen
zu erzählen, die sie bereits als Grundschülerin geprägt haben.
»Immer, wenn ich mit meiner Mutter an der Universität vorbei-
kam, sagte ich ihr, dass ich dort einmal studieren wollte. Sie antwortete, dass das leider unmöglich sei, erklärte mir aber nicht genau, warum. Erst später verstand ich, dass die Uni nur weiße
Studenten aufnahm.« Etwa zur gleichen Zeit sah sie, wie schwarze
Südafrikaner auf offener Straße von Polizisten geschlagen und ver-
haftet wurden. »Ich fragte meinen Vater, was diese Menschen
Furchtbares verbrochen hatten. Er antwortete, dass ich noch zu
klein sei, die ganze Geschichte zu verstehen, aber wir sollten uns
merken, dass wir als Muslime so etwas nicht erlauben dürften und
diesen Menschen eines Tages helfen sollten. Das hat sich in mein
Gehirn eingebrannt.«

Hintergrund der brutalen Verhaftungen, die Fowzia Achmat
damals als Kind erlebte, waren die Passgesetze während der Apartheid, durch die die Bewegungsfreiheit der Bevölkerungsmehrheit
massiv eingeschränkt und kontrolliert wurde. Jeder schwarze Südafrikaner über 16 Jahre musste sich jederzeit ausweisen können
und durfte sich ohne Arbeitserlaubnis nicht in den weißen Stadt-
vierteln aufhalten. Schätzungen zufolge wurden jedes Jahr rund
250.000 Menschen wegen eines Verstoßes gegen die Passgesetze
festgenommen. Der sogenannte *dompas* wurde zu einem der Sym-
bole des verhassten Regimes, gegen das auch Fowzia Achmat als
junge Frau aktiv Widerstand leistete. Der Standort Bo-Kaap war
damals in mehrerlei Hinsicht günstig. Das Viertel war eines der
wenigen mit einer nichtweißen, muslimischen und noch dazu
überwiegend der Arbeiterklasse angehörenden Bevölkerung in
unmittelbarer Nähe der Innenstadt. »Welche Erinnerungen ver-
bindest du mit dieser Zeit?«, frage ich sie. Ein Lächeln huscht über

ihr Gesicht. »Wir waren clever. Als 1985 der Ausnahmezustand
verhängt und auch unsere Organisation verboten wurde, haben
wir einfach eine neue gegründet: die *Bo-Kaap Action Group*.« Nur
der Name änderte sich, die Zusammensetzung und die Ziele blieben. Das war den Behörden offenbar entgangen, denn diese Gruppe wurde nie verboten, auch wenn die politisch aktiven Mitglieder
natürlich weiter Repressionen fürchten mussten. »Wenn die Polizei hinter uns her war und bei unserer Familie an die Tür trat, hatten wir schon Unterschlupf bei Nachbarn oder Freunden gefunden. So konnten sie uns nicht finden. Wir waren hier also ziemlich
sicher.« Der enge Zusammenhalt, die eingeschworene Gemeinschaft des Bo-Kaap bot ihr und den anderen Freiheitskämpfern
damals Schutz.

Umso mehr schmerzt es sie, dass dieser historische Zusammenhalt heute langsam bröckelt. Nicht aus politischen, sondern
aus ökonomischen Gründen. »Es ist nicht leicht, ein Haus wie dieses zu erhalten«, sagt Fowzia nachdenklich, »vielen Nachbarn
wachsen die Kosten über den Kopf. Dazu kommen steigende Ge-
meindeabgaben. Deshalb müssen sie ihre Häuser verkaufen, auch
wenn sie gern hier im Viertel bleiben würden. Ihre Kinder können
sich Häuser in dieser Gegend längst nicht mehr leisten, wenn sie
heiraten und eine eigene Familie gründen.« Seit der demokratischen Wende ist die Bevölkerung von Kapstadt massiv gewachsen, Wohnraum in Innenstadtnähe ist rar. Makler und Investoren
stürzen sich auf Immobilien im historischen Bo-Kaap, die wegen
ihrer zentralen Lage und besonderen Architektur immer begehr-
ter und damit auch teurer werden. Die Nachbarschaft verändert
sich. »Ich habe kein Problem damit, dass wir nun auch weiße
Nachbarn haben. Wir leben in einer offenen Gesellschaft und
müssen uns deshalb auch öffnen. Aber viele Zuzügler bauen hohe
Mauern um sich herum und integrieren sich nicht in unsere Gemeinschaft.« Sorge und Wut zeichnen das Gesicht der 67-Jähri-
gen, ihre braunen Augen funkeln, als ich sie auf das sogenannte

Entwicklungsprojekt anspreche, das seit Längerem Schlagzeilen macht. Trotz einer Bürgerinitiative und einer Unterschriftenaktion, an der Fowzia maßgeblich beteiligt ist, hat die Stadtverwaltung nun grünes Licht für einen millionenschweren Neubau an der Buitengracht Street gegeben, einer Hauptverkehrsader Kapstadts, die früher die Grenze zwischen dem »farbigen« Bo-Kaap und der weißen Innenstadt markierte. Auf 18 Stockwerken sollen über 200 Designer-Apartments und Ladenflächen entstehen. »Wir werden weiter dagegen kämpfen«, sagt sie, »wir haben nichts gegen Entwicklung, aber wir wollen über die Art der Entwicklung mitentscheiden.«

Ihre Worte erinnern mich an den Kampf der Mpondo um die Nutzung ihres Landes und den Erhalt ihrer Lebensweise. Die Frage, wer »Entwicklung« definiert und inwiefern die Regierung dabei die Interessen einfacherer Bürger vertritt, ist zentral für die vergleichsweise junge Demokratie am Kap und der Kern vieler schwelender Konflikte im Land. Es geht um soziale Gerechtigkeit, das Versprechen von Freiheit und Teilhabe – Fragen, die nicht nur Südafrika betreffen. »Welche Art von Entwicklung schwebt euch denn vor?«, frage ich Fowzia. »Wir brauchen bezahlbaren Wohnraum«, antwortet sie. »Wir fordern von der Regierung, dass freie Flächen nicht an Investoren verkauft, sondern uns überschrieben werden.« Die *Bo Kaap Civic and Ratepayers Association*, in der sich Fowzia seit Jahrzehnten engagiert, kenne die Bedürfnisse der Anwohner am besten und könne auch dafür sorgen, dass die Entwicklung im Einklang mit dem Kulturerbe des Viertels steht. »Wir denken an eine Art genossenschaftlichen Siedlungsbau. Aber das wird ein neuer Kampf werden.«

Wie bei vielen ehemaligen Anti-Apartheid-Aktivisten, mit denen ich in den letzten Jahren gesprochen habe, klingt Bitterkeit mit, wenn es um die heutige Politik und Auseinandersetzungen mit der amtierenden Regierung geht. »Weißt du was«, sagt Fowzia und blickt mich durchdringend an, »die Demokratie ist ein Mythos. Ich habe für die Demokratie gekämpft. Aber soll das hier Demokratie sein? Sie funktioniert ebenso wenig wie der Sozialismus oder der Kommunismus. Alles, was hier funktioniert, ist der Kapitalismus.« Für Kapstadts Bürgermeisterin Patricia de Lille hat sie ebenso wenig übrig wie für Jacob Zuma. Fast schmerzvoll verzieht sie das Gesicht: Bei der einen würde sie am liebsten ausspucken, beim anderen bekäme sie Tollwut. Beide hätten die Ideale des Freiheitskampfes verraten und verkauft. »Was gibt dir denn trotz allem die Kraft, nach all den Jahren weiterzukämpfen?«, frage ich sie. Ihre Gesichtszüge werden bei der Antwort wieder weicher. »Wenn man an etwas glaubt, dann wird man dafür kämpfen, bis man stirbt. Meine Schwestern sagen immer: Pass auf, du wirst noch wie Mutter Teresa.« Fowzia lacht bei diesem Gedanken, dann wird ihre Miene wieder ernster. »Es geht darum, ein gutes Vermächtnis zu hinterlassen, das jüngere Leute dazu motiviert, diesen Weg weiter zu gehen.« Wortlos greift die 67-Jährige hinter sich ins Regal, zieht ein Fotoalbum heraus, schlägt es auf und schiebt es mir zu. Ein bekanntes Gesicht schaut mir vom Foto entgegen: Nelson Mandela, dem Fowzia gerade eine Gedenktafel ihrer Moschee überreicht. »Wir haben vor seinem Besuch überlegt, wer diese Aufgabe übernehmen soll«, erzählt sie, »bis einer aufstand und sagte: Das kann nur Fowzia tun. Ich war die einzige Frau in der Runde, aber keiner der Männer hat widersprochen. Zum einen, weil ich eine Nachfahrin der Moschee-Gründer bin, aber auch wegen meiner Verdienste im Freiheitskampf. Ich bin sehr glücklich, dass ich zur Befreiung unseres Volkes beitragen konnte. Auch wenn es mich traurig stimmt, was hier heute geschieht.«

Ihre Worte klingen nach, als ich vom Bo-Kaap wieder zurück in Richtung Woodstock fahre. Das intensive Gespräch hat mich berührt und beeindruckt. Fowzias Geschichte, die so untrennbar mit der ihrer Heimat verwoben ist, ihr hartnäckiger Einsatz für ihre Ideale. Spontan entscheide ich mich für einen kleinen Umweg und parke mein Auto im Herzen des ehemaligen District Six, aus dem Fowzia und ihre Familie in den 1970er-Jahren vertrieben wurden. Zwischen Universitätsgebäuden, strahlend weißen Neubauten, einer Moschee mit goldenen Kuppeln und einer steinernen Kirche klafft eine Brache. Der Platz wirkt verlassen und vergessen. Eine offene Wunde im Herzen der Stadt, dort wo einmal das Leben pulsierte. Ich kann es regelrecht körperlich spüren: Die Geschichte Kapstadts ist eine Geschichte der Entwurzelung – von der Sklaverei über die Vertreibung während der Apartheid bis zum heutigen Kapitel der Gentrifizierung. Ein paar Obdachlose machen neben ihrem windschiefen Lager auf der ungepflegten Rasenfläche gerade ein Feuer und beäugen mich dabei skeptisch aus den Augenwinkeln. Ein junger Mann tippt vor einem ausgebrannten Gebäude eine Nachricht in sein Smartphone. Ich spreche ihn an: »Hallo. Wie geht's? Weißt du etwas über diesen Brand?« Er nickt und zuckt eher gleichgültig die Schultern. »Das war während der Proteste.« Dieses Universitätsgebäude ist während der Demonstrationen gegen Studiengebühren in Flammen aufgegangen. Südafrikas *Born Free* protestieren nicht immer friedlich für Bildungsgerechtigkeit als Teil der Freiheit, die ihnen versprochen wurde. An diesem historischen Ort wirkt das wie eine Ironie der Geschichte. Verbrannte Erde.

Nachdenklich kehre ich nach Woodstock zurück, parke vor dem Haus und drehe zu Fuß eine Runde um den Block. Während der Apartheid galt dieser Arbeiterbezirk als eine der wenigen *Grey Areas* in den südafrikanischen Städten, weil hier trotz des *Group Areas Act* Menschen unterschiedlicher Hautfarben lebten, darunter osteuropäische Juden, portugiesische Einwanderer und muslimische *Coloureds*. Im Gegensatz zum benachbarten District Six wurden die Häuser jedoch weder geräumt noch demoliert. Offenbar steckte die Regierung in einem vielschichtigen Dilemma; unter dem Strich schien die Durchsetzung des Gesetzes im Fall Woodstock schwieriger, als ein Auge zuzudrücken. Viktorianische

Reihenhäuschen säumen die Seitenstraßen, teils wirken sie baufällig und heruntergekommen, einige Fenster sind zerbrochen, der Putz bröckelt von den Fassaden. Andere sind frisch gestrichen oder werden gerade grundsaniert, ähnlich wie im Bo-Kaap verändert sich auch hier die Nachbarschaft. Ein Graffito bringt die Entwicklung auf den Punkt: Der Künstler hat die Umrisse kleiner Häuser an eine Mauer gesprüht, darüber prangt der Spruch ›*Welcome Home*‹, unmittelbar daneben ein ›*For Sale*‹-Schild und das Wort ›*Gentrified*‹. Was das bedeutet, kann man vor allem am Samstagvormittag beobachten. In schier endlosen Wagenkolonnen strömen wohlhabendere Kapstädter und Touristen nach Woodstock zum *Neighbourgoods Market* auf dem Gelände der *Old Biscuit Mill*. Die liebevoll restaurierten roten Backsteingebäude der ehemaligen Keksfabrik aus dem späten 19. Jahrhundert beherbergen heute kreative Läden, Cafés, Büros und ebendiesen Wochenmarkt. Die Ausflügler tragen bevorzugt Sonnenbrillen und Hipster-Vollbärte, nippen an laktosefreiem Cappuccino und probieren den neuesten Gin vom Kap, beißen in ein Bio-Sandwich oder eine Manufaktur-Schokolade, schauen sich Designermöbel und Vintage-Kreationen an. Die Bewohner des Viertels wirken auf mich, wie bereits im Bo-Kaap, eher wie Statisten. Bettler halten auf dem Bürgersteig ihre Hand auf, Männer in abgerissener Kleidung säumen mit Pappschildern die Straße, ›*parking*‹ steht darauf, sie konkurrieren darum, den Besuchern für ein paar Münzen einen der raren Parkplätze zuzuweisen. Dort stehen andere bereits mit Eimer und Lappen bereit, um die schicken SUVs zu waschen, während deren Besitzer brunchen. »So kann ich meinen Kindern heute wenigstens ein Abendessen kochen«, sagte mir einer der Männer einmal. Auch nach all den Jahren lassen mich diese unübersehbar krassen Kontraste zwischen Arm und Reich nicht kalt.

Mich interessiert, wie Shanaaz und Leonie mit der Veränderung in ihrem Viertel umgehen. Die beiden sitzen im kleinen Innenhof, als ich zurückkehre. »Wie war dein Tag?«, fragen beide

Graffiti in Woodstock: Protest gegen die Gentrifizierung.

unisono. Ich erzähle vom Bo-Kaap, von Fowzias Kampf und spreche das Thema Gentrifizierung an. »Wie sah Woodstock damals aus, als ihr hierhergezogen seid?« Shanaaz verzieht das Gesicht: »Es war ein raues Pflaster. Es gab viele Drogen und Prostitution. Direkt gegenüber der *Old Biscuit Mill* war eines der Bordelle und hier in diesem Haus wohnte ein bekannter Drogendealer.« Leonie grinst bei dem Gedanken und erzählt weiter: »Als ich hierhergezogen bin, hielten mich viele Leute für lebensmüde. Woodstock, das war für sie die Gympie Street, die wegen harter Drogen berüchtigt war. Heute jedoch sagen sie anerkennend: Ah, du wohnst in Woodstock!« Die heruntergekommene und gefährliche Gegend hat sich zu einem Szeneviertel gemausert. »Ist das ein Erfolg der Gentrifizierung?«, möchte ich wissen. Shanaaz schüttelt entschieden den Kopf. Nicht die weißen Hipster hätten Woodstock verändert. »Das war PAGAD! Ich habe deren Nummern noch immer gespeichert. Wenn es ein Problem gibt, brauche ich einfach nur anzurufen.« PAGAD ist die Abkürzung für ›*People against Gangsterism and*

Drugs‹, eine überwiegend muslimische Bürgerwehr, die Mitte der 90er-Jahre angesichts der ausufernden Gang-Kriminalität und des Drogenhandels in den ›farbigen‹ Townships gegründet wurde und bald in und um ganz Kapstadt aktiv wurde. Nach friedlichen Demonstrationen machten sie eher durch Selbstjustiz, öffentliche Exekutionen und Lynchmorde Schlagzeilen, auch Bombenanschläge sollen auf ihr Konto gegangen sein, mehrere führende Mitglieder landeten im Gefängnis. Mittlerweile bemüht sich wenigstens der gemäßigte Arm von PAGAD um ein friedlicheres Image; angesichts der hohen Kriminalitätsrate, Korruption und der Überforderung der Polizei sympathisieren viele Bürger jedoch weiter mit einem militanteren Vorgehen. So wie Shanaaz, deren ältester Sohn Opfer eines Gewaltverbrechens wurde; eines Nachts wurde er auf dem Nachhauseweg in einem Park erstochen. Ein Trauma, das sie zwar zwischendurch erwähnt, aber verständlicherweise nicht vertieft.

Wir wenden uns also wieder dem Wandel in Woodstock zu. Früher arbeiteten viele Anwohner in den Textilfabriken entlang der Hauptstraße. Nach der demokratischen Wende und der damit verbundenen Öffnung der Märkte konnte die Branche jedoch nicht mehr mit der billigeren Konkurrenz aus Ländern wie China mithalten. Arbeiter wurden entlassen, viele Familien verloren ihr Einkommen. Heute sind einige der zwischenzeitlich heruntergekommenen Fabrikgebäude liebevoll restauriert worden und beherbergen kleine Start-up-Unternehmen, Boutiquen, Werkstätten, Büros. Gegner dieser Entwicklung kritisieren, dass nicht genügend Arbeitsplätze geschaffen und ärmere Bürger aus dem Viertel vertrieben werden, doch für meine beiden Gastgeberinnen überwiegen die Vorteile. »Ich liebe das *high life*, auch wenn ich es selbst nicht lebe«, sagt Shanaaz und Leonie fügt an: »Mir gefällt das kosmopolitische Flair von Woodstock und ich genieße es, dass wir jetzt gute Restaurants und Läden um die Ecke haben. Obwohl ich natürlich mit den Menschen mitfühle, die hier seit Jahrzehnten gelebt haben und nun wegziehen müssen.« Die schlechtesten Karten haben Mieter, Hausbesitzer profitieren wenigstens von der Wertsteigerung. »Vor Kurzem stand auch bei uns ein Makler mit einem äußerst lukrativen Angebot vor der Tür«, erzählt Shanaaz. Das hat in ihrer Familie zu einigen Diskussionen geführt, denn im Haus leben, wie bei vielen alteingesessenen Woodstocker Familien, drei Generationen unter einem Dach, ganze 17 Erwachsene und Kinder auf engstem Raum. Es ist also kein Wunder, wenn einige Familienmitglieder einem Verkauf nicht abgeneigt waren. Doch ihre Mutter sprach letzlich ein Machtwort, das ganz im Sinne von Shanaaz ausfiel. Fast trotzig verschränkt sie die Arme vor ihrer Brust und sagt: »Ich liebe einfach alles an Woodstock, und ich werde in unserem Haus bleiben, bis ich sterbe.«

Der Geist von Ubuntu

Der Schuss fällt, bevor ich den ersten Schluck Kaffee getrunken habe. »Du musst das sehen«, drängt Shanaaz, als ich morgens zum Frühstück in die Küche komme, und drückt mir ihr Tablet in die Hand. »Das hat mir gerade eine Freundin aus den *rural areas* geschickt.« Ich denke bei *rural areas* natürlich erst an ländliche Gegenden, stattdessen aber sehe ich eine Straße und die Wohnblocks in den *Cape Flats* auf dem kleinen Bildschirm. Eine Frau schreit. Schüsse sind zu hören. Plötzlich ist alles in Bewegung. Erwachsene und Kinder flüchten in die Hauseingänge und die Treppen hoch in die Wohnungen. Ein bewaffneter Mann folgt ihnen auf den Fersen, wild um sich schießend. Die Handy-Kamera wackelt und nimmt dann einen Jugendlichen ins Visier, er liegt tot im aufgewirbelten Staub, umringt von immer mehr Menschen, schreiend, weinend, klagend. Schockiert lege ich das Tablet zur Seite. »Der Junge war gerade 14!«, sagt Shanaaz tonlos. »Er ist ins Kreuzfeuer der Gangs geraten. Das passiert dort regelmäßig.« Ich nicke. Ich kenne die Schlagzeilen: Kinder, die auf dem Schulweg von Kugeln getroffen werden, Schulen und Kliniken, die angesichts der Straßenkämpfe schließen, Exekutionen auf offener Straße, jugendliche Schützen, die sich selbst den Gangs angeschlossen haben. Kapstadts Unterwelt ist berüchtigt. Shanaaz redet sich in Rage: »In was für einem Land leben wir hier? Bürgermeisterin de Lille wollte die Armee zum Kampf gegen die Gangs in diese Gegenden schicken, aber Zumas Regierung interessiert sich einen Dreck dafür.« Sie schnaubt wütend. »Ich habe Verwandte und Freunde, die dort leben. Aber ich werde nie mehr einen Fuß in diese Gegenden setzen. Selbst wenn ich zu einer Beerdigung eingeladen bin, sage ich ab.« Ich traue mich kaum, ihr zu erzählen, wo ich heute den Tag verbringen werde: zwar nicht in den Hochburgen der Gangs wie Lavender Hill, Hanover Park oder Manenberg, aber doch in einer der Gegenden, die Shanaaz als *rural areas* bezeichnet, weil dort auf dem Land Viertel für Schwarze und *Coloureds* aus dem Boden gestampft wurden. Langa ist eines der ältesten Townships Südafrikas, gegründet in den 1920er-Jahren, und zählt heute zu den *Cape Flats*. »Mensch, Leonie«, sagt Shanaaz kopfschüttelnd. »Muss das wirklich sein?« Ich nicke. Ich kenne das Township von früheren Besuchen, es hat mehr zu bieten als Kriminalität, unter anderem eine pulsierende Kulturszene. »Keine Sorge«, versuche ich sie zu beruhigen, »ich werde dort nicht allein unterwegs sein. Ich habe gute Kontakte und bin verabredet.« Wenig überzeugt nimmt sie mich in den Arm, als ich das Haus verlasse. »Pass auf dich auf.«

Eine dicke Wolkendecke liegt über dem Tafelberg, der auch von Langa aus gut sichtbar ist und gleichzeitig gefühlt in einer anderen Welt liegt. Bis zum Stadtzentrum sind es nur rund elf Kilometer; wer vom Flughafen in die Innenstadt fährt, kommt auf der Autobahn unweigerlich an Langa vorbei. Ich nehme die Ausfahrt, folge mehreren Minibustaxis die teils mit Palmen gesäumte Straße hinunter, vorbei an schäbigen Rasenflächen, kleinen Häusern mit Blechdächern, die teilweise mit Backsteinen vor Windböen gesichert sind, und den für Townships typischen *Tuck Shops*, winzigen

Läden in bemalten Schiffscontainern. Ich biege in die Hauptstraße, die *Washington Street*, ab und erreiche wenige Minuten später
mein Ziel: das Kulturzentrum *Guga S'thebe*. Vor dem mit kunstvol-
len, bunten Mosaiken geschmückten Eingang stehen ein paar junge Männer herum. Sie warten offenbar auf Touristen, die hier regelmäßig während ihrer Township-Touren halten, einer bietet mir an,
mich durch die Nachbarschaft zu führen. »Danke«, sage ich, »aber
ich bin hier gleich mit Thulani verabredet.« Der junge Mann grinst
breit und sagt: »Na, dann bist du ja schon in den besten Händen.«
     Thulani Nxumalo ist in Langa bekannt wie ein bunter Hund.
Er arbeitet als Projektmanager für eine Kinderschutzorganisati-
on, engagiert sich in jeder freien Minute ehrenamtlich für Kinder
und Jugendliche in seinem Viertel und setzt sich seit Jahren für die
Entwicklung und Förderung der Kulturszene in Langa ein. Eigentlich wollten wir gemeinsam zu einem Treffen lokaler Kulturakti-
visten gehen, aber es gibt wie so oft eine Planänderung. Thulani
trifft etwas abgehetzt und mit einiger Verspätung ein. »Tut mir
echt leid, aber mir ist etwas Wichtiges dazwischengekommen«,
sagt er atemlos, während meine rechte Schulter in einer Umarmung mit halbem Körpereinsatz seine linke berührt. »Macht es
dir was aus, wenn wir kurz in die Stadt fahren?«, fragt er. »Kein
Problem«, sage ich, »ich habe den ganzen Tag Zeit.« Schon bald
nach Beginn meiner Arbeit als Reporterin in Südafrika ist mir klar
geworden, dass ein engmaschiger Terminplan kaum Sinn macht.
Verspätungen und unvorhergesehene Umwege gehören hier zum
Alltag. Diesmal ist es ein drängendes Problem von Thulanis Nachbarin; seit Monaten bekommt die Rentnerin horrend hohe Wasserrechnungen, die zuständigen Behörden in Langa haben ihre
Anrufe ignoriert, also will sie sich nun an die Zentrale in der Innenstadt wenden. Da sie im Rollstuhl sitzt und weder Minibustaxis noch den Zug nutzen kann, hat Thulani ihr angeboten, sie hin-
zufahren. Diese spontane Nachbarschaftshilfe ist typisch für ihn.
Er lebt nach den Werten der humanistischen, afrikanischen Ubun-

tu-Philosophie, die sich im Sprichwort *ubuntu ngumuntu ngabantu* spiegelt. Frei übersetzt bedeutet es: Ein Mensch existiert durch andere Menschen. Es geht um die Essenz des Menschseins, ein universelles Band, das uns alle verbindet, die Untrennbarkeit des Einzelnen von einem größeren Ganzen, in dem sich auch die Handlungen des Einzelnen auf alle auswirken. Desmond Tutu beschrieb einmal sinngemäß, dass jeder herabgewürdigt wird, wenn andere gedemütigt oder gequält werden, dass aber auch jeder Akt des Helfens auf alle ausstrahlt. Es geht um den Wert des Teilens, um Gemeinschaftssinn und Großzügigkeit.

»*uMama*, das ist Leonie«, stellt er uns vor, als ich mich neben den Rollstuhl der alten Dame auf den Rücksitz seines Kleinwagens zwänge. Sie lächelt etwas verlegen, strahlt dann aber, als ich mich auf isiZulu nach ihrem Wohlergehen erkundige. Es sind nur ein paar Worte, aber sie haben schon oft das Eis gebrochen. Thulani nimmt anschließend nicht nur das Lenkrad, sondern auch die Unterhaltung in die Hand. Er redet wie ein Wasserfall, während er uns durch den dichten Verkehr bugsiert, hüpft von einem Thema zum nächsten: Von den Herausforderungen der Kinder in Langa – »Viele Eltern haben keine Ahnung von Erziehung und merken nicht einmal, wenn ihre Kinder abends um 8 Uhr immer noch nicht zu Hause sind« – über die mangelnde Gleichberechtigung zwischen Mann und Frau – »*uMama* hat ihr ganzes Leben den Haushalt geführt, aber sie war nie der Kopf der Familie« – bis zu fast philosophischen Fragen – »Zu wenige von uns hinterfragen die grundsätzliche Natur des Menschen« – und schließlich seiner eigenen Lebensweisheit: »Manche Leute streben nach Glück, andere erschaffen Glück.« Mit diesen Worten kurvt er um den Block der Stadtverwaltung auf der Suche nach einem Parkplatz. Ich biete ihm an, in zweiter Reihe im Auto zu warten und zur Not eine Runde zu drehen. Thulani parkt das Auto daraufhin an einer belebten Minibus-Haltestelle. Gemeinsam hieven wir die alte Frau in ihren Rollstuhl. »Ist das hier wirklich okay für dich?«, fragt Thulani fürsorglich mit Blick auf die ankom-

menden und abfahrenden Minibustaxis und das Gedränge der ein-
und aussteigenden Pendler. »Ich komme schon klar«, beruhige ich
ihn, setze mich ans Steuer und schaue zu, wie sich die beiden einen
Weg durch das Getümmel bahnen.

Etwa eine halbe Stunde später kommen sie wieder aus dem
Gebäude. Mich hat in dieser Zeit niemand gebeten, den nicht
ganz legalen Stellplatz freizumachen, einige Passanten warfen mir
skeptische bis erstaunte Blicke zu, offensichtlich sind weiße Frau-
en an diesen Haltestellen eher selten. Nur einer der Fahrer sprach
mich an, um höflich zu fragen, ob ich eine Panne habe oder es mir
nicht gut gehe und er helfen könne. Ich habe derart mitmenschli-
che Gesten in ähnlichen Situationen schon oft erlebt; selbst in
Gegenden, die als latent gefährlich gelten, überwiegt das Gefühl,
dass viele Augen schützend über mich wachen. Angst verspüre ich
sehr selten. Die meisten Südafrikaner sind hilfsbereit und führen
nichts Böses im Schilde, angesichts der hohen Kriminalitätsrate
im Land geht diese Tatsache jedoch oft zu Unrecht unter. Ich bedanke mich bei dem Mann und erklärte, dass ich auf eine alte Frau
im Rollstuhl warte. Als Thulani und ich *uMama* wenige Minuten
später wieder auf den Beifahrersitz bugsieren, erhasche ich den
Blick des Fahrers. Er streckt seinen Daumen in die Luft und lächelt, wobei sein Goldzahn in der Sonne aufblitzt. »Ich sehe, du
hast schon neue Freunde gefunden«, scherzt Thulani und *uMama*
kichert. Sie wirkt gelöster als auf der Hinfahrt, denn der Behör-
denbesuch hat ihr Problem gelöst. Nun muss sie sich keine Sorgen
mehr machen, wie sie die hohen Wasserrechnungen von ihrer kleinen Rente bezahlen soll. Sie bedankt sich überschwänglich, als wir
sie wieder zu Hause absetzen.

Thulani wohnt direkt nebenan, in einem kleinen Haus mit
Vorgarten, in dem ein paar Grasbüschel dem kargen Sandboden
trotzen. Ein junger Mann schaut aus der Tür und grüßt, bevor er
wieder hineingeht. »Dein Mitbewohner?« Thulani zuckt die Schultern. »Weißt du, meine Tür steht immer offen, wenn jemand eine

Zuflucht braucht. Zwischendurch haben 17 Leute in meinen zwei Zimmern gewohnt. Andere kamen am Wochenende dazu, wir diskutierten, schauten Filme, sie benutzten meinen Laptop, um Bewerbungen zu schreiben.« Das Haus des heute 42-Jährigen wurde zu einem beliebten Treffpunkt, hier begegneten sich Jugendliche, die vorher nichts miteinander zu tun hatten. Denn Langa, das schwarze Township, ist nur auf den ersten Blick eine homogene Gemeinschaft. Schon die Architekten dieses am Reißbrett entstandenen Viertels achteten auf die räumliche Trennung unterschiedlicher Gruppen, je nachdem, ob sie ledig oder verheiratet waren, nur vorübergehend oder längerfristig am Kap arbeiten würden.

Von Beginn an bis heute spielen soziale Klassen sowie ethnische Wurzeln eine Rolle. Es gibt alteingesessene Familien, deren Vorfahren beispielsweise aus der Transkei ans Kap kamen, und Flüchtlinge aus anderen afrikanischen Staaten, die hier ein besseres Leben suchen. Einige leben in soliden Steinhäusern mit fließend Wasser und Strom, andere hausen in noch beengteren Verhältnissen, in sogenannten *shacks*, selbstgebauten Wellblechhütten oder in den alten *hostels*, den heruntergekommenen und heillos überbelegten Wohnblöcken, die während der Apartheid für die *migrant workers* gebaut wurden, die schwarzen Arbeiter aus den Homelands. Thulani selbst ist in der Heimat seines Vaters, Swaziland, aufgewachsen, kam zum Studium nach Kapstadt und lebte in unterschiedlichen Vierteln, bevor er hier in Langa nun offenbar ein Zuhause gefunden hat. »Es war rückblickend ein Vorteil, dass ich von all diesen kulturellen, sozialen und historischen Trennlinien und Konflikten, den tief verwurzelten Vorurteilen und Stereotypen, die die Kinder oft unreflektiert von ihren Eltern übernehmen, keine Ahnung hatte. Ich bin einfach offen auf alle zugegangen und habe sie ins Gespräch gebracht.« Über die Jahre ist daraus Thulanis Organisation *Umbon' Omhle* gewachsen, die Projekte und lokale Aktivisten vernetzt. Längst treffen sie sich nicht mehr nur

bei ihm zu Hause, sondern auch im *Guga S'thebe* Kulturzentrum.
Wir machen uns gemeinsam auf den Weg dorthin.

Auf den Stufen vor den Wohnblocks sitzen Frauen und unterhalten sich, andere hängen in den Vorgärten ihrer kleinen Häuser
Wäsche auf, einige haben ihre Babys in einem Tuch auf den Rücken gebunden. Über ihnen ragen kranhohe Lichtmasten in den
blauen Himmel, die die Silhouette vieler Townships prägen. Schon
ihr Anblick erinnert an die Flutlichter auf Gefängnishöfen. Tatsächlich dienten sie während der Apartheid dazu, die schwarze
Bevölkerung auch nach Sonnenuntergang in Schach zu halten,
und halfen der Polizei bei ihren nächtlichen Razzien. Um die Ecke
riecht es plötzlich verführerisch nach gegrilltem Fleisch, *Shisa Ny-
ama*, das in keinem Township fehlen darf. Auf improvisierten Grill-
ständen entlang der Bürgersteige brutzeln zu Schnecken gerollte
Bratwürste, Schweinerippchen und Rindersteaks auf dem Feuer.
Die Frauen laden große Portionen mit einem Schlag *mieliepap* und
vor Mayonnaise triefendem Krautsalat auf Blechteller. Nebenan
verkaufen Händlerinnen lebende Hühner, die eingezwängt in kleine Käfige darauf warten, selbst einmal auf dem Grill zu landen.
Frauen haben Secondhand-Kleidung und billige Ausschussware
auf Plastikplanen ausgebreitet oder bieten Gemüse feil, kunstvoll
zu kleinen Pyramiden aufgetürmte Tomaten, Süßkartoffeln, Zwiebeln und Bündel Spinat zu einem Bruchteil der üblichen Super-
marktpreise. Ein paar Schritte weiter haben die Friseure ihre pro-
visorischen Salons unter windschiefen Zeltplanen eingerichtet,
die Kunden sitzen auf umgedrehten Bierkästen oder Plastikstüh-
len, ein Mann lässt sich dort dekorative Streifen in seine kurzen
Haare rasieren. Wie überall im Land lässt sich die Höhe der Arbeitslosigkeit an der Zahl dieser Stände abzählen: Geschätzte 70
Prozent der Einwohner Langas haben keinen Job. Es sind infor-
melle Kleinunternehmer wie diese, die das Überleben ihrer Familien sichern. Um ihre Stände herum ist der Boden sauber gefegt,
an anderen Straßenecken türmt sich dagegen Müll, Plastiktüten

wirbeln im Wind. Die Armut ist unübersehbar, aber wie ein Ghetto wirkt wenigstens dieser Teil von Langa nicht auf mich.

Thulani grüßt permanent rechts und links: »*Howzit?*« »*Sharpsharp!*« Jedes Mal wendet er sich danach an mich und erklärt: »Der Typ ist ein ausgezeichneter Schlagzeuger«, oder »Dieses Mädchen hat eine wunderbare Stimme«, oder »Du solltest seine Graffiti sehen!«. Seine großen dunklen Augen leuchten, seine Turnschuhe federn noch ein bisschen mehr, die Ringelstreifen seines T-Shirts beben vor Begeisterung. »Die Leute hier in Langa haben so unfassbar viel Talent!« An der langen Mauer eines Sportplatzes haben sich bei einem Wettbewerb vor ein paar Jahren etliche Künstler verewigt: In zarten Brauntönen gehaltene Porträts zweier Frauen mit dem Slogan *Diverse People Unite*. Ein Krieger mit blitzendem Speer, um dessen Bein sich der gefleckte Schwanz eines Leoparden windet. Eine mit bunten Blumen geschmückte afrikanische Prinzessin mit einer Krone aus den Metallspitzen, die ansonsten geradlinig und wehrhaft auf der Mauer verlaufen. Ein paar Kinder kommen quer über die glücklicherweise wenig befahrene Straße auf Thulani zugerannt und hängen bald an seinen Armen und Beinen. »Wann machen wir mal wieder einen Ausflug?«, fragt ein kleines Mädchen, während es ihn fest im Klammergriff hält. »Bald. Versprochen«, antwortet er lachend. Schon kurz nachdem er nach Langa gezogen ist, hat er Kinder aus der Nachbarschaft auf kleine Ausflüge mitgenommen, ins Kino, ins Museum, an den Strand oder auf den Tafelberg, damit sie ihren Horizont erweitern und neue Perspektiven entwickeln. Viele von ihnen hatten nie etwas anderes als ihr Viertel gesehen, die meisten stammten aus schwierigen Verhältnissen. Lächelnd schaut Thulani den Kindern hinterher, als sie in Richtung Sportplatz rennen. »Ihre Eltern hatten nichts dagegen, dass ich mit ihren Kindern etwas unternehme, weil ich kein Geld dafür verlangt habe«, sagt er. »Viele kümmern sich ohnehin nicht um ihren Nachwuchs. Sie sind zu sehr damit beschäftigt, sich zu betrinken, Drogen zu nehmen, Partys zu fei-

ern oder ihren kriminellen Geschäften nachzugehen.« Erstmals
erlebten diese Kinder, dass sich jemand für sie interessiert und sie
fördert, lernten die Grundregeln sozialen Verhaltens, angefangen
bei einfachen Worten wie »danke« oder »bitte«, und erfuhren Mit-
gefühl. »Hast du eigentlich selbst Kinder?«, frage ich ihn. Er schüttelt den Kopf. »Manchmal denke ich, es wäre jetzt langsam an der
Zeit dafür, aber ich kümmere mich ja schon um so viele andere
Kinder, die mich brauchen.« Thulani ist für sie wie ein Vater, den
er sich früher selbst gewünscht hätte. Sein eigener Vater war ge-
walttätig, Thulani musste immer wieder mitansehen, wie der
Streit zwischen seinen Eltern eskalierte. »Ich versuchte, meine
kleineren Geschwister in Sicherheit zu bringen. Oft mussten wir
flüchten und irgendwo anders übernachten. Am nächsten Morgen
ging ich dann mit einer geliehenen Schuluniform, ohne meine
Hefte und natürlich auch ziemlich unkonzentriert zum Unterricht. Erst später ist mir klar geworden, dass das alles nicht nur
meine Schulleistungen, sondern auch meine Gedankenwelt beein-
flusst hat. Heute versuche ich, Räume zu schaffen, die einen Aus-
weg aus solchen Situationen bieten.«

Wie aufs Stichwort betreten wir das *Guga S'thebe*. Jetzt, nach
Schulschluss am Nachmittag, wimmelt es geradezu von Jugendlichen. Thulani kennt und begrüßt sie alle, winkt rechts und links,
hier eine Umarmung, dort ein lässiger Faustgruß. In der Eingangshalle hängen Bilder lokaler Künstler zum Verkauf, auf Tischen warten kleine mit Perlen geschmückte Drahttiere, Schlüsselanhän-
ger und Ohrringe auf Touristen. Wir durchqueren einen schmalen
Raum, in dem die Jungen und Mädchen kaum Notiz von uns nehmen, so konzentriert schauen sie auf ihre Handy-Displays oder
tippen auf Laptop-Tastaturen, im Bann des kostenlosen WLAN.
Als Thulani die Tür zum Innenhof öffnet, schallen uns die kräftigen Stimmen eines Chors entgegen. Zur Gesangsprobe unter freiem Himmel üben jugendliche Tänzer ihre Choreografie. Aus einem
kleinen *Tuck Shop* riecht es verführerisch nach Kaffee. Der Kiosk

ist einer von Dutzenden, mit Recyclingholz vertäfelten Schiffscontainern, aus denen das Theater gebaut wurde. Auch dort wird gerade kreativ gearbeitet. Zwei junge Männer spielen mitten im Raum ein homosexuelles Paar, eine Rolle, die ihnen offensichtlich noch etwas peinlich ist. Die Regisseurin ermutigt sie, aus sich herauszugehen, nickt beim nächsten Durchgang schon etwas zufriedener und flüstert mir zu: »Das ist natürlich eine Herausforderung – für die Schauspieler ebenso wie für das Publikum. Aber das ist ja auch gut so!« Zwar verbietet die liberale Verfassung Südafrikas Diskriminierung aufgrund der sexuellen Orientierung, gleichgeschlechtliche Paare dürfen auch heiraten, im Alltag jedoch stoßen sie vielerorts auf Vorurteile, Ausgrenzung und Gewalt. Immer wieder gibt es grausige Schlagzeilen, Morde und Fälle sogenannter *correctional rape*, systematischen Vergewaltigungen, mit denen die vermeintliche Abnormität »geheilt« werden soll. Auch einige Kirchen propagieren an Exorzismus grenzende Methoden mit dem gleichen Ziel. Wie so oft hinkt die Realität den Idealen der Verfassung hinterher. Die schwule Komödie aus der Feder eines jungen schwarzen Südafrikaners soll die Zuschauer spielerisch mit ihren Vorurteilen konfrontieren. Eine bessere Regisseurin als Fatima Dike hätte er sich wohl kaum wünschen können. »Ich freue mich schon auf die Reaktionen«, sagt sie, halb amüsiert, halb kämpferisch. Die 68-jährige Theatermacherin ist es gewohnt, mit ihrer Arbeit anzuecken. Das Protest-Theater während der Apartheid ist ihr künstlerisches Zuhause. Sie stand als Schauspielerin auf der Bühne, schrieb Stücke und veranstaltete Theater-Workshops in den Townships. »Nach 1994 wollten wir das Protest-Theater eigentlich beerdigen«, erinnert sie sich. Der Feind war besiegt, der Kampf schien vorüber, das Ziel einer multikulturellen demokratischen Gesellschaft erreicht. »Wir mussten unsere Rolle erst wieder finden. Aber bald gab es neue Themen, die auf die Bühne gehörten.« Sie streicht sich über ihre kurzen grau melierten Haare und fixiert mich mit ihren klugen Augen. »Ich schätze, Jacob Zuma bietet ebenfalls genügend Stoff

für politisches Theater«, bemerke ich. Fatima winkt in einer nahezu theatralischen Geste ab. »Es ist Zeitverschwendung, über Zuma
zu schreiben, während die Wirtschaft unseres Landes noch immer in der Hand der Weißen ist. Es gibt keine Freiheit ohne Geld.
Die Ungleichheit besteht weiter. Jeder Mensch braucht ein Dach
über dem Kopf, einen gleichberechtigten Zugang zu einem qualita-
tiv hochwertigen Bildungs- und Gesundheitssystem. Das sind weiterhin die Hauptprobleme, mit denen sich schon der Sozialismus
befasst hat.« Es ist die mir mittlerweile wohlbekannte Stimme der
alten Generation der Freiheitskämpfer, teils enttäuscht, teils wütend, ein wenig nostalgisch.

Die Debatte über diese Themen hat in den vergangenen Jahren mit zunehmender Krisenstimmung, steigender Arbeitslosigkeit und sozialen Problemen wieder Fahrt aufgenommen, doch
eine Lösung liegt in weiter Ferne. Das ist in Vierteln wie Langa unübersehbar. Doch Fatima kann sich nicht vorstellen, woanders zu
leben. Ihre Familie kam 1930 in das damals nur wenige Jahre alte

Kulturzentrum in Langa: Treffpunkt der kreativen Township-Szene.

Viertel, sie selbst ist in Langa aufgewachsen und eine echte Lokal-
patriotin. *Langa, my love* heißt ein Gedicht, das sie 1980 voller
Heimweh geschrieben hat. »Ich lebte damals in New York, in dieser individualistischen Gesellschaft. Niemand sprach meine Sprache. Ich führte sogar Selbstgespräche«, erinnert sie sich, als wir gemeinsam mit Thulani nach der Probe das Theater verlassen. »Wie
war das Langa deiner Kindheit?«, frage ich Fatima, als wir gemeinsam die *Washington Street* entlanglaufen. »Hier pulsierte das Leben«, antwortet sie mit leuchtenden Augen. »Berühmte Sportler,
politische Aktivisten und nicht zuletzt Künstler wohnten hier in
der Nachbarschaft. Die Bevölkerung war natürlich wesentlich
kleiner als heute. Abends versammelten sich A-capella-Gruppen
unter Straßenlaternen, sangen Sinatra und andere Lieder.« Eine
Verklärung dieser Zeit aber liegt ihr fern. Sie erzählt davon, wie sie
als Elfjährige die Proteste gegen die Passgesetze der Apartheid
miterlebte. »Es war furchteinflößend. Auf beiden Seiten der Straße standen Soldaten«, sagt Fatima mit einer vagen Handbewegung. Am 21. März 1960, am Tag des *Sharpeville Massacre*, wurden
auch bei der brutalen Niederschlagung der friedlichen Demons-
tration in Langa Menschen getötet und verletzt. Heute erinnert
ein Graffito am Bahnhof von Langa daran; es zeigt Männer, die ihren *dompas* aus Protest verbrennen, und demonstrierende Frauen,
auf deren Plakaten es sinngemäß heißt, die Passgesetze zerstörten
Familien. Fatima erinnert sich an die tragischen Geschichten, die
sie als Kind aufschnappte: »Frauen verkauften ihre letzte Ziege in
der Transkei, um zu ihrem Mann in die Stadt zu reisen, der dort oft
eine zweite Familie gegründet hatte. Doch sobald sie das Kap erreichten, wurden sie festgenommen, weil ihnen die entsprechende Genehmigung fehlte.« Ärgerlich schüttelt sie den Kopf, hinter
ihrer Brille blitzen ihre Augen bei der Erinnerung an diese Zeiten.
»Nur die weißen Behörden profitierten. Polizisten strichen satte
Bestechungsgelder von denen ein, die sich illegal am Kap aufhiel-
ten, die Stadt kassierte Mieten von den Wanderarbeitern. Der

kontrollierte, eingeschränkte Zuzug schwarzer Südafrikaner aus der Provinz wurde zu einem lukrativen Geschäft.«

Ihre eigene Familie gehörte zu den ersten Bewohnern Langas, noch vor der Räumung waren sie 1930 aus District Six hierhergezogen, ihr Vater arbeitete für die Stadt, er wies den Familien den von den Behörden zugedachten Wohnraum zu. »Bis heute sagen die Leute zu mir: Deinem Vater haben wir dieses Haus zu verdanken«, fügt Fatima hinzu. Wie Thulani ruft sie auf dem Weg immer wieder ein »Hallo« über die Straße, grüßt Passanten auf dem Weg, die ihr sichtlich respektvoll begegnen. Fatima Dike ist eine der Töchter Langas, die über des Grenzen des Viertels hinaus bekannt sind, die Welt bereist und Karriere gemacht haben, ihrer Heimat aber trotzdem treu blieben. Dafür wird sie offensichtlich geliebt und verehrt. Vor einem für Langa fast herrschaftlichem Haus bleibt sie stehen: »Hier hat meine Mutter viele Jahre gearbeitet.« Sie war im Haushalt einer weißen Familie angestellt, die für den Verwaltungsapparat des Townships arbeitete. »Wenn die Eltern ausgingen, passte meine Mutter auf ihre Kinder auf. Meine Schwestern und ich aber blieben in diesen Nächten allein zu Hause«, fügt sie in einem bitteren Tonfall hinzu. Ich muss an die Angestellte meiner Gastfamilie denken und an die Weihnachtsferien bei uns zu Hause an der Küste, wenn einige Urlauber aus Johannesburg nicht nur mit Kind und Kegel, sondern auch mit ihrem Dienstmädchen, der *maid*, anreisen. Mich macht sowohl das Verhalten als auch dieser weiterhin gängige, mittelalterlich anmutende Begriff regelmäßig sprachlos. »Viele Kinder wachsen heute leider noch immer so auf«, bemerke ich. Fatima hebt überrascht die Augen, nickt zustimmend, vertieft das Thema aber nicht weiter, sondern erzählt weiter. Die weißen Arbeitgeber zogen nach Simbabwe, ihr Vater starb, ihre Mutter hatte neben ihrem sicheren, wenn auch ungeliebten Job auch ihren Mann verloren und musste ihre Kinder nun allein durchbringen. Frauen mit ähnlichem Schicksal eröffneten in ihrer Not eine *shebeen*, eine damals illegale

Township-Bar, in der sie selbstgebrautes traditionelles Bier verkauften und dabei tagtäglich Gefahr liefen, von der Polizei verhaf-
tet zu werden. »Dort drüben war eine *shebeen*«, sagt Fatima und
zeigt auf ein unscheinbares Haus auf der anderen Straßenseite,
»heute treffen sich dort Gemeindemitglieder einer Freikirche
zum Gottesdienst.« Wir schauen uns an und müssen beide bei
dieser Ironie der Geschichte grinsen.

Fatimas Mutter braute kein Bier, sondern brachte ihre Kinder
mit dem Verkauf von Obst und Gemüse über die Runden. »Wir
packten alle mit an. Nach der Schule standen wir mit unseren Waren am Bahnhof von Langa. Für die Hausaufgaben hatten wir erst
am Abend Zeit«, erzählt Fatima und bleibt dann vor einem Eck-
haus mit einem gepflegten Garten stehen, ihrem ehemaligen Elternhaus im ältesten Viertel des Townships, in dem sie bis heute
wohnt. Ein dicklicher Junge kommt aus dem Haus gerannt und
nimmt ihr die Tasche ab. »Das ist mein Enkel«, erklärt Fatima
stolz. Überhaupt ist die vergleichsweise ruhige Seitenstraße voller
Kinder; Jungen jagen einem Ball hinterher, Mädchen üben die
neuesten Tanzschritte, im Gegensatz zu den wohlhabenderen
Vororten der Städte spielt sich das Leben hier überwiegend draußen und nicht hinter hohen Mauern ab. Die alteingesessenen
Nachbarn halten weiterhin zusammen, wie eine eingeschworene
Gemeinschaft. Man kennt und hilft sich gegenseitig. »Wir sind
stolz darauf, dass wir aus Langa kommen«, betont die Theater-
regisseurin zum Abschied, die Hand schon an der Gartenpforte.
»Ich freue mich besonders, dass ich hier mit der Jugend arbeiten
kann. Bei allen Problemen haben sie heutzutage doch wesentlich
mehr Wahlmöglichkeiten als wir früher. Einige meiner Schützlinge besuchen sogar die Schauspielschule. Das macht mich glücklich.«

Thulani und ich machen uns auf den Rückweg zu unseren Autos, die wir vor dem Kulturzentrum geparkt hatten. »Ist sie nicht
großartig?«, fragt er, beseelt von der Unterhaltung mit Fatima, die

für ihn Mentorin und Vorbild ist. »Jahrelang hatte ich keinen Kontakt zu Menschen wie ihr. Dazu musste ich erst nach Langa ziehen!« Er gerät ins Schwärmen über die vielen engagierten Leute und ihre Projekte in seiner Nachbarschaft, über den legendären afrikanischen Gemeinschaftssinn, der zwar oft totgesagt, aber doch nicht gestorben sei, über das schlummernde kreative Potenzial. »Was bräuchte es, um es wirklich ausschöpfen zu können?«, frage ich. Seine Antwort ist so lang, dass wir bei den letzten Sätzen wieder vor dem *Guga S'thebe* stehen. Im Kern seien mehr Räume für Workshops notwendig, Jugendliche müssten ihren eigenen Wert erkennen und Selbstvertrauen entwickeln, sie müssten zusammenarbeiten statt gegeneinander, selbst aktiv werden statt auf Hilfe zu warten, aber sie bräuchten auch mehr Unterstützung von Unternehmen und Regierung. Thulani, der Mann, der Glück schaffen will, statt ihm nur nachzujagen, platzt fast vor Tatendrang. Ich wünsche ihm von ganzem Herzen, dass er angesichts dieser Herkulesaufgabe nicht enttäuscht wird.

Als ich nach Woodstock zurückkehre, steht Leonie mit einer Gießkanne auf der Straße und winkt mir überschwänglich zu. »Du lebst ja noch!«, ruft sie grinsend. Offenbar hatte die besorgte Shanaaz ihr erzählt, wo ich heute unterwegs war. »Sogar meine Tasche habe ich behalten«, scherze ich zurück, während ich zu ihr gehe. Leonie wässert ein paar kleine Büsche, die sie vor einiger Zeit am Rande des leeren Nachbargrundstücks gepflanzt hat – die einzige kleine grüne Oase weit und breit. Bunte Betonringe schützen die jungen Pflanzen vor der nahezu feindlich wirkenden Umgebung, nur ein paar Meter weiter weht der Wind mehrere Plastiktüten über den kargen Sandboden, auf dem nicht ein einziger Grashalm gedeiht. »Erst dachten die Nachbarn, dass ich spinne«, sagt sie, »aber mittlerweile kümmern sich alle um die Pflanzen. Das ist wie bei vielen anderen Dingen: Die meisten Leute mögen keine Veränderungen, Sichtweisen ändern sich nicht über Nacht.« Vor diesem Hintergrund kommen mir diese Bäumchen wie eine symbolische

Bilanz des Tages vor. Ich erzähle von Thulani und Fatima, ihrem Engagement für die Jugendlichen in Langa, der gelebten Nachbarschaftshilfe, den vielen kleinen Gesten und Taten, die in der Summe eine große Wirkung entfalten können. Ich weiß, dass Leonie nach einer ganz ähnlichen Philosophie lebt, ansonsten hätte sie sich nicht so selbstlos um ihre Nachbarin Shanaaz und ihre Familie gekümmert, wäre nicht in den kleinen Anbau im Hinterhof ihres eigenen Hauses gezogen, um die anderen Zimmer zu vermieten und Shanaaz damit ein regelmäßiges Einkommen zu sichern. Ich musste mehrmals nachfragen, um das überhaupt zu erfahren, denn Leonie macht darum kein großes Aufheben. Ihre Bescheidenheit beeindruckt mich. »Was treibt dich an?«, frage ich sie. »Ach, weißt du, ich bin einfach ein Mensch, der gern hilft und teilt. Das war schon als Kind so«, sagt sie schulterzuckend. »Deshalb werde ich auch nie reich werden«, fügt sie lachend hinzu, als wir uns in den Innenhof vor ihrem kleinen Zimmer setzen. Durch die offene Tür kann ich hineinsehen, ein Bett, ein Regal, eine Dusche, mehr braucht sie offenbar nicht. Auf dem Fußboden liegen die Spielsachen von Shanaaz' kleiner Tochter herum. Leonie setzt eine scheinbar strenge Miene auf: »Diese kleinen Racker. Schau dir nur das Chaos an!« Doch dann werden ihre Gesichtszüge ganz weich. »Die Kinder sind hier jederzeit willkommen. Sie bekommen hier all die Unterstützung und Liebe, die sie brauchen. Wenn ich heute an Familie denke, dann denke ich an sie.«

Wir beschließen, an meinem letzten Abend in Kapstadt gemeinsam zu kochen, bereiten zusammen in der Küche ein köstlich improvisiertes Mahl aus unseren Vorräten zu und unterhalten uns dabei weiter. »Wie bist du denn aufgewachsen?«, frage ich. »Ich bin am Rand der *Cape Flats* groß geworden«, antwortet Leonie, die gerade ihren 60. Geburtstag gefeiert hat. »Damals war das noch eine ziemlich ländliche Gegend. In unserer Straße gab es nur vier Häuser.« Ihre Muttersprache ist Afrikaans, ihre Eltern wählten treu die *Nationale Partei*, die für den Aufbau des Apartheid-Staats verantwortlich war. Ihre Mutter habe jedoch die sogenannte *petty Apartheid* gehasst, also die Rassentrennung im Alltag, wie etwa die unterschiedlichen Eingänge in öffentlichen Gebäuden, wie Postämter für Weiße und Nicht-Weiße. Ihre Eltern hatten auch nichts dagegen, dass sie mit »farbigen« Kindern aus dem angrenzenden Viertel Fußball spielte. »Ich habe die Kultur, den Zusammenhalt und den wunderbaren Humor der *Coloureds* immer schon geliebt«, sagt Leonie und gerät regelrecht ins Schwärmen. Die spontanen Kommentare am Straßenrand bringen sie regelmäßig zum Lachen, bissig, trocken, derb, im typischen Singsang, gespickt mit Slang und oft mit einem Seitenhieb auf die Eigenheiten, die der *Coloured-Community* allgemein zugeschrieben werden. In gewisser Weise saßen sie immer zwischen den Stühlen; sowohl Fowzia als auch Shanaaz betonten trotz ihrer unterschiedlichen Lebenswege: »Früher waren wir nicht weiß genug, heute sind wir nicht schwarz genug.« Natürlich ist das in erster Linie als politische Kritik gemeint, aber es geht auch darüber hinaus.

Die Frage, was es heute bedeutet, *coloured* zu sein, bewegt vor allem die jüngere Generation, wie den Maler Rory Emmett, den ich vor einiger Zeit in seinem Kapstädter Atelier getroffen habe. Im Mittelpunkt seines Werkes steht der *Colourman*, eine im Wortsinn farbige Figur, knallbunt in allen Farbtönen; ein intelligentes und humorvolles Spiel mit der Absurdität der rassistischen Klassifizierung und dem Begriff der Regenbogennation. Wer in einer schwarz-weißen Welt weder schwarz noch weiß sei, wachse in einer Art Grauzone auf, sagte er mir damals. »Es ist ein Ort der Ungewissheit, gleichzeitig aber auch ein undefinierter und somit freier Raum, den man selbst bestimmen kann. Eigentlich kann man dort jede beliebige Farbe annehmen.« Ein faszinierender Gedanke. Leonie nickt zustimmend mit dem Kopf, als ich ihr davon erzähle: »Ich denke immer, die *Coloureds* sind wahrscheinlich die glücklichsten Bewohner in Kapstadt – mal abgesehen von der Gangkriminalität in den *Cape Flats*. Sie sind nicht reich, aber sie schätzen, was sie haben. Sie haben dieses besondere Selbstverständnis und ihren Humor. Kurz gesagt: Ich beneide sie.«

Es sind erstaunliche Worte aus dem Mund einer weißen, zudem Afrikaans-sprachigen, älteren Südafrikanerin. »Empfindest du es denn als Bürde, weiß zu sein, mit all dem historischen Ballast, der damit verbunden ist?«, hake ich nach. »Interessante Frage«, sagt sie, runzelt die Stirn und schweigt ein paar Minuten, ganz entgegen ihrer sonstigen redselig-quirligen Art. »Manchmal ertappe ich mich bei dem Gedanken, ich sei besser als ›die anderen‹. Das ist wirklich erschreckend. Es gibt auch Momente, in denen ich mich frage, ob ich zu dunkelhäutigen Menschen besonders freundlich bin.« Wenn sie zum Beispiel ganz automatisch die schwarzen Pendler auf dem Weg zur Arbeit grüßt, die weißen aber nur dann, wenn sie sie auch kennt. Oder wenn sie einen schwarzen Jungen im Bus für sein exzellentes Englisch lobt, das blonde Mädchen, das wie sie Afrikaans als Muttersprache hat, jedoch nicht.

Es sind Unsicherheit und ein Dilemma, das wohl viele weiße Südafrikaner kennen, wenn sie ihr Verhalten denn überhaupt so reflektieren. Erschreckend ist, zu hören, mit welchen Vorurteilen und Stereotypen viele Weiße noch immer argumentieren, als handelte es sich um Tatsachen. Vor ein paar Jahren schien das eher hinter geschlossenen Türen zu geschehen, wenn Weiße unter sich waren und sich unter Gleichgesinnten wähnten. Doch in den letzten Jahren scheint dieses schwelende alte Gedankengut immer öfter durch die politisch korrekte Oberfläche zu brechen. Holzschnittartig ausgedrückt, sehen sich viele Weiße angesichts der offenkundigen Misswirtschaft und Korruption unter Zumas ANC darin bestätigt, dass Schwarze unfähig sind, ein Land zu führen. Viele junge Schwarze fühlen sich von extremen Gruppierungen angezogen, die auf anti-weiße Parolen setzen. Rezession und Arbeitslosigkeit führen dazu, dass viele einen Sündenbock suchen und ihn vermeintlich im historischen Feind finden. Bevorzugtes Ventil sind die sozialen Medien. Ein Shitstorm folgt auf den nächsten. »Ich denke auch, dass der Rassismus wieder erstarkt, und fürchte mich wirklich davor, wie das ausgehen wird«, stimmt Leonie mir zu. »Die Stimmung ist jetzt schon extrem aufgeladen und aggressiv, vieles, was man sagt, wird aus dem Kontext gerissen. Mit einem Satz auf Facebook kann jemand alle Brücken wieder einreißen, die Leute wie ich in unserem Leben gebaut haben.« Was das Land momentan überhaupt noch zusammenhält? Unsere Verfassung, sagt Leonie als Juristin wie aus der Pistole geschossen. Tatsächlich ist das Verfassungsgericht momentan omnipräsent, eine Art Leuchtturm in dunklen Zeiten. Bei fast jedem der schlagzeilenträchtigen Fälle der letzten Jahre verkünden die Verfassungsrichter nicht nur ihr Urteil, sondern erklären auch teilweise langatmig, auf welchem Fundament die vergleichsweise junge Demokratie aufgebaut wurde, für all jene, die das anscheinend vergessen haben.

»Ich weiß wenigstens, wer ich bin und wofür ich stehe«, sagt Leonie fast trotzig. »Ich war nie jemand, der bei Demonstrationen ganz vorne mit marschiert ist. Ich lebe einfach nach meinen Überzeugungen.« Genau so habe ich sie in den letzten Tagen und bei meinem ersten Besuch erlebt. Leonie gehört zu den Menschen, die einfach anpacken, wenn Hilfe nötig ist, ohne dass sie dafür einen Orden erwarten. Sie unterstützt etwa Shanaaz und ihre Kinder nicht wegen eines schlechten Gewissens oder als Versuch der Wiedergutmachung einer historischen Schuld, sondern aus tief empfundener Mitmenschlichkeit. »Stell dir vor, das würde jeder in seiner Nachbarschaft tun«, bemerke ich noch, bevor wir uns nach diesem langen und intensiven Tag eine gute Nacht wünschen, »dann würden wir in einer anderen Gesellschaft leben.« Für mich sind Menschen wie Leonie und Thulani ebenfalls Teil des Klebstoffs, der dieses zerrissene Land noch immer zusammenschweißt.

Lachen gegen die Angst

»*Take the ›mock‹ out of democracy and the ›con‹ out of reconciliation.*« Dieses Zitat des südafrikanischen Kabarettisten Pieter-Dirk Uys

geht mir durch den Kopf, als ich Sonntag früh meinen Koffer pa-
cke. Eine Demokratie ohne Hohn, Versöhnung ohne Betrug;
prägnanter und bissiger als mit diesem Wortspiel kann man kaum
ausdrücken, welche großen Baustellen auf dem langen Weg zu
Mandelas Regenbogennation noch liegen. Auf meinem Weg in
den Norden des Landes werde ich einen Zwischenstopp in Uys'
Theater einlegen. Ich freue mich auf ein Wiedersehen mit diesem
großartigen Künstler, den ich in den letzten zehn Jahren mehrmals zum Interview getroffen und noch öfter auf der Bühne erlebt
habe. Leonie und Shanaaz winken mir hinterher, als ich losfahre,
kurz zuvor hatten sie mir natürlich noch einmal eingebläut, ich
solle auf mich aufpassen. Besonders Shanaaz gefällt es gar nicht,
dass ich alleine quer durchs Land reise. Ich musste versprechen,
dass ich jeden Tag eine SMS schicke, damit sie wissen, dass es mir
gut geht. Meine beiden Mütter am Kap, denke ich, als ich ihnen
einen letzten Gruß zurufe.

Ich fahre am Hafen vorbei und nehme die Küstenstraße. An
diesem klaren, sonnigen Tag ist die ehemalige Gefängnisinsel
Robben Island deutlich zu erkennen. Tausende Touristen pilgern
dort jedes Jahr zu der kleinen Zelle, in der Nelson Mandela 18 Jahre von insgesamt 27 seiner Freiheitsstrafe abgesessen hat. Noch
beeindruckender aber war für mich die Begegnung mit ehemaligen politischen Häftlingen und Aufsehern, die abseits des Touris-
tentrubels im Dorf auf der Insel als Nachbarn leben, ganz im Geist
der Versöhnungspolitik Mandelas. Es sei ein schmerzhafter und
langwieriger Prozess, erzählte mir Kgtoso Ntsoelengoe, der Tou-
ristengruppen durch das ehemalige Hochsicherheitsgefängnis
führt, in dem er selbst als junger Widerstandskämpfer jahrelang
inhaftiert war. Ich erinnere mich gut an seine Worte: »Wir haben
gelernt, miteinander zu leben und zusammen zu arbeiten. Wir
sind zwar keine Freunde, aber definitiv auch keine Feinde. Die
Apartheid hat Narben hinterlassen, die noch nicht vollständig
verheilt sind. Für viele ist Vergebung vorerst unmöglich. Aber

wenn wir wollen, dass sich die Dinge in unserem Land zum Besseren wenden, müssen wir uns versöhnen. Wir dürfen unsere Kinder und Enkel nicht mit einer polarisierten Gesellschaft belasten. Auf Robben Island zeigen wir, dass ein Zusammenleben möglich ist und dass wir sogar dieselben Werte teilen können. Erst das macht uns zu einem Volk und einer Nation.« Dieses Ziel liegt leider noch immer in weiter Ferne, momentan reißen neue Konflikte die alten Wunden wieder auf, die weiterhin bestehende Kluft zwischen den Bevölkerungsgruppen wird politisch instrumentalisiert. Die Bilanz der Wahrheits- und Versöhnungskommission, die mit öffentlichen Anhörungen von Opfern und Tätern Mitte der 90er-Jahre zur Aufklärung und Aufarbeitung der Gräueltaten während der Apartheid beitragen sollte, ist durchwachsen. International gilt sie als Erfolgsmodell, die hohen Erwartungen vieler Südafrikaner hat sie jedoch letztlich enttäuscht. Der Zeitraum sei zu kurz gewesen, sagen Kritiker, nur ein Bruchteil der Opfer sei auch gehört worden, zu viele Fragen seien offen und die Gerechtigkeit oft auf der Strecke geblieben, denn während viele Täter straffrei davonkamen, wurden die Opfer mit einer kleinen Entschädigung abgespeist. Es ist Teil des empfundenen ›con‹ in ›reconciliation‹. Statt der großzügigen Amnestie hätten sie sich Gerichtsverfahren nach dem Vorbild der Nürnberger Prozesse gewünscht, betonten mir gegenüber etliche Südafrikaner, mit denen ich in den vergangenen Jahren über dieses Thema gesprochen habe. Aber ich bezweifle, ob das die bessere Alternative gewesen wäre und ob die Gräben dadurch heute nicht noch tiefer wären. Vielleicht waren die Erwartungen einfach zu hoch, wie wohl insgesamt nach der demokratischen Wende; eine komplette Aufarbeitung der Vergangenheit braucht Zeit, ebenso wie echte Versöhnung, die bis an die Wurzeln der Gesellschaft durchsickert. Innerhalb einer Generation ist das nicht zu schaffen.

Mit diesen Gedanken im Kopf lasse ich Kapstadt und die Küstenstraße hinter mir. Bald säumen gelbe Stoppelfelder die Straßen

und nach nur einer Stunde Fahrt über das weite trockene Swart-
land erreiche ich das verschlafene Provinzstädtchen Darling.
Kaum mehr als eine Hauptstraße, ein Township am Ortsausgang –
ein Dorf wie viele. Wäre da nicht der berühmte Pieter-Dirk Uys.
An einem Wochenende im Jahr 1995 machte er von Kapstadt aus
einen Ausflug aufs Land, nahm die falsche Abbiegung und landete
hier in Darling. Ebenso zufällig entdeckte er ein leerstehendes
viktorianisches Haus, das zum Verkauf stand, oder wohl eher eine
Ruine, denn in einem Interview verglich er den Anblick mit einer
alten, zahnlosen Frau. Offenbar war sie trotzdem charmant, denn
der Künstler kaufte das Haus noch am selben Tag. »Ich bin wie so
oft meinem Instinkt gefolgt«, erklärte er einmal. Er ließ das Haus
liebevoll restaurieren und wohnt seitdem darin. Ein weiterer
glücklicher Zufall wollte es, dass er kurz darauf den verlassenen
Bahnhof mieten konnte, den er nach und nach zu seinem Theater
umbaute, das heute die Hauptattraktion in Darling ist. Er nannte
es »Evita se Perron«, ein Wortspiel aus dem Wort für Bahnsteig in
Afrikaans, Perron, der argentinischen Eva ›Evita‹ Perón und seiner
eigenen schillernden Figur Evita Bezuidenhout, die er in den 8oer-
Jahren erfand und die fast berühmter ist als er selbst. Fotos im Fo-
yer des Theaters zeigen sie unter anderem mit Nelson Mandela,
der darauf sogar eine persönliche Widmung schrieb: *To Evita, best
wishes to a wonderful lady.*
　　Die Show beginnt erst in einer Stunde und so vertreibe ich mir
die Zeit in dem kleinen Museum gegenüber, das den künstlerischen Lebensweg von Pieter-Dirk Uys ebenso dokumentiert wie
die Absurditäten der Apartheid, die er damals mit seiner beißenden Satire anprangerte. ›*Museum/Nauseum*‹ steht vielsagend über
dem Eingang. Besonders ziehen mich die gerahmten Original-
Briefe an, die Uys, seit er in den 7oer-Jahren erstmals auf der Bühne stand, regelmäßig von der Zensurbehörde erhielt. Ganze Stücke
wurden zensiert, komplette Passagen gestrichen, nicht nur weil sie
politisch zu viel Sprengstoff enthielten, sondern auch weil sie aus

Sicht des puritanisch-rassistischen Staates blasphemisch, pornografisch oder obszön waren. Listenweise Kraftausdrücke sind in diesen Briefen auf Afrikaans sauber abgetippt aufgeführt: *kak, fok, poes*. Er habe einfach begonnen, sich Worte auszudenken, die wie Kraftausdrücke klingen, aber in keinem Wörterbuch auftauchen, erzählte Uys in seiner Show ›*Echo of a Noise*‹, die ich vor einem guten Jahr sah und in der er ungewohnt persönlich auf sein Leben zurückblickt: seine Kindheit während der Apartheid als Sohn zweier Konzertpianisten, eines Buren vom Kap und einer Berliner Jüdin, den Suizid seiner Mutter, seine innere Zerrissenheit als junger homosexueller Mann und natürlich die Konfrontation mit dem Staat als regimekritischer Künstler. Die Zensurbehörde sei für ihn wie ein PR-Agent gewesen, den er damals nicht gehabt habe, scherzte er. Zensierte Stücke bekamen mehr Aufmerksamkeit – ein willkommener, wenn auch zynischer Nebeneffekt. Wie zum Beweis hängt gegenüber ein Brief der Mandela-Familie aus dem Jahr 1987, in dem sie ihm für seine letzte Show danken, den vielen unzufriedenen Kritiken zufolge sei es wohl eine seiner besten gewesen, heißt es darin. Den Briefkopf ziert ein Porträt Nelson Mandelas, der damals noch im Gefängnis saß, mit einem dunklen Balken über den Augen und dem kämpferischen Satz ›*I will return*‹.

Nachdem Mandela 1994 als Präsident Südafrikas vereidigt wurde, kündigte Pieter-Dirk Uys, der sich jahrzehntelang für ein Ende der Apartheid engagiert hatte, eine Zeit der Stille an. Doch bald stand er wieder auf der Bühne. Als ich ihn vor über zehn Jahren hier in Darling zum ersten Mal traf, sagte er mir: »Es hat den ANC wohl irritiert, dass ich mich nicht einfach hingesetzt und wie ein guter Apparatschik verhalten habe. Ich war selbst überrascht, dass ich tatsächlich etwas gefunden hatte, was mich derart wütend macht. Denn die meisten meiner Stücke basieren auf Wut.« *49 Prozent Wut und 51 Prozent Entertainment* lautet seine Formel nach eigenen Angaben. Die Wut wurde damals vor allem durch die verheerende Aids-Politik von Mandelas Nachfolger, Thabo Mbeki, geschürt. Er kön

»Evita's Perron« – Das Theater des Kabarettisten Pieter-Dirk Uys in Darling.

ne nicht glauben, dass der Krankheit Aids gelingen sollte, worin
die Apartheid versagt habe, sagte Uys damals bitter. »Der Genozid
des Jahrhunderts wird so ablaufen: Ignoriere sie und sie verschwinden. Versage ihnen die Hilfe und sie werden sterben. Man muss keinen mehr erschießen, man kann ihnen einfach den Rücken zukeh-
ren.« Uys zog damals mit einem Aufklärungsprogramm durch die
Schulen des Landes, bei denen er vor den Schülern derart Klartext
über Sex sprach, dass »sogar schwarze Lehrer ganz bleich geworden
sind.« Bis heute engagiert sich der 71-Jährige auch jenseits der Bühne, zum Beispiel im Rahmen seiner Stiftung in Darling, die neben
Bildungsprogrammen auch Kunst- und Musikunterricht für Kinder und Jugendliche anbietet, die sonst wohl nie eine solche Chance bekommen hätten.

Junge Leute aus dem Dorf arbeiten auch in seinem Theater und
empfangen nun die Gäste, die scharenweise eintrudeln. Ich bin überrascht, dass so viele an diesem gewöhnlichen Sonntag nach Darling

gekommen sind. Die Show ist tatsächlich ausverkauft. Ich setze mich auf meinen reservierten Platz an einen der kleinen Bistrotische, die dem Theater eine Art Kaffeehausatmosphäre verleihen, ebenso wie die Kellner, die sich mit Getränken und Snacks einen Weg durch das Getümmel bahnen. Die Wände sind mit Bildern, überwiegend Gemälden von Landschaften, nahezu zugekleistert, an der Decke leuchtet ein Sternenhimmel aus kleinen LED-Lampen. Nachdem sich alle gesetzt haben und das Licht gedimmt wurde, schallt eine bekannte Stimme vom Band durch den Saal: Desmond Tutu, der ehemalige anglikanische Erzbischof und Anti-Apartheid-Aktivist, den Uys als Parodie ebenfalls schon auf die Bühne brachte, zum großen Gelächter des echten Tutu im Publikum. Ich könnte mir vorstellen, dass die beiden trotz aller Unterschiede eine Seelenverwandtschaft verbindet: Beide sind überzeugte Demokraten, die nie ein Blatt vor den Mund genommen haben, und gehören damit zu den wenigen prominenten, konstant kritischen, unkorrumpierbaren Stimmen in Südafrika. »Evita ist keine Frau«, hört man Tutu sagen, was die ersten bereits zum Kichern bringt, obwohl die Pointe erst nach einer Kunstpause kommt: »Sie ist eine Legende!«

Auftritt Evita, in wallendem Blumenkleid, mit der unverkennbaren Föhnfrisur und dickem Make-up. Das Publikum jubelt. Evita, die fiktive Burin, ehemalige Verfechterin der Apartheid, die in den 90er-Jahren in den ANC eingetreten ist und mittlerweile sogar dunkelhäutige Kinder adoptiert hat, schlägt die aktuelle Ausgabe einer Zeitung auf. Die Artikel beschäftigen sich wieder einmal mit einer neuen Wendung in Zumas immer tiefer werdendem Korruptionssumpf. »Meine Großmutter hat immer gesagt, es gibt nur zwei Dinge, die man mit einem Zulu tun kann: Man wirft ihn ins Gefängnis oder wählt ihn in die Regierung«, sagt Evita. Der Saal bebt vor Lachen. Uys gelingt es mal wieder, sein überwiegend weißes Publikum humorvoll mit alten Vorurteilen zu konfrontieren und gleichzeitig zu einem Seitenhieb auf den unbeliebtesten Präsidenten aller Zeiten auszuholen. In seiner Show schlägt er den

Bogen von der Vergangenheit bis heute, angefangen bei Jan van
Riebeeck, der von vielen Buren bis heute als Gründungsvater Kapstadts verehrt wird. Während der Apartheid hatten sie in der Schule gelernt, dass die Geschichte Südafrikas mit seiner Landung am
Kap begann. Viele im Publikum nicken, als Evita mit dieser Version der Geschichte beginnt, die dann jedoch eine absurde Wendung nimmt. Die Khoi, die Ureinwohner am Kap, hätten die holländischen Schiffe gesehen, die klackernden Geräusche der
Holzschuhe an Deck vernommen und daraufhin verängstigt Reiß-
aus genommen, sodass Jan van Riebeeck das Kap bei seiner Landung menschenleer vorgefunden hätte. »Glaubt all diese Lügen
nicht, die man euch erzählt!«, fordert Evita eindringlich. Ich beobachte, wie einer Frau am Nebentisch buchstäblich das Lachen im
Hals stecken bleibt, ihre Miene erstarrt und sich erst wieder lo-
ckert, als sie einen Schluck aus ihrem Weinglas genommen hat.
»Die Europäer haben zwar ihre Kultur nach Südafrika gebracht,
nicht aber die Demokratie«, fährt Evita fort. »Die Buren wussten,
welche Macht freie Wahlen haben. Deshalb haben sie sie der Bevölkerungsmehrheit auch so lange verwehrt.« Uys fordert seine
Zuschauer, hält ihnen den Spiegel vor und brilliert dabei als Enter-
tainer, sodass die Leute trotz aller Affronts und Schockmomente
weiter an den Lippen seiner Kunstfigur hängen. »Es gibt einen großen Unterschied zwischen Comedy und Humor«, betonte Uys bei
unserem letzten Interview. »Comedy ist der Witz. Humor jedoch
ist nie nur witzig. Man erkennt darin auch schreckliche Wahrhei-
ten und lacht dabei oft gegen seine eigenen Ängste an.«
    Offenbar gilt das auch für den Künstler selbst. Im grellen Kos-
tüm der Evita scheint er sich seinen eigenen dunklen Ängsten zu
stellen. »Welche Nation bekommt schon eine zweite Chance?«,
lässt er Evita fragen. »Wir Buren sind nach der Apartheid glimpf-
lich davongekommen. Aber heute fällt es uns so leicht, die Vergebung zu vergessen.« Nachdenkliche Gesichter im Saal, aber ohne
dass die Stimmung kippt und schwermütig wird. Dafür sorgen die

kunstvoll gestreuten Pointen. Etwa als Evita ihr neuestes Adoptivkind vorstellt, eine schwarze Puppe, die unverkennbare Ähnlichkeit mit Julius Malema aufweist, dem Vorsitzenden der linkspopulistischen *Economic Freedom Fighters*, die unter anderem eine Enteignung weißer Ländereien ohne Entschädigung fordern. Vor allem junge schwarze Südafrikaner fliegen ihm zu, für viele Weiße jedoch ist er ein fleischgewordener Albtraum. »Ist er nicht süß?«, zwitschert Evita. »Und schlau ist er auch. Sein erstes Wort war *Verstaatlichung*!« Der Saal lacht schallend gegen die Angst an. Kämpferisch betont Evita gegen Ende der Show, Südafrika könnte die beste Demokratie der Welt werden, wenn die Bürger im Land fest daran glauben, sich engagieren und bei den Wahlen auch dafür stimmen. Ein besseres Leben für alle sei möglich, wenn sich Südafrikaner aktiv füreinander einsetzen und ihre Freiheit nicht als selbstverständlich betrachten. »*People can lead and the government must follow.*« Die Bürger könnten die Führung übernehmen und die Regierung müsse ihnen folgen. Mit Standing Ovations wird die Diva aus dem Saal verabschiedet. Das Publikum folgt wenig später, beschwingt und begeistert. Ich frage mich, bei wie vielen von ihnen die nachdenklichen Töne tatsächlich auch nachklingen werden.

In seiner Garderobe kommt unterdessen der glatzköpfige Pieter-Dirk Uys unter Evitas Perücke und Schminke hervor. Trotz seiner seit Jahrzehnten ungebrochenen Popularität ist er ein bescheidener, offener und aufmerksamer Gesprächspartner. Seine Augen mustern mich sowohl kritisch als auch gütig. Seine besondere Aura umgibt ihn nicht nur auf der Bühne. Wir sprechen über die Zerbrechlichkeit der Demokratie. »Demokratisch gewählte Regierungen finden heutzutage raffinierte, in einer Demokratie akzeptierte Wege, um genau diese Demokratie zu zerstören«, sagt Uys. Das geschehe nicht nur in Südafrika, sondern beispielsweise auch in den USA. Dabei müssten sich die Bürger auch an die eigene Nase fassen. Viele übten ihr wertvolles Wahlrecht nicht aus, sie setzten sich nicht mit den Parteiprogrammen auseinander, sie zögen ihre

Politiker nicht zur Rechenschaft. »Freedom of expression is very important. But where is the expression? Freedom of speech. But nobody talks«, prangert er die Missstände in Südafrika an, eine Gesellschaft, die trotz verfassungsrechtlich verbriefter Meinungsfreiheit en gros keine Meinung äußert. Viele Südafrikaner würden gar nicht wählen oder ihr Kreuzchen beim ANC machen, weil das in ihrer Familien so Tradition sei. Ich nicke, denn ich habe das in Interviews über die Wahlberichterstattung in den letzten Jahren immer wieder gehört. Trotz der unübersehbaren Korruption und Misswirtschaft kann die Regierungspartei bis heute vor allem bei Wählern auf dem Land mit ihrer legendären Rolle im Befreiungskampf punkten. Die Wahl einer Oppositionspartei käme für diese Südafrikaner einem Verrat gleich. Vielleicht ändert sich das aber nun endlich durch die himmelschreiende Selbstbereicherung Jacob Zumas und seiner Clique sowie die damit einhergehende Selbstzerfleischung der einstmals ehrwürdigen Befreiungsbewegung, die, wie es ein Kommentator einmal treffend formulierte, um ihre Seele kämpft.

»Einer der Fehler unserer Generation ist, dass wir dachten, die *Born Free* würden uns einmal dankbar sein. Stattdessen sind sie stinksauer«, fährt Uys mit funkelndem Blick fort. Sie seien jetzt 23 Jahre alt, in ihren Häusern gebe es weiterhin weder fließend Wasser noch Strom oder Toiletten; Jobs seien rar und das Bildungssystem eine einzige Schande. Er sei zwar kein Fan von Verschwörungstheorien, aber Ex-Präsident Mbeki solle einmal gesagt haben, es sei einfacher, ungebildete Menschen zu kontrollieren. »Genau das passiert hier gerade. Ich hoffe inständig, dass hier in absehbarer Zukunft nicht 50 Millionen Menschen leben, die mit ihrer schlechten Ausbildung auf dem Arbeitsmarkt unvermittelbar sind. Im Vergleich dazu würde ›Mad Max‹ wie ein Disney-Film wirken. Es muss sich also dringend etwas ändern.« Ich verstehe seine düsteren Worte als Aufruf zu handeln und nicht als apokalyptische Prophezeiung. Trotz klarer Analyse der Probleme seiner Heimat bleibt er nach eigener Charakterisierung ein grundlegend positiv denkender Mensch, der noch immer an das Gute glaubt und die Hoffnung nicht aufgibt. Das Theater selbst sei in seiner Natur optimistisch, sagte er einmal. Als wir vor die Tür in die ländliche Kulisse treten, erzählt er noch etwas von seiner Stiftung. Viele Leute sähen in den lokalen Initiativen, die er in Darling angestoßen habe, angesichts der überwältigenden Probleme im Land nur einen Tropfen auf den heißen Stein. »Die Leute fragen mich, was mit den Millionen anderen ist. Ich antworte dann, dass es nicht in meiner Macht steht, Millionen Menschen zu retten, aber vielleicht einen und mich selbst, indem ich mich meinen Ängsten stelle. Vielleicht inspiriere ich damit ja auch andere, die dann ebenfalls aktiv werden.« Wieder einmal spricht er mir aus der Seele. Jeder Einzelne, sei er prominent oder unbekannt, kann in seinem Umfeld Veränderungen anstoßen, seien sie noch so klein und scheinbar unbedeutend. In der Summe tragen sie dazu bei, dass das Gewebe, aus dem die südafrikanische Demokratie gewebt ist, etwas strapazierfähiger wird. Mit einem Gefühl der Dankbarkeit schaue ich Pieter-Dirk Uys hinterher, wie er wider in seiner Garderobe verschwindet.

Kapitel 4

Northern Cape

Von Einsamkeit, Pioniergeist und Poesie

Warum fliegen Sie nicht?«, hatte mich der junge Mann bei der Autovermietung in Kapstadt verblüfft gefragt, als er sah, dass ich meinen Mietwagen im rund 1.500 Kilometer entfernten Johannesburg abgeben werde. »Ich mache einen Roadtrip durchs Northern Cape«, antworte ich. Das reicht ihm nicht. »Aber warum? Dort gibt's doch nichts zu sehen, und ein Flug wäre billiger als die Einwegmiete«, hakt er nach. Ich erzähle ihm ein wenig von meinen Plänen, dem ehemaligen Diamantenstädtchen an der Westküste, den Nachfahren der Ureinwohner an der Grenze zu Namibia und der sogenannten Oase der Kalahari, Geschichten von Pionieren, von Vertreibung und vom Leben in der wenig beachteten Peripherie Südafrikas. Ich bin auf diese Etappe besonders gespannt, denn seit einer Reise zum Ende meiner Austauschzeit 1991 bin ich nicht mehr in der Region gewesen.

Die Provinz Northern Cape ist riesig, flächenmäßig einen Tick
größer als Deutschland, aber im Gegensatz zu meiner alten Heimat extrem dünn besiedelt: Nur knapp 1,2 Millionen Menschen
leben in diesem Teil des Landes. »Wenn Sie da eine Panne haben,
wird es dauern, bis jemand zu Hilfe kommt«, meint der junge
Mann, »aber Sie sind ja sicher nicht allein unterwegs.« Er ist wirklich hartnäckig. »Doch, ich fahre allein«, sage ich. Jetzt fehlen ihm
offenbar die Worte, er schüttelt nur ungläubig den Kopf. Nun
kommt auch noch sein Vorgesetzter dazu, der offenbar beobachtet hat, dass dieses Gespräch länger dauert als üblich. »Gibt es
Probleme?«, fragt er. Ich verneine und fasse unser Gespräch zusammen. Er nickt verständnisvoll, weniger überrascht als sein junger Kollege. »Was für einen Wagen haben Sie denn gebucht?«,
fragt er, schaut in die Unterlagen und runzelt die Stirn. »Ich glaube, da haben wir etwas Besseres für Sie«, meint er, verschwindet
kurz im Büro und kommt mit einem Autoschlüssel zurück. »Der
hier hat mehr Bodenfreiheit und eignet sich auch sonst besser für

Die Weite des Northern Cape – auf dem Weg ins ehemalige Diamantenstädtchen Kleinzee.

einen solchen Trip. Wir wollen ja, dass Sie heil ankommen«, fügt er
fast väterlich hinzu und wünscht mir eine gute Reise. Ich bedanke
mich und verabschiede mich bald auch von seinem weiterhin ver-
dutzten Kollegen. Das Auto wird sich als gute Wahl herausstellen,
auch wenn es hier und da an seine Grenzen stößt.

Nach gut fünf Stunden ziemlich eintöniger Fahrt gen Norden
bei Temperaturen um 40 Grad durch karge, dünn besiedelte Landschaften hört die schnurgerade Teerstraße abrupt auf und verwandelt sich in eine Sand- und Schotterpiste in changierenden Rot-
Orange-Gelb-Tönen. Mein Navigationsgerät berechnet die Route
ständig neu – wenn es verzweifeln könnte, dann wäre nun der Moment gekommen; »rechts abbiegen«, fordert die elektronische
Stimme, ohne dass weit und breit eine Abzweigung zu sehen ist,
und »bitte wenden Sie«. Zum Glück habe ich von der Vermieterin
des Zimmers, das ich im Küstenort Kleinzee gebucht habe, eine
detaillierte Wegbeschreibung erhalten. Ich nehme die Passstraße
durch eine schroffe Felsenlandschaft, die in eine weite, einsame
Ebene führt. In dem sandigen Boden, zwischen Steinen und Felsbrocken, wachsen nur ein paar knöchel- bis maximal kniehohe
dürre Büsche. Kein Baum, kein Haus, kein Mensch, nicht einmal
Tiere, soweit das Auge reicht. Ich versuche, das perfekte Tempo
zu finden, um die Erschütterungen der Bodenwellen so gering wie
möglich zu halten, Schlaglöchern ausweichen zu können und
gleichzeitig in den tiefen Sandabschnitten nicht stecken zu bleiben. Meine Augen suchen die Landschaft nach einem Fluss, dem
Buffels River, ab, den ich laut Wegbeschreibung überqueren und
unmittelbar danach links abbiegen soll. Als ich gerade daran zweif-
le, ob ich hier wirklich richtig bin, sehe ich eine Art Brücke vor
mir, aufgestockte Betonplatten über sandigem Boden. Das muss
das ausgetrocknete Flussbett sein. Kurz danach erreiche ich eine
Ortschaft, kleine Häuser, die sich vor der brennenden Sonne zu
ducken scheinen, die Fassaden rötlich-braun eingefärbt von den
Staubwolken, die auch meinem Auto folgen. Ein paar Menschen

sind hier ebenfalls unterwegs, von Wind und Sonne gegerbte Gesichter mitten im Nirgendwo. Das Dorf hört so abrupt wieder auf, wie es angefangen hat, die einsame Sandpiste wird breiter, bis am Horizont endlich das in dieser Halbwüste unwirkliche, kühle Blau des Atlantischen Ozeans auftaucht.

»Achtung Lkw!« warnt ein Schild an der Küstenstraße auf Englisch, Afrikaans und isiXhosa. Darunter heißt es drastisch: »Denkt daran, der Tod ist unwiderruflich.« Was für eine nette Begrüßung, denke ich. Viel freundlicher wirkt der alte, militärisch-quadratische Wachposten ebenfalls nicht. Noch vor wenigen Jahren musste man hier anhalten, sich ausweisen und registrieren lassen. Bis 2011 brauchte man sogar eine schriftliche Genehmigung vom De-Beers-Konzern, der in dieser Sperrzone jahrzehntelang Diamanten abgebaut, Kleinzee als Dorf für die Angestellten aus dem sandigen Boden gestampft hatte und selbst Besuche von deren Verwandten strikt kontrollierte. Mittlerweile kann jeder kommen und gehen, wie er möchte. De Beers hat die Produktion eingestellt, und mit dem Konzern verließ die Mehrheit der Bewohner den kleinen Ort. Ein Diamant mag unvergänglich sein, die Abbaugebiete sind es offensichtlich nicht. Mich interessieren die Motive jener, die trotz allem in dieser Einöde leben, und die Frage, was aus einem Ort wird, wenn der Rohstoffboom vorbei ist. Es ist eine Art Blick in die Zukunft, denn Südafrika verdankt seine Wirtschaftskraft ja maßgeblich seinen zwar reichen, aber doch endlichen Bodenschätzen. Die Hauptstraße ist menschenleer, als ich ein paar Minuten später in Kleinzee eintreffe; auf dem großen Parkplatz vor dem ehemaligen Supermarkt steht kein einziges Fahrzeug, die Vorhänge in den Fenstern vieler Häuser sind zugezogen. Ich solle die Schlüssel für mein Zimmer im Restaurant des alten Squash-Clubs abholen, hatte mir die Vermieterin Michelle van der Merwe nach meiner Buchung geschrieben. Ein solcher Club scheint in diesem Umfeld zwar bizarr, aber es gibt ihn tatsächlich, die Tür steht offen und drinnen, hinter der Theke, lächelt mir eine füllige blonde Frau entgegen. »Du musst Leonie sein«, sagt Michelle, streckt mir strahlend ihre Hand entgegen und bietet mir sogleich ein kaltes Getränk an. Es schmeckt wunderbar nach einem langen, heißen und staubigen Tag im Auto. Michelles Mann Koos kommt mit seinem Werkzeugkasten herein und begrüßt mich ebenfalls freundlich. Wir setzen uns zusammen auf die Holzterrasse, mit Blick auf das »einzige Hochhaus in Kleinzee«, wie Michelle den grauen Betonblock aus der De-Beers-Ära scherzhaft nennt. Die beiden brennen merklich darauf, mir alles über ihren Ort zu erzählen. Kleinzee ist für sie ein echtes Kleinod. Koos steht auf und schaltet die HiFi-Anlage ab, aus der bislang eine Art Pop-Medley der Hits aus den 70er- und 80er-Jahren dudelte; eine Art historischer Soundtrack für die guten alten Zeiten Kleinzees. »Hör mal«, sagt er mit erhobenem Zeigefinger, nachdem die Musik verstummt ist, »diese Stille!« Nachdem beide eine Weile über diese wundervolle Ruhe, die Vorzüge des Klimas und die Schönheit der kargen Natur geschwärmt haben, frage ich, was sie überhaupt hierher verschlagen hat.

Die beiden Mittfünfziger kommen aus Johannesburg, er arbeitete dort für einen Reifenvertrieb, sie in der Buchhaltung eines Werkzeugherstellers, ihre Kinder sind inzwischen erwachsen. »Alles drehte sich nur um die Arbeit, für anderes blieb keine Zeit. Außerdem hatten wir genug vom Stress und der Kriminalität«, erzählt Koos. Michelle erzählt, dass ihnen mehrere Autos geklaut wurden und, schlimmer noch, dass ihr Mann von Einbrechern in ihrem eigenen Haus angeschossen wurde. Das Paar wollte nur noch weg. Sie schauten sich verschiedene Orte im ganzen Land an. »In Kleinzee haben wir uns sofort verliebt«, sagt Michelle strahlend. Die Großstadtmüden fanden hier den perfekten Zufluchtsort, während die ehemaligen De-Beers-Angestellten das Dorf in Scharen verließen. »Als wir hier ankamen, war Kleinzee eine Geisterstadt. Nur etwa 15 Familien lebten hier«, erzählt Koos. Kein Wunder also, dass die leerstehenden Häuser und auch die früher gemeinschaftlich genutzten Gebäude günstig waren. Die van der Merwes kauften den alten Sportkomplex, mit Schwimmbad, Squash- und Tennisplätzen. Aus ihrer Sicht eine gute Investition, denn sie sind sich sicher, dass die Immobilienpreise steigen werden und Kleinzee sich in absehbarer Zukunft zu einem begehrten Urlaubsziel mausern wird. Ich habe daran nach dem ersten Eindruck zwar meine Zweifel, bewundere aber den Pioniergeist und Elan der beiden. »Komm, wir zeigen dir alles, solange es noch hell ist«, sagen sie. Von ihrer kleinen rustikalen Gaststube im ehemaligen Clubhaus führt eine Tür hinunter zu den alten Squash-Courts. »Heute ist das hier das Kino von Kleinzee«, sagt Koos stolz, während er an einem Projektor herumnestelt. »Nehmt doch schon mal Platz«, fügt er mit einer einladenden Geste hinzu. Michelle und ich setzen uns auf die breiten Stufen vor der dicken Glasscheibe des Courts und schauen auf die bis auf die roten Markierungen weiße Wand. »Film ab«, ruft Koos mit kindlicher Freude, schaltet das Licht aus und den Satelliten-Decoder an. Fernsehbilder flimmern über die Wand. »Hier schauen wir uns gemeinsam die Rugby-Spiele an und veranstalten Filmabende für unsere Gäste und die Einheimischen«, erzählt der 56-Jährige. »Du solltest die leuchtenden Augen der Kinder aus dem Dorf sehen, die noch nie in ihrem Leben im Kino waren!« Sein grauer Schnurrbart zuckt vor Begeisterung.

Nachdem ich diese Idee auf mehrere Nachfragen hin gebührend gewürdigt habe, geht es weiter zu den Tennisplätzen, die die beiden zu einem Campingplatz umgebaut haben; Toiletten, Duschräume und Gemeinschaftsküche direkt gegenüber. In den letzten Sommerferien sei hier viel los gewesen, etliche Familien wollten sogar wiederkommen, betonen sie, als sie meinen skeptischen Blick sehen. Offenbar sieht meine Vorstellung von einem schönen Urlaub anders aus. »Kleinzee ist so sicher, dass die Eltern ihre Kinder auch unbeaufsichtigt spielen lassen und einfach mal entspannen können. Wo gibt es das heute noch?«, fragt Michelle,

ohne eine Antwort zu erwarten. Im Gebäude gegenüber hat sie ihren Spa eingerichtet, bietet Massagen, Aromatherapie, Mani- und
Pediküre an. In der Ecke des Raumes hat sie eine Mini-Sauna aufgestellt, davor steht eine Massageliege in einem Sammelsurium
aus Kosmetikprodukten, Kristallen, Feen, Engeln und anderem
Kitsch. Hinter einer Trennwand haben Michelle und Koos ihr eigenes Heim eingerichtet, noch ziemlich provisorisch, als würden
sie hier selbst eher zelten, aber der Aufbau ihrer neuen Existenz
ging bei den beiden geschäftstüchtigen Südafrikanern offenbar
vor. Auf der anderen Seite des alten Sportkomplexes drängt mich
Michelle noch zu einer kleinen Runde durch ihr Kristall-Laby-
rinth aus verschiedenen Steinen, die sie kreisförmig auf dem Be-
tonboden angeordnet hat, weil man da »so schön Kraft tanken und
entspannen kann«. Ich folge ihr wie befohlen schweigend in die
Mitte des Labyrinths und wieder zurück, obwohl ich mich nach
dem langen Tag eher nach der Entspannung unter einer Dusche
und im Bett sehne. Doch ich bringe es einfach nicht übers Herz,
ihre Begeisterung zu bremsen, und schaue mir als Zugabe noch
den nahezu olympischen, wenn auch etwas grünlich schimmernden Pool an, bevor ich nach meinem Zimmerschlüssel frage. Die
Unterkunft liegt drei Ecken entfernt, in einer umzäunten Contai-
nersiedlung, wie man sie von Baustellen kennt. Küche, Bad und
Schlafzimmer, einfach, aber zweckmäßig eingerichtet und für die
beiden Nächte, die ich gebucht habe, vollkommen ausreichend.
Ich sinke bald in einen tiefen, traumlosen Schlaf.

Am nächsten Morgen breche ich früh zu einem Spaziergang
durch Kleinzee auf. Ich überquere den verwaisten Parkplatz vor
dem ehemaligen Supermarkt, der mir schon bei der Ankunft aufgefallen war. Die Türen sind verrammelt, das Vorhängeschloss ros-
tig, offenbar steht das Gebäude schon länger her. Überrascht nehme ich den Duft von frisch gebackenem Brot wahr und folge ihm
um die Ecke auf die Rückseite des Gebäudes. Hier gibt es tatsächlich noch ein paar kleine Läden: eine Bäckerei, in der das für Süd-

afrika typische weiße Toastbrot gebacken wird, das besser riecht, als es schmeckt, eine Metzgerei, ein Postamt, einen Getränkehandel, der zu dieser Zeit noch geschlossen ist, und einen Tante-Emma-Laden, in dem die Waren fast wie Exponate in einer Galerie wirken, so viel Platz wird jedem einzelnen Produkt auf den Regalen und in den Kühlschränken eingeräumt. Zwischen H-Milch und Zucker, Speck und Eiern, einem einsamen Salatkopf und ein paar Äpfeln klaffen größere Lücken. Mehr als die Grundnahrungsmittel gibt es hier nicht. Kein Wunder, denn der Transport muss ein wahrer Albtraum sein. »Einmal die Woche kommt eine Lieferung aus dem rund 100 Kilometer entfernten Springbok«, erzählt mir die Kassiererin in gebrochenem Englisch, nachdem sie verwundert bemerkt hatte, dass ich kein Afrikaans spreche, das hier im Northern Cape überwiegend gesprochen wird. Ich stelle mir vor, wie die Lieferwagen über die Sandpisten holpern, über die auch ich gestern gekommen bin, und das bei Wüstentemperaturen. Ich kaufe eine Flasche Wasser, ein paar Äpfel und ziehe weiter.

Sand weht über die Sträßchen, wie in einem Westernfilm. Die meisten der gleichförmigen, einfachen, überwiegend in den 70er-Jahren erbauten Häuser wirken verlassen, die Meeresbrise hat die Fenster getrübt, die wie leere, tote Augen in die weite, karge Dünenlandschaft blicken. Ich komme an einem ehemaligen Spielplatz mit einem verrosteten Karussell vorbei. »Betreten verboten« steht auf einem Schild, das an einen der wenigen Bäume genagelt ist. Ich biege in eine Seitenstraße ab, in der die Häuser offenbar bewohnt sind, vor einer Garage parkt ein Auto, vor einer anderen ein Boot. Ein paar Einwohner haben schließlich noch immer eine Lizenz, auf dem Meeresboden nach den Diamanten zu tauchen, die De Beers ihnen übrig gelassen hat. Im Gegensatz zu den trostlosen sandigen Vorgärten eben sind einige Gärten in diesem Sträßchen liebevoll gepflegt. Kleine Oasen könnte man meinen, wären da nicht die wiederkehrenden ›*Te Koop*‹-Schilder an den Garten-

mauern und Zäunen, mit denen Immobilienmakler um Käufer
werben. Auch die frische Farbe an den Wänden kann meinen tris-
ten Eindruck nicht übertünchen. Die Stille, die die van der Merwes so lieben, empfinde ich eher als bedrückend.

Nach einer guten Viertelstunde kommt mir der erste Mensch
entgegen, ein Arbeiter im Blaumann, den Blick auf den Boden ge-
richtet. Als ich ihm freundlich einen guten Morgen wünsche, so
wie es in südafrikanischen Dörfern eigentlich Usus ist, hebt er erstaunt den Blick und hebt nur zögerlich seine Hand zum Gruß.
Auch die Frau, die eine Ecke weiter mit Kittelschürze in ihrem
Vorgarten steht, schaut mich eher skeptisch aus dem Augenwinkel
an. Ich fühle mich fremd und seltsam fehl am Platz. Für mich ist es
unklar, ob eine Scheu vor Fremden der Grund für ihr Verhalten ist
oder ob es eher unüblich ist, dass ich als Weiße die ›farbigen‹ Einwohner auf der Straße grüße. Die Rassentrennung der Apartheid
hat auch in der ehemaligen De-Beers-Siedlung ihre Spuren hinterlassen, die Häuser hier am Ortsrand sind offensichtlich kleiner als
die im Ortskern, einfache dunkelhäutige Arbeiter wohnten in diesem Viertel, die weißen Vorgesetzten und Facharbeiter in einem
anderen. Ein alteingesessener Bürger wird mir diesen Eindruck
später bestätigen, der Konzern habe es nicht gern gesehen, wenn
die weißen Manager mit der ›farbigen‹ Belegschaft auch privat zu
tun hatten, sagte er mir.

Ich folge einem Schild in Richtung Krankenhaus, auch dort
herrscht gähnende Leere. Die Pflanzen in den Kübeln am Eingang
sind vertrocknet, das Schild ›Kleinzee Private Hospital‹ hat erste
Rostflecken, die Tür zur Notaufnahme ist verriegelt, also schaue
ich durch ein paar Fenster hinein. Es scheint, als habe jemand eines Tages einfach abgeschlossen und sei gegangen, ohne etwas
mitzunehmen. Die Stühle stehen weiterhin im Wartezimmer, im
Flur stehen ein Tropf und ein Bett, als würden Patienten, Kran-
kenschwestern und Ärzte gleich wiederkommen. Michelle erzählt
mir später, dass alle medizinischen Geräte und sogar Medikamen-

te nach wie vor im Krankenhaus eingeschlossen seien. Sie hofft, dass sich pensionierte Ärzte finden, die hier noch einmal neu anfangen wollen. Doch in den letzten Jahren hat sich kein solcher Pionier gefunden. Hinter dem Glas des ebenfalls verschlossenen Haupteingangs hängt ein Zettel mit Handy-Nummern für Notfälle und eine Bekanntmachung von De Beers, dass alle medizinischen Leistungen zum 1. Mai 2014 eingestellt wurden, Patienten sollten sich an die staatlichen Kliniken in den Nachbargemeinden wenden. Die Nachbarn sind in diesem Fall nicht nebenan, sondern mindestens 60 Kilometer entfernt und natürlich nur über bucklige Sandpisten zu erreichen. Eine Tortur für jeden Kranken, denke ich, als ich diesen gespenstischen Ort verlasse.

Ein paar Ecken weiter traue ich meinen Ohren kaum, als ich plötzlich Kinderstimmen vernehme. Doch tatsächlich, der Kindergarten und die kleine Grundschule scheinen die Schließung fast aller öffentlichen Gebäude überlebt zu haben. Ganz ausgestorben scheint der Ort also nicht zu sein, denke ich, als ich ein paar Schritte weiter wieder vor dem alten Squash-Club der van der Merwes stehe. An der Bar sitzt einer ihrer Freunde vor einer Tasse Kaffee, ein glatzköpfiger, kräftiger Mann, der sich als Rodney vorstellt. Ich bin froh, dass ich endlich mit einem der älteren Einwohner ins Gespräch komme, der Kleinzee noch aus der Zeit der Sperrzone kennt, als hier ein paar tausend Menschen lebten. Rodney hat bis zu seiner Frühpensionierung viele Jahre hier in Kleinzee als Elektrotechniker für De Beers gearbeitet. »Das war ein guter Job und ein guter Arbeitgeber«, resümiert er nostalgisch. »Man konnte sich hier beruflich weiterentwickeln, und auch bei der Freizeitgestaltung blieben keine Wünsche offen.« Zwei Dutzend Vereine soll es hier einmal gegeben haben, von Tennis bis Angeln, von Fotografie bis Billard. »Jeden Morgen konnte man sich im Laden Milch und Brot umsonst abholen. Was es hier nicht gab, wurde einfach bestellt. De Beers hat wirklich dafür gesorgt, dass wir alle glücklich waren.« Für mich klingt das eher nach einer paternalistischen Beschäftigungstherapie, um die vom Rest des Landes isolierte Belegschaft bei Laune zu halten. Aber ich behalte meine Kritik für mich und bemerke stattdessen: »Es muss ein Schock für euch gewesen sein, als De Beers die Produktion eingestellt hat.« Rodney nippt an seinem Kaffee und nickt, wirft sich dann aber wieder für seinen alten Arbeitgeber in die Bresche. »Weißt du, De Beers hat viel Druck von der Regierung bekommen. Der Konzern konnte nicht mehr tun und lassen, was er wollte, so wie früher.« Eine interessante Formulierung, denke ich, die durchblicken lässt, welche Macht das Unternehmen, das immer wieder auch in der Kritik von Menschenrechtsgruppen stand, früher hatte, als es noch das Monopol auf den Diamantenhandel hielt.

De Beers habe damals beim Rückzug aus Kleinzee alles richtig gemacht, betont der ehemalige Angestellte unbeirrt. Die Einwohner hätten die Häuser, die vorher dem Konzern gehörten, zu günstigen Preisen erwerben können, viele hätten Umschulungen auf Kosten des Unternehmens besucht, um eine neue berufliche Perspektive zu entwickeln, und außerdem Abfindungen erhalten, mit denen sie sich ein neues Leben aufbauen konnten. »Man muss verstehen, dass das Geschäft von De Beers Diamanten sind und nicht Läden, Krankenhäuser und ganze Dörfer. Die Diamantenproduktion war nicht mehr profitabel und so war es doch nur legitim, dass sie sie eingestellt haben.« 2012 ging Kleinzee offiziell vom Besitz des Konzerns an die lokale Gemeindeverwaltung über und wurde damit eine Stadt wie jede andere; jedenfalls in der Theorie, denn tatsächlich ist die Gemeinde bankrott und kann sich dieses neue Städtchen eigentlich nicht leisten, der Konzern zahlte daher weiter die laufenden Rechnungen. Bis heute wird Kleinzee mit Strom und Wasser versorgt, die eigentlich für die Diamantenförderung gedacht sind, denn komplett ist auch sie nicht eingestellt. Kleinere Bergbauunternehmen haben die Konzessionen erworben, setzen die Produktion in wesentlich geringerem Umfang mit einer Kernbelegschaft bis heute fort und kümmern sich auch um die

Umweltauflagen, nach denen die durchgepflügte Dünenlandschaft wieder in ihren ursprünglichen Zustand versetzt werden
soll. »Warum bist du denn hiergeblieben?«, frage ich Rodney. Er
zuckt die Schultern. Er sei schon zu alt gewesen, um noch mal an
einem anderen Ort von vorn anzufangen, und habe sich an das abgeschiedene Leben in Kleinzee gewöhnt. »Ich denke, dass unser
Städtchen in drei bis fünf Jahren wieder wachsen wird. Ich kenne
eine ganze Reihe von Leuten, die sich hier ein Häuschen gekauft
haben, in dem sie sich zur Ruhe setzen wollen, und der Tourismus
nimmt ja auch Fahrt auf«, sagt er mit Blick auf die van der Merwes,
die interessiert zugehört haben.

Als Rodney sich wenig später wieder auf den Heimweg gemacht hat und Koos ihm mit seinem Werkzeugkasten folgt, um
sich um eine der vielen Reparaturen zu kümmern, die in dem alten
Sportkomplex täglich anfallen, nimmt Michelle den Gesprächsfaden wieder auf. Ganz so großartig könne das Leben früher ja nicht
gewesen sein, bemerkt sie. »Ich sage immer, Kleinzee war ein Gefängnis. Aber ein luxuriöses. Selbst wenn jemand in seinem Garten einen Baum pflanzen wollte, brauchte er eine Genehmigung
von De Beers. Die schickten dann jemanden, sodass man nicht
einmal selbst die Schaufel in die Hand nehmen musste. Ansonsten
hätte man ja vielleicht einen Diamanten gefunden!« Diese Kontrolle und Bevormundung habe die Einheimischen geprägt, fährt
sie fort und kommt nun richtig in Fahrt. Die gut ausgebildeten
Jüngeren seien abgewandert, viele andere, sie betont »Farbige«,
hätten die Chancen jedoch nicht genutzt, die ihnen vom De-
Beers-Konzern bei der Abwicklung auf dem Silbertablett serviert
worden seien. Der große Supermarkt, der heute geschlossen ist,
sei dafür das Paradebeispiel. De Beers habe den Laden mit kom-
plettem Sortiment als Start-up einer Frau aus dem Dorf überlas-
sen. Die Kunden jedoch seien es so gewohnt gewesen, dass ihre
Einkäufe automatisch von ihrem Lohn abgezogen werden, dass
sie weiter einfach anschreiben ließen, ohne je zu wissen, was die

Waren kosten, und ohne sie zu bezahlen. Die Geschäftsführerin habe ebenfalls nicht verstanden, dass die Regale sich nicht von selbst füllen, sondern dass sie Waren bestellen und bezahlen muss. Letztlich habe De Beers die Reißleine gezogen, die Schulden beglichen und den Supermarkt dichtgemacht. Es ist eine irre Geschichte. Michelle ertappt mich wieder bei einem skeptischen Blick und fügt daher mit sanfter Stimme hinzu: »Ich möchte die Leute hier nicht schlecht machen. Sie haben es einfach nicht gelernt, selbstständig zu handeln, weil sie zu lange unter den Fittichen von De Beers waren.« Sie und ihr Mann seien natürlich mit einer anderen Einstellung nach Kleinzee gekommen, betont sie. »Wir wollten uns hier etwas aufbauen und dazu beitragen, dass diese Stadt wieder aufblüht.« Tatsächlich nehme ich ihnen ab, dass sie hart arbeiten und anpacken können. Im Gegensatz zu vielen anderen weißen Südafrikanern führen sie Haushalt und Geschäft selbst, wenn auch vielleicht teilweise aus Misstrauen gegenüber ihren dunkelhäutigen Landsleuten. »Wie seid ihr denn anfangs in dieser eingeschworenen Gemeinschaft aufgenommen worden?«, frage ich weiter. Michelle seufzt. »Die Einheimischen hatten wohl gehofft, dass Kleinzee für immer ihr geheimes Paradies bleibt«, sagt sie. Vielen, diesmal betont sie explizit auch die Weißen, habe die Idee, Touristen in den Ort zu locken, gar nicht gefallen. Daher seien sie zu Beginn misstrauisch beäugt worden. Jede Veränderung, jede neue Idee sei erst mal abgeblockt worden. »Aber mittlerweile haben wir zu den meisten ein gutes Verhältnis.«

Nach einem Abstecher in das kleine Museum von Kleinzee, in dem verstaubte alte Werkzeuge, Landkarten, Schwarz-Weiß-Fotos und Bildtafeln die Geschichte der Diamantenförderung seit der Entdeckung 1925 erzählen, treffe ich Michelle und Koos wieder. Wir haben uns zum *Braai,* einem Grillabend, verabredet. Ich habe in dem kleinen Geschäft ein paar Zutaten für einen Salat, *Boerewors* und Getränke eingekauft, meine Gastgeber packen gerade bergeweise Fleisch in die Kühlbox, als ich wieder eintreffe.

Typisch südafrikanisch, denke ich. Kulinarisch betrachtet verbindet wohl vor allem die Liebe zum Fleisch Südafrikaner aller Hautfarben miteinander. Im Volksmund heißt der *Heritage Day*, ein Feiertag im September, der eigentlich dem Kulturerbe gewidmet ist, deshalb auch *National Braai Day*. Koos packt seinen Pick-up, als würden wir zu einer Woche Camping aufbrechen: Kühlboxen, Klappstühle und- tisch, Holzkohle und vieles mehr landet auf der Ladefläche. Wieder geht von ihm eine fast kindliche Freude aus, er brennt darauf, mir die Naturschönheiten der Küste näherzubringen. Ohne einem anderen Auto zu begegnen, fahren wir durch den Ort in Richtung Strand. »Hier spricht man schon von Stau, wenn an einer Stoppstraße ein anderer Wagen vor einem anhält«, scherzt Koos gut gelaunt.

Er biegt in eine Sandpiste ein, die parallel zum Strand verläuft. Rechts von uns brechen sich die Wellen des kalten Atlantik, auf dem Sand und den flachen Felsen liegt angeschwemmter *Kelp*, riesiger, brauner Seetang, von dem ein salzig-fischiger Geruch ausgeht. Er weht zusammen mit einer wohltuend kühlen Brise durch die offenen Autofenster. Vor einem leerstehenden Gebäude steigen wir kurz aus, es ist der ehemalige Jachtclub, wie alles hier nur noch ein Schatten seiner selbst. Die Farbe löst sich langsam von den Wänden, der ehemalige Steg ragt auf rostigen Fässern morsch in eine Salzpfanne, in deren Mitte noch eine Pfütze Wasser gelblich schimmert. Michelle nimmt eine Handvoll Salz in die Hände und rät mir, es ihr nachzutun. Ich soll die Hände aneinanderreiben, um den Peeling-Effekt zu spüren. Tatsächlich sind Handrücken und Finger danach schön weich, aber ihre Begeisterung dafür kann ich an diesem endzeitlichen Ort nicht teilen. Nach der skurrilen Schönheitskur fahren wir ein paar Minuten weiter, bis wir auf einen Zaun stoßen. Koos öffnet ein windschiefes Tor zum Landschaftsschutzgebiet, das sich jedoch auf den ersten Blick nicht von der restlichen Umgebung unterscheidet: flaches, trockenes Land überall; vom Wuchs her an Heidekraut erinnernde, dürre

Pflanzen und widerstandsfähige Sukkulenten ducken sich zwischen Sand, Steinen und bergeweise ausgebleichten Muscheln. »Ist es nicht wunderschön hier?«, fragt Koos, ohne eine Antwort zu erwarten. »Hier ist die Natur noch wild und urwüchsig. Auch die Tierwelt ist faszinierend.« Begeistert berichtet er von Schabrackenhyänen und Löffelhunden, Seehunden und Walen. Das einzige Tier, das ich hier bislang gesehen hatte, war ein totgefahrener Löffelhund auf der Sandpiste. »Schau mal, wie es hier im letzten Frühjahr ausgesehen hat«, sagt Michelle fast triumphierend und hält mir ihr Smartphone hin. Die Fotos zeigen ein Blumenmeer in Gelb, Pink, Orange, Lila. Ich wusste zwar, dass Kleinzee zum Namaqualand gehört, einer Region, die für ihre einzigartigen Wildblumen berühmt ist, die die sonst gedeckten Töne der Halbwüste einmal im Jahr in bunte Farben tauchen, doch dieses Foto, das an der gleichen Stelle aufgenommen wurde, inmitten dieser trostlos wirkenden Landschaft zu sehen, beeindruckt mich dann doch. Wenn die Natur dieses alljährliche Wunder vollbringen kann, denke ich, dann gelingt es den beiden vielleicht tatsächlich, das ehemalige Geisterstädtchen wieder aufblühen zu lassen.

Nach der kleinen Rundtour halten wir vor einem der kleinen, offenen Steinhäuschen am Strand, die mich von der Form her an Bushaltestellen erinnern. Tagsüber könne man hier mit der ganzen Familie herkommen, ungestört entspannen, ohne Angst haben zu müssen, dass einem die Tasche geklaut wird, wenn man im Meer plantscht, sagt Koos. »Das könnt ihr in KwaZulu-Natal nicht!« »Kommt darauf an, an welchen Strand man geht«, schränke ich ein. Denn mir ist auch dort noch nie etwas geklaut worden; entspannen kann ich zu Hause am Strand ebenso, auch wenn er nicht ganz so einsam ist wie dieser hier. Mir drängt sich immer mehr der Eindruck auf, dass die beiden vor allem diese Einsamkeit an Kleinzee lieben, mit dem Rest des Landes scheinen sie abgeschlossen zu haben, der abgeschiedene und weitgehend verlassene Ort eignet sich gut für eine Flucht vor den Abgründen der Zivilisation und

vor den Problemen, die Südafrika fest im Griff haben. Schon Pläne für eine Teerstraße nach Kleinzee sehen sie eher mit Sorge als
mit Hoffnung. »Wir wollen ja nicht, dass ganz Südafrika hierher-
kommt«, meint Michelle. Die Sandpisten wirken wie ein Schutz
vor unerwünschten Eindringlingen, die die Idylle stören könnten.
Für den Tourismus, den sie im Visier haben, ist das eher ein
Trumpf: ein Zufluchtsort für gestresste Städter, die hier nicht nur
eine Auszeit nehmen, sondern auch ihre Allradfahrzeuge mal richtig ausfahren können.

Ich gehe ein paar Schritte den Strand entlang, tauche meinen
Zeh ins eiskalte Wasser und entdecke einen schimmernden Stein
im Sand. Ich hebe ihn auf, wende ihn in der Sonne. Ein Quarz-
stein, wie er hier häufig vorkommt, da bin ich mir ziemlich sicher.
»Guckt mal, was ich gefunden habe«, rufe ich den beiden scherzhaft zu. »Vielleicht bin ich ja jetzt reich!« Ich weiß nicht, ob ich es
mir einbilde, aber ich sehe kurz die Dollarzeichen in ihren Augen
aufflackern, bis auch sie erkennen, dass dieser Stein zwar schön,
aber wertlos ist. »Was würde denn passieren, wenn ich hier tatsächlich einen Rohdiamanten finden würde?«, frage ich. »Müsste
ich den dann bei den De-Beers-Nachfolgern abgeben?« Grinsend
antwortet Koos: »Dann wärst du ein extrem ehrlicher Mensch.«
»Würde meine Ehrlichkeit denn wenigstens mit einem Finder-
lohn oder einem Anteil am Wert des Edelsteins belohnt?«, möchte
ich wissen. Koos schüttelt weiter grinsend den Kopf: »Die sagen
nur *danke,* und das war's.« »Geht ihr selbst manchmal nach
Diamanten suchen?« Bei dieser Frage schaltet sich Michelle ein.
Manchmal, vor allem wenn es gestürmt hat und die Brandung
hoch war oder nach Vollmondnächten, geht sie am Strand
spazieren, in der Hoffnung, einen kleinen Stein zu finden, der
großen Reichtum in ihre Haushaltskasse spülen könnte. »Ich
bin mir sicher, dass ich den Unterschied zu einem normalen
Kristall direkt am Glanz erkennen würde«, sagt sie überzeugt und
betont dabei den Konjunktiv. Ich belasse es dabei und bohre

nicht weiter nach, ob die beiden vielleicht auch deshalb Kleinzee anderen ähnlich einsamen Orten in Südafrika vorgezogen haben. Sie würden es ohnehin nicht zugeben.

Langsam taucht die Nachmittagssonne den Strand in ein orange-rotes Licht. Gemeinsam laden wir die opulente *Braai*-Ausstattung aus. Koos holt ein halbiertes Blechfass aus dem Auto, legt es auf die offenbar regelmäßig genutzte Feuerstelle, fertig ist der improvisierte Grill. Wie jeder südafrikanische Mann hat er seinen eigenen *Braai*-Stil: Er tränkt Eierkartons in Öl, schichtet Holzscheite darauf und zündet alles an. Es brennt sofort lichterloh. Erst als das Feuer etwas heruntergebrannt ist, legt er den Grillrost darauf. Als er gerade das Fleisch routiniert wendet, hören wir ein Motorengeräusch. Ein Auto fährt vorbei, wendet und hält dann direkt hinter unserem Grillplatz. Mit großem Hallo steigt ein Pärchen aus. »Ist das eure Tochter?«, ruft die Frau begeistert auf Afrikaans. Wir lachen und stellen uns vor. Kotie und Freddie sind ein paar Jahre jünger als die van der Merwes, wohnen schon ihr halbes Leben in Kleinzee und haben früher, wie sollte es anders sein, für De Beers gearbeitet. »Ach, das waren noch Zeiten«, sagt Freddie. »Wir hatten ein wundervolles Leben hier. Es war für alles gesorgt, wir hatten viel Freizeit, die Sicherheitsleute haben dafür gesorgt, dass nicht jeder hier rein kam, die Jobs und die Bezahlung waren gut. Heute ist das alles anders.« Offenbar trauern also nicht nur weiße Ex-Beschäftigte wie Rodney den guten alten Zeiten hinterher, sondern auch ›Farbige‹ wie Freddie und Kotie. Die beiden haben miterlebt, wie ihre ehemaligen Kollegen und Freunde ihre Jobs verloren und wegzogen, sie selbst hatten Glück im Unglück. Freddie arbeitet für das Konsortium, das in Kleinzee für die millionenschwere Renaturierung des ehemaligen Tagebaus verantwortlich ist. Er erklärt mir gern, was das genau bedeutet. Sand und Stein, die nach Diamanten durchsiebt worden sind, werden wieder ausgebracht, alle paar Meter wird ein etwa kniehohes, grünes Netz gespannt. Tatsächlich waren mir diese Netze an ein paar

Stellen in der Dünenlandschaft aufgefallen. »Die Netze wirken
der Erosion entgegen, fangen die Feuchtigkeit und herumfliegen-
de Samen auf und sorgen so dafür, dass die Vegetation wieder an-
wachsen kann«, erklärt Freddy. Wie lange er diesen Job behalten
kann, ist unklar. »Vielleicht ein paar Jahre, vielleicht länger.« Er
zuckt ratlos die Schultern. Mit De Beers ist auch die sichere Zu-
kunftsperspektive verschwunden.

Seine Frau Kotie arbeitet heute auf einem Schiff, mit dem ein
paar hundert Kilometer weiter nördlich vor der namibischen Küste diamantenhaltiges Gestein vom Meeresboden durch Schläuche
an die Oberfläche gepumpt wird. »Ich liebe dieses Schiff«, betont
sie strahlend und zeigt mir auf ihrem Handy ein paar Fotos. Mehrere Wochen verbringt sie an Deck, prüft und sortiert die Edel-
steine nach Reinheitsgrad und Größe. »Wir haben gerade darüber
gesprochen, woran man einen Rohdiamanten erkennen kann«, bemerke ich. Das sei gar nicht so einfach, sagt Kotie. »Blinde und
echte Diamanten kann man mit ungeübtem Auge kaum unter-
scheiden. Also, pass auf, Süße. Wenn dir ein Brillantring für 2.000
Rand angeboten wirst, dann kann der nicht echt sein.« Ihr neuer
Arbeitgeber hat ihr aufgetragen, ihr Wissen an jüngere Kollegen
weiterzugeben. Eigentlich tut sie das gern, aber ein Gedanke bereitet ihr Sorgen. »Das sind alles Schwarze. Ich glaube, sie wollen
mittelfristig keine Weißen und ›Farbigen‹ mehr beschäftigen«, vermutet sie. Auch ihre Arbeitsstelle ist nicht mehr sicher.

Michelle schaltet sich in das Gespräch ein. »De Beers hat hier
ein Vermögen erwirtschaftet, aber die Leute im Ort haben die Diamanten nicht reich gemacht«, sagt sie unter zustimmendem
Kopfnicken der anderen drei. Selbst der Entdecker der Diamanten in Kleinzee, Jack Carstens, wurde nicht etwa selbst Minenbe-
sitzer, sondern erhielt lediglich eine Managerposition bei De
Beers. Abhängigkeit statt Selbstständigkeit. Viele einfache Leute
seien, selbstverschuldet oder nicht, nach den Entlassungen auf
der Strecke geblieben, fährt Michelle fort. »Man kann es ihnen

nicht verdenken, dass sie die verbliebenen Diamanten heute als
ihr Eigentum betrachten. Es ist kein Wunder, dass es hier heute
ein Problem mit illegalen Diamantenschürfern gibt.« Regelmäßig
werden sie von der Polizei gefasst, immer wieder kommt es auch
zu Unfällen, wenn ungesicherte Tunnel kollabieren und arme
Glückssucher unter sich begraben. Ähnliche Zustände herrschen
auch in anderen verlassenen Minen Südafrikas. Die Debatte über
den Kontrast zwischen dem Rohstoffreichtum und der Armut der
Bevölkerungsmehrheit wird landesweit geführt und birgt enormen gesellschaftlichen Sprengstoff. Alle rund um den Grill sind
sich einig, dass die Lösung dieser Frage eine der größten Herausforderungen für ihre Heimat darstellt. »Wir hätten uns lieber an
Botswana orientieren sollen«, meint Koos nachdenklich. »Dort
sind die Erlöse aus den Diamanten wenigstens ins Bildungs- und
Gesundheitssystem geflossen.«

Alle vier hoffen nun darauf, dass sich neue Unternehmen hier
ansiedeln. Sie erzählen von einer Abalone-Farm, die bereits recht
erfolgreich ist, von geplanten Wind- und Solaranlagen. »All diese
Projekte werden sich positiv auf die Dynamik der Stadt auswirken. Es muss einfach etwas Neues passieren«, betont Koos, während er das Fleisch vom Grill nimmt. »Aber lasst uns bei all dem
Gerede über Probleme und die Zukunft nicht die Gegenwart vergessen.« Er deutet mit seiner Grillzange in Richtung Horizont.
Über dem Meer geht gerade die Sonne unter, der Himmel er-
strahlt in allen erdenklichen rot-orangen Tönen und taucht den
Strand in ein traumhaftes Licht, das uns in seinen Bann zieht. Wir
setzen uns auf den Betonvorsprung und die Campingstühle,
schauen aufs Meer, stoßen mit einem *Sundowner*-Bier an und genießen das köstliche Grillfleisch, das locker für uns fünf reicht.
Koos legt noch ein paar Scheite aufs Feuer, und bald vermischt
sich das Rot-Orange der Flammen mit dem letzten Streifen des
Sonnenuntergangs über dem Horizont. Ein wahrhaft magischer
Moment. Kotie und Freddie verabschieden sich irgendwann, be-

danken sich überschwänglich für das unverhoffte Abendessen und drücken mich fest an sich, bevor sie wieder in ihr Auto steigen. Michelle, Koos und ich bleiben noch, bis es stockdunkel ist, betrachten den prächtigen Sternenhimmel, zählen Sternschnuppen und lassen den Tag gemeinsam Revue passieren. »Vielleicht verstehst du jetzt, warum wir es hier so lieben«, resümieren sie. »Wir haben jedenfalls vor, hier alt zu werden.« Für sie ist Kleinzee ein Rohdiamant, der nur noch geschliffen werden muss. Ich bin gespannt, ob sie recht behalten.

Gemeinsam ohne Gemeinschaft

Mit jedem Kilometer wird es heißer und einsamer. Am Horizont verschwimmt der Asphalt der endlosen schnurgeraden Straße bei über 45 Grad Celsius mit dem Himmel. Ein Auto taucht auf wie eine Fata Morgana, scheinbar schwebend, ohne den Boden zu berühren. Als es näher kommt, bin ich versucht, meine Hand zum Gruß zu heben, so wenige Menschen sind mir auf der Fahrt begegnet. Hier im Northern Cape wird mir noch einmal bewusst, wie groß Südafrika ist. Die karge Vegetation von Kleinzee, das ich frühmorgens verlassen habe, wirkt im Gegensatz zu diesem Landstrich fast üppig. Im kupferroten Sand, der den Beginn der Kalahari-Wüste markiert, die sich weiter nördlich in die Nachbarländer Namibia und Botswana ausdehnt, wachsen nur vereinzelte Büschel Wüstengräser. Bizarre Hügel tauchen aus der Ebene auf wie Inseln, als hätte jemand Felsbrocken zu pyramidenförmigen Haufen aufgeschichtet. Da weit und breit kein einziger Baum wächst, haben Webervögel ihre Gemeinschaftsnester, die an riesige strohgelbe Kissen erinnern, auf den Telefonmasten gebaut, die dem monotonen Straßenverlauf folgen. Ich bin auf dem Weg nach Riemvasmaak, einem Ort, aus dem die Einheimischen Mitte der 1970er-Jahre vom Apartheid-Regime gewaltsam vertrieben wurden, um Platz für eine Militärbasis zu machen. In den Geburtsstunden der Demokratie reichten sie die erste Landklage der Geschichte ein, Tausende weitere folgten in dem langwierigen Entschädigungsprozess, der bis heute nicht abgeschlossen ist. Kurz nach den historischen Wahlen 1994 zogen die ersten Riemvasmaaker zurück in ihre alte Heimat. Mich interessiert, wie der entwurzelten Gemeinschaft der Neuanfang gelungen ist und ob sich ihre Hoffnungen auf eine bessere Zukunft tatsächlich erfüllt haben.

Ich traue meinen Augen kaum, als kurz vor der Abzweigung in die Kleinstadt Kakamas auf einmal grüne Felder mit Rebstöcken auftauchen. Neugierig halte ich ein paar Meter weiter vor einem kleinen Farmladen, der mit einem Schild für *Desert Raisins*, Wüstenrosinen, wirbt. Tatsächlich trocknen hier Trauben auf riesigen rechteckigen Betonplatten in der Sonne. Ausgedörrt von der Hitze fühle ich mich in diesem Moment fast selbst wie eine von ihnen. Der Laden ist leider geschlossen, aber im Gespräch mit einem Arbeiter, den ich hier offenbar im Schatten bei einer Siesta gestört habe, klärt sich das Geheimnis dieser unverhofften Landwirtschaft bald auf. Die uralte Lebensader, der Oranje-Fluss, der durch Kakamas fließt und nur ein paar Kilometer weiter die mächtigen Augrabies-Wasserfälle hinabstürzt, sorgt für die Bewässerung und dafür, dass in der als Grüne Kalahari bekannten Region Trauben, Pfirsiche, Orangen und Datteln gedeihen. Plantagen säumen anfangs auch noch die breite Schotterstraße, der ich weiter gen Norden in Richtung namibische Grenze folge. Doch mit der Bewässerung hört auch das wohltuende, fruchtbare Grün abrupt auf und die Landschaft verwandelt sich wieder in eine sandigsteinige Ebene, aus der schroffe Bergrücken auftauchen. Statt eines Straßenschilds markiert ein Schriftzug aus weißen Steinen auf einem Berghang den Beginn von Riemvasmaak. Ich überhole einen urtümlichen Eselskarren, der den Einheimischen offenbar bis heute im Alltag als Transportmittel dient, und stoße tiefer in die Einöde vor. Das Letzte, was ich hier erwarte, ist ein Coffee Shop,

aber wieder einmal werde ich überrascht. Ich lege fast eine Voll-
bremsung hin, die eine riesige Staubwolke produziert, und parke
neben einem liebevoll mit Rosenquarz und Sukkulenten angeleg-
ten Steingarten vor dem kleinen Gebäude. Auf der verlockend
schattigen Terrasse, unter einer südafrikanischen und einer namibischen Flagge, sitzen zwei Männer und zwei Frauen, die mich
freundlich auf Afrikaans begrüßen. »Bist du vielleicht Leonie?«,
fragt eine der Frauen, die ihre fülligen Kurven mit einem engen
schwarzen Kleid betont und mich neugierig durch ihre goldge-
rahmte Sonnenbrille anschaut. Verwundert nicke ich. Sie stellt
sich als Clarissa Damara vor, bei ihr hatte ich per E-Mail das Cottage gebucht, in dem ich die nächsten zwei Nächte verbringen
werde. Offenbar bin ich der einzige Gast. Neben ihr sitzt ihr Kollege Henry und gegenüber die beiden Betreiber des kleinen Coffee Shop *Berg en Dal*, Norman und Julie. Alle vier leben in Riemvasmaak, die Geschichten ihrer Familien sind eng mit der Gegend
verbunden.

Clarissas Eltern stammen von hier, sie selbst kannte die alte
Heimat nur aus Geschichten. »Nachdem unsere Gemeinschaft
die Landklage gewonnen hat, trugen mir meine Eltern auf, herzu-
ziehen und beim Wiederaufbau zu helfen. Du weißt ja vielleicht,
wie das in unserer Kultur ist; man tut, was die Eltern einem sagt«,
erzählt sie schmunzelnd. Clarissa hat das Tourismusprojekt der
Gemeinschaft mit aufgebaut und arbeitet dabei eng mit ihrem
Kollegen Henry Basson zusammen. Sie kümmert sich um die Ver-
waltungsarbeit, er als Guide um die Touren, Wanderungen und
Ausflüge mit dem Allradfahrzeug. »Ich war noch ein kleiner Junge,
als wir von hier vertrieben wurden«, erzählt er. Wie alle Einwohner, die vom Apartheid-Regime als Nama oder Damara klassifi-
ziert wurden, zwei Bevölkerungsgruppen, die zu den Ureinwohnern des Südlichen Afrika zählen, wurden sie in ein Homeland im
heutigen Namibia verschleppt, das damals unter südafrikanischer
Verwaltung stand. »Nicht alle von uns sind zurückgekehrt, aber

für mich war diese Entscheidung alternativlos«, betont Henry, und
Norbert stimmt ihm zu. Er war neun Jahre alt, als auch seine Familie nach Namibia vertrieben wurde. »Unsere Identität als Riemvasmaaker konnte niemand zerstören. Selbst nach über zwei Jahrzehnten war die Bindung an diesen Ort so stark, dass wir einfach
zu unseren Wurzeln zurückkehren mussten«, erzählt er. Sein wettergegerbtes Gesicht kommt mir bekannt vor und mit Blick auf
seine beige Schirmmütze dämmert es mir auch, woher. *Voetspore*
steht darauf, der Name einer Sendung im südafrikanischen Fernsehen, die von den Reisen eines Teams von Abenteurern erzählt.
Norbert Coetzee ist einer von ihnen. Er hat den afrikanischen
Kontinent bis in die entlegensten Winkel bereist und viele andere
Länder der Welt gesehen, momentan bereitet er sich auf einen
abenteuerlichen Trip durchs indische Hinterland vor. »Aber unser
Café ist auch ein erstaunlich aufregendes Abenteuer und die Landschaft hier ist in meinen Augen ebenfalls spektakulär«, fügt er mit
einem bescheidenen Lächeln hinzu. »Die Gegend hat eine Art
Aura, die einen vollkommen in ihren Bann zieht. Du wirst das
schon noch spüren.« Seine Geschäftspartnerin Julie Izaks nickt
heftig mit dem Kopf. Sie ist in Windhoek aufgewachsen und zog
nach dem Schulabschluss mit ihren Großeltern her, anfangs offenbar eher widerwillig. »Es war nicht leicht, mich an dieses abgeschiedene und damals noch ziemlich rudimentäre Leben zu gewöhnen. Aber je länger ich geblieben bin, desto mehr neue Seiten
habe ich an mir entdeckt. Riemvasmaak geht einem unter die
Haut und man wird ein Teil davon.« Meine Neugier wächst, ich bin
gespannt auf die nächsten Tage. Ich kaufe in dem Café der beiden
noch zwei Flaschen Wasser und *Vetkoek*, eine Art Krapfen mit Kä-
sefüllung, eine der vielen hausgemachten Spezialitäten, die sie
hier nach Familienrezepten zubereiten.

Ich folge Clarissa und Henry in den Ort, der mitten in diesem
Nirgendwo aus Sand und Stein wie aus dem Nichts auftaucht. Einfache, kleine Steinhäuser säumen die staubige Straße, vor einem

halten wir an. Schon will ich meine Tasche und die Vorräte aus
dem Auto räumen, doch Clarissa hält mich davon ab. Bis zu meinem Cottage sei es noch ein Stück, sagt sie, drückt mir einen
Schlüssel in die Hand und erklärt mir den Weg. Henry dreht währenddessen eher belustigt eine Runde um meinen Kleinwagen.
»Ist das ein Mietauto?«, fragt er. Ich nicke. »Na, dann ist gut. Dann
kannst du ihn ja fahren wie einen Geländewagen.« Er grinst über
das ganze Gesicht. Warum, wird mir erst ein paar Minuten später
klar. Ich habe die letzten Häuschen hinter mir gelassen, eine zunehmend felsige Landschaft durchquert, deren Boden mit glitzernden Quarzsteinen übersät ist, und stehe nun buchstäblich vor
einem Abgrund. Eine holprige Piste windet sich steil einen Berghang entlang in eine Schlucht, nur an den extremsten Stellen sind
zwei Fahrbahnen auf Schotter und Sand betoniert worden. Meine
Hände schwitzen, als ich mich langsam, Meter für Meter vorarbei-
te. Aufzugeben und umzudrehen scheint mir in diesem Moment
keine Option. Es ist eine Tortur für Nerven und Wagen, aber sie
lohnt sich. Mit klopfendem Herzen und ohne den kleinsten Krat-
zer erreiche ich das Tal. Seine karge Schönheit ist ein großartiger
Anblick. Rötlich-braune Felsen ragen entlang eines ausgetrockne-
ten Flussbettes wie Kraterwände steil in den Himmel, an dem
zwei schwarze Adler kreisen. *Eagles Nest* ist auch der Name meines
Cottages, dessen Natursteinmauern sich harmonisch in die Landschaft einfügen. Ein großzügiger Grillplatz deutet darauf hin, dass
hier normalerweise eher Gruppen übernachten. Ich aber bin ganz
allein und davon erstmals auf dieser Reise ein wenig überwältigt,
denn im Cottage gibt es weder Strom noch hat mein Handy hier in
der Schlucht Empfang. Ich bin also komplett von der Außenwelt
abgeschnitten.

Noch ist es hell, also vertreibe ich mir die Zeit mit einem kleinen Spaziergang durch die atemberaubende, einsame Stille, achte
bei jedem Schritt auf kleinste Bewegungen zwischen den Steinen,
denn man muss kein Biologe sein, um zu erkennen, dass dies ein

perfektes Terrain für Skorpione und giftige Schlangen ist. Angst habe ich nicht, aber Wachsamkeit ist wohl angebracht. So wandere ich auf einem Pfad durch die Schlucht bis zu den heißen Quellen, von denen mir Clarissa und Henry erzählt hatten. Sie sind wie große Badewannen teils betoniert, teils von Felsen umgeben, Schilfgras raschelt in der leichten Brise, murmeltierähnliche *Dassies* tauchen neugierig hinter den Felsen auf. Ich halte meine Hand ins warme Wasser, nach einem Bad ist mir jedoch bei dieser Hitze nicht, die nur langsam mit der Sonne schwindet. »Für uns sind die heißen Quellen ein spiritueller Ort«, hatte mir Henry noch mit auf den Weg gegeben. »Das Wasser, das tief aus den Bergen kommt, hat besondere Heilkräfte. Wir kommen also nicht nur her, um zu entspannen, sondern versammeln uns zu bestimmten Jahreszeiten hier auch zu unseren traditionellen Festen.« »Gab es denn vor diesem Hintergrund Widerstände, diesen spirituellen Ort auch touristisch zu nutzen?«, hatte ich ihn gefragt. Er schüttelt den Kopf. »Wir haben zwar sehr lange und teilweise auch kontrovers darüber diskutiert, aber schließlich haben alle diese Entscheidung mitgetragen. Der Tourismus trägt dazu bei, dass die Quellen erhalten bleiben und gepflegt werden.« Viele Besucher verirren sich wohl ohnehin nicht hierher, vom Massentourismus ist Riemvasmaak weit entfernt. Alle Erlöse, die durch Tagesbesucher und Übernachtungen eingenommen werden, landen in der Gemeinschaftskasse und kommen somit, wenigstens theoretisch, wie ich später erfahren werde, allen Einwohnern zugute.

Ein Motorengeräusch reißt mich aus meinen Gedanken, ich bekomme Gesellschaft. Gleichzeitig zieht sich der Himmel urplötzlich zu, dicke Wolken schieben sich vor die Nachmittagssonne, Windböen peitschen wie aus dem Nichts über das Schilfgras. Offenbar zieht ein Sturm auf. Ich mache mich also auf den Rückweg und treffe auf dem kleinen Parkplatz ein älteres Pärchen, das ziemlich verzweifelt versucht, ein Dachzelt auf dem Camper aufzubauen. Freundlich, aber gestresst erwidern die beiden, ihrem

Akzent nach zu schließen, holländischen Touristen meinen Gruß, als ich vorbeilaufe. Die beiden tun mir leid. Der Himmel ist mittlerweile pechschwarz, die ersten Blitze zucken, das Dachzelt wird von den Windböen hin und her geweht. Spontan drehe ich nach ein paar Schritten um und schlage den beiden vor, ihr Nachtlager bei mir aufzuschlagen, das Cottage hat zwei getrennte Schlafzimmer, sie müssten sich nicht den Naturgewalten aussetzen, und ich wäre nicht allein. Dankbar nehmen sie meinen Vorschlag an. Wir verbringen einen lustigen Abend bei Wein und Kerzenschein, während dicke Regentropfen fallen und der Sturm an Türen und Fenstern rüttelt.

Am nächsten Morgen fahre ich die steile, unbefestigte Pass-Straße wieder hoch, um Henry und Clarissa zu treffen. Bergauf geht es wesentlich einfacher. Der Regen hat keine sichtbaren Spuren hinterlassen, die Gegend wirkt so trocken wie auf der Hinfahrt, meine Befürchtung, dass Pfützen und Schlamm meinem Mietwagen und meinen Fahrkünsten noch mehr abverlangen könnten, bestätigt sich glücklicherweise nicht. Ich bin gespannt auf den gemeinsamen Tag. Die beiden hatten angeboten, mir ihr Dorf zu zeigen und mich ein paar Einwohnern vorzustellen, die mir mehr über die Geschichte von Riemvasmaak erzählen können. Wir treffen uns auf einer Art Dorfplatz im Zentrum, auf dem sich ein paar Ziegen unter dem dürren Schatten der offenbar noch nicht vor allzu langer Zeit gepflanzter Bäumchen scharen. Auf dem Boden liegen wieder, wie überall in dieser Landschaft, Rosenquarze und andere Kristalle verstreut im Sand. »Nimm ruhig einen mit«, sagt Henry lächelnd, als er meinen Blick sieht. Aus der Grundschule weht der laue Wind Kinderstimmen hinüber. Vor einem großen Backsteingebäude gegenüber, der Gemeindehalle, sitzt eine Gruppe älterer Frauen und Männer im Schatten. Beim Anblick ihrer wettergegerbten Gesichter mit den hohen Wangenknochen und ihrem drahtigen Körperbau muss ich an Richard Duma denken, den San-Nachfahren, den ich in den Drakensber-

gen getroffen hatte, und an unsere Unterhaltung über das stereotype koloniale Bild der Ureinwohner. Die Frauen tragen Kopftücher und Kittelschürzen über ihren langen Kleidern, die Männer
überwiegend die orangefarbenen Jacken einer Arbeitsbeschaf-
fungsmaßnahme der Gemeinde, wie es sie an vielen Orten Südafrikas gibt. Ihre lebhafte Unterhaltung verstummt, als wir zu dritt
auf sie zukommen.

Sie begrüßen uns höflich, aber distanziert. Ich bin mir sicher,
dass die Skepsis mir gilt. Erst als Clarissa der Gruppe auf Afrikaans
erklärt hat, wer ich bin und warum ich hier bin, bieten sie mir einen Plastikstuhl an. »Es ist wichtig, dass die Welt unsere Geschichte erfährt«, sagt die alte Frau neben mir, die sich als Johanna Tau-
keheke vorstellt, mit einem nahezu zahnlosen Lächeln. »Frag uns
ruhig alles, was dich interessiert.« Ich möchte nicht gleich mit der
Tür ins Haus fallen und die traumatische Vertreibung während der
Apartheid ansprechen, deshalb frage ich zunächst nach der Ära zuvor. »Wie kann ich mir das Leben damals hier in Riemvasmaak vorstellen, als Sie noch Kinder waren?« Clarissa und Henry übersetzen
vom Englischen ins Afrikaans. Die Unterhaltung beginnt etwas
schleppend und erinnert zunächst an den Frontalunterricht in der
Schule, doch dann taut die Gruppe etwas auf. Früher, schwärmen
sie, da hätten die Riemvasmaaker noch zusammengehalten, jeder
wäre für den anderen da gewesen und die alten Traditionen seien
noch lebendig gewesen. »Damals wohnten wir nicht in diesen modernen Häusern«, erzählt Henry Cloete, einer der Männer, mit einer abfälligen Handbewegung. »Wir haben sie mit den Steinen aus
der Umgebung, Dung, Schilfgras und den Stämmen der Köcherbäume gebaut, die damals noch überall wuchsen.« Heute gehören
die Köcherbäume, mit ihren dicken Stämmen und den Aloe-ähn-
lichen fleischigen Blättern, zu den geschützten Arten. Sie sehen
so urtümlich aus wie die Landschaft und sind eng mit der Kultur
der Ureinwohner verbunden. Die Jäger fertigten, wie der Name
schon vermuten lässt, aus den Ästen die Köcher für ihre Pfeile an,

die Toten wurden in Köcherbaum-Särgen begraben. »Damals gab
es auch noch keine Supermärkte«, erzählt Johanna weiter. »Wir haben Mais, Bohnen und Tabak für unsere Pfeifen angebaut, Kaffee
aus den Bohnen eines Baums aufgebrüht, Kräuter für Medizin ge-
sammelt, und die Männer sind natürlich auch auf die Jagd gegangen.« Die Mahlzeiten bestanden überwiegend aus getrocknetem
und frischem Fleisch, nicht nur von erlegten Wildtieren, sondern
auch von Kühen und Eseln. »Wir haben damals noch gesund gegessen. Bluthochdruck, Diabetes und Krebs gab es bei uns nicht«, fügt
sie nostalgisch hinzu.

Ich denke an die Mpondo und ihren Kampf um den Erhalt ihres ursprünglichen Lebens. Für die Riemvasmaaker ist es für immer verloren. Die Dorfgemeinschaft wurde durch die Vertreibung
während der Apartheid auseinandergerissen. Die schätzungswei-
se rund 1.500 Einwohner wurden nach rassistischen Aspekten aufgeteilt, Xhosa-stämmige schwarze Südafrikaner, die Jahrzehnte
zuvor als Wanderarbeiter nach Riemvasmaak gekommen und Teil
der Gemeinschaft geworden waren, wurden in die Ciskei, ein
Homeland im Eastern Cape gebracht, die als ›farbig‹ geltenden
Einwohner in Nachbarorte, die Nama und Damara nach Namibia.
Teilweise wurden Familien getrennt, deren Mitglieder unterschiedlichen Gruppen zugeordnet wurden. »Es war eine traumatische Zeit«, erinnert sich Clarissas Onkel Willem Damara, der bislang still zugehört hatte. »Das Regime ging mit barbarischer Härte
vor. Sie haben unsere Häuser und Besitztümer, die wir nicht mitnehmen konnten, einfach verbrannt. In Namibia hat man uns
mehr oder weniger in der Wildnis ausgesetzt. Als wir dort ankamen, gab es dort Löwen und Elefanten, aber keine Häuser, keine
Schule, kein Krankenhaus. Das alles musste erst gebaut werden.«
Heimisch wurden die meisten in ihrem unfreiwilligen Exil auch in
den folgenden beiden Jahrzehnten nicht.

1990 wurde Namibia unabhängig und Nelson Mandela aus
dem Gefängnis entlassen; in diesem politischen Tauwetter schöpf-

ten auch die Riemvasmaaker wieder Hoffnung. Sie wandten sich,
zunächst erfolglos, direkt an den amtierenden Präsidenten de
Klerk und gründeten ein Komitee, das ihre Entschädigungsforde-
rungen vorantrieb. Im Februar 1994 wurde ihnen ihre alte Heimat
endlich wieder zugesprochen, bereits im Mai kehrten die ersten
Familien zurück. Wieder mussten sie bei Null anfangen. »Wir
hausten eine längere Zeit wie Flüchtlinge in einer Zeltstadt. Es
gab keinen Strom, kaum Jobs, und viele von uns waren auf Lebens-
mittelhilfen angewiesen«, erzählt Willem weiter. Nachdem Henry
mir diese Worte übersetzt hat, fügt er noch hinzu: »Vergiss nicht,
dass diese Gegend in der Zwischenzeit vom Militär genutzt worden war, das zwar große Teile seiner Infrastruktur mitgenommen,
aber ihren Rüstungsschrott dagelassen hatte.« Infanterie und
Luftwaffe hatten hier ihre Trainingslager, außerdem wurden in der
entlegenen Gegend Waffen getestet. »Überall fanden wir Patro-
nenhülsen und Teile von Raketen. Noch gefährlicher aber waren
die Landminen. Einige von uns haben dadurch ein Bein oder einen
Arm verloren.«

Doch offenbar konnte nichts von alledem die Riemvasmaaker
von ihrem Traum abbringen, sich hier in der alten Heimat eine Zukunft aufzubauen. »Wir dachten, dass wir an das vergangene har-
monische Miteinander anknüpfen können und alles wieder so
wird, wie es mal war«, betont Johanna mit traurigen Augen. Doch
diese Hoffnung erfüllte sich leider nicht. »Wir hatten jahrzehntelang unter sehr unterschiedlichen Lebensbedingungen an verschiedenen Orten gewohnt, die Xhosa-stämmigen Riemvasmaaker im Eastern Cape, wir Nama und Damara in Namibia«, erklärt
Willem Damara. »Von heute auf morgen sollten wir wieder eine
Gemeinschaft bilden. Das war leichter gesagt als getan.« Der arbeitslose Schullehrer, der sich zeitlebens für den Erhalt der Muttersprache Nama engagierte, war damals ein Mitglied des *Riemvasmaak Community Development Trust*, der die Gemeinschaft
vertreten, Entwicklungsprojekte in ihrem Namen und zu ihren

Gunsten verwalten sollte. »Alles sollte gerecht aufgeteilt und jeder gleich behandelt werden. Aber wir waren einfach keine Einheit mehr. Wir hatten nicht einmal mehr eine gemeinsame Sprache und auch sehr unterschiedliche Vorstellungen davon, welche Richtung wir in Zukunft einschlagen sollten.« Xhosa-stämmige Riemvasmaaker sahen die Zukunft in der Landwirtschaft, Nama-stämmige im Tourismus. Zwischen den Gruppen gab es erhebliche Spannungen. »Wie habt ihr dieses Problem denn lösen können?«, frage ich und merke noch, während ich die Frage ausspreche, dass mein Optimismus offenbar fehl am Platz ist. Ich blicke in leere Gesichter, eine unangenehme Stille liegt schwer über der Gruppe, bis Willem erneut das Wort ergreift. »Die einzige Lösung bestand darin, dass jede Gruppe ihre Ziele getrennt voneinander verfolgt.« Offenbar waren die Differenzen unüberbrückbar, denn ich erfahre zu meinem Erstaunen, dass sie nicht einmal mehr zusammen in einer Ortschaft leben. Die Xhosa-Nachfahren haben sich ein paar Kilometer weiter am fruchtbaren Ufer des Oranje niedergelassen, die Nama-Nachfahren in diesem Dorf, in der Nähe der Schlucht und der heißen Quellen. Es betrübt mich tief, zu erfahren, dass die Segregation aus den Zeiten der Apartheid bis heute nachwirkt. Wenn es selbst dieser überschaubaren Gruppe nicht gelingt, sich auf ihre Gemeinsamkeiten zu besinnen, die künstliche Trennung der Vergangenheit hinter sich zu lassen und zusammen eine neue Zukunft aufzubauen, wie soll es dann der südafrikanischen Gesellschaft gelingen? Meine Hoffnung, hier in dieser entlegenen Region vielleicht eine Art Blaupause zu finden, ist mit einem Schlag verpufft.

Um die Unterhaltung jedoch nicht so enden und die Gruppe nicht mit trüben Gedanken zurückzulassen, frage ich nach ihren Wünschen für die Zukunft. Wieder ergreift Willem das Wort. Riemvasmaak habe sich trotz allem auch positiv weiterentwickelt, betont er, in ihren Häusern gebe es Strom und Wasser, viele bekämen Sozialleistungen vom Staat, sie fühlten sich nicht mehr länger wie Ausgestoßene oder Bürger zweiter Klasse, sondern als gleichwertiger Teil der südafrikanischen Gesellschaft. »Das größte Problem ist die hohe Arbeitslosigkeit«, fügt er hinzu. Er selbst hat in der Gegend keine Anstellung als Lehrer gefunden, die Mittel für seine Nama-Sprachkurse wurden eingestellt, und so hütet er heute nach eigenen Angaben nur die Ziegen seines Bruders. Aber er sei ja auch nicht mehr der Jüngste. »Ich bin davon überzeugt, dass Riemvasmaak in zehn bis zwanzig Jahren auf eigenen Beinen stehen kann. Die junge Generation hat alle Chancen, etwas aus ihrem Leben zu machen. Sie können Unternehmen gründen, Ärzte, Anwälte oder sogar Präsident werden!« Bei dieser Vorstellung geht ein Kichern durch die Gruppe. »Stellt euch mal vor, ein Nama Präsident!«, gluckst Johanna. Die Vorstellung scheint für sie absurd. Nach jahrhundertelanger Verfolgung, Vertreibung und Diskriminierung ringen die Nama, als Untergruppe der Khoi-Ureinwohner, ebenso wie die San weiterhin mit der südafrikanischen Regierung um eine Anerkennung als *First Nation*. Ich nutze diesen Moment der Heiterkeit, bedanke mich und breche gemeinsam mit Clarissa und Henry auf. In nachdenkliches Schweigen gehüllt, laufen wir durch den Ort. Gern wäre ich auch in das Dorf der Xhosa-stämmigen Einwohner gefahren, aber die beiden winken ab, die Straße sei in so schlechtem Zustand, dass das nur mit einem Allradfahrzeug zu bewältigen sei.

Wir sind erleichtert, als uns heitere Musik und fröhliche Stimmen aus unseren trüben Gedanken reißen. In einem der kleinen Vorgärten tanzen zwei Paare zu den scheppernden Klängen aus einer alten Musikanlage, die mich an Volksmusik in Bierzelten erinnert. Ein altes Pärchen schaut von der Türschwelle aus zu und wippt mit den Füßen im Takt. Ein dürrer Hund, der im Schatten eines Baumes angebunden ist, bellt arhythmisch dazwischen. Ein paar Ziegen zupfen unbeeindruckt an den kargen Grasbüscheln. Als die alte Frau uns sieht, springt sie auf, um uns das Gartentor zu öffnen, und schließt uns freudestrahlend in die Arme. Auch mir gegenüber ist sie nicht so reserviert wie die anderen Einwohner, die ich bis jetzt getroffen habe. »Kommt rein und schaut bei unserer Probe zu, wenn ihr mögt«, sagt Maria Abel einladend, stellt uns ein paar Plastikstühle hin und wischt noch schnell den Staub von den Sitzflächen. Das unverhoffte Publikum scheint die Tänzer zu beschwingen. Die Männer lassen ihre Partnerinnen am ausgestreckten Arm mehrmals um ihre eigene Achse kreisen, sodass deren knöchellangen Blumenkleider sich wie Glocken aufbauschen. Sie nehmen sie wieder in den Arm, führen sie einmal mit stolzgeschwellter Brust durch den Hof, stampfen dabei in unterschiedlich komplizierten Schrittfolgen mit den Füßen auf, sodass der Sand in alle Richtungen fliegt. Die Frauen tragen Kopftücher, die Männer schmale Hosen und Hemden, auf die bunte Stofffetzen aufgenäht sind. Die Outfits, die volkstümliche Musik und der entfernt an *Line Dance* erinnernde Paartanz wirken seltsam fremd in dieser wüstenähnlichen Umgebung, doch der *Nama Stap* ist tatsächlich ein Teil der Nama-Kultur, den die Riemvasmaaker erhalten konnten. Die vom Grauen Star getrübten Augen in Marias runzligem Gesicht glänzen voller Stolz auf diese Tradition. »Wir tanzen den *Nama Stap* bei allen möglichen Gelegenheiten«, flüstert sie mir ins Ohr, »wenn ein Mädchen erwachsen wird, wenn junge Männer um ihre Angebeteten werben, wenn jemand heiratet oder wenn wir um Regen bitten.« Für jeden Anlass, für jedes Ritual gibt es andere Tanzschritte und Choreografien. Begeistert applaudiert sie den beiden Paaren, die sich lachend den Schweiß von der Stirn wischen, als die Musik verstummt. »Genug für heute, meine Lieben!«

Mittlerweile hat die Sonne jeglichen Schatten vertrieben, wieder steigt das Thermometer weit über 40 Grad und so setzen wir uns in einen kleinen luftigen Verschlag aus krummen Stöcken und bunten Patchwork-Tüchern, der windschief an der Fassade des kleinen Hauses montiert ist. Maria stellt ihren Mann Jims Basson vor, ein drahtiger Rentner, der bislang eher wortkarg an seiner

Nama-Stap-Tänzer in Riemvasmaak - Ein Teil der Kultur ist
erhalten geblieben.

Pfeife gezogen, mich skeptisch beäugt und keinen Hehl aus seiner
Antipathie für Deutsche gemacht hatte, mit denen er in Namibia
offensichtlich keine guten Erfahrungen gemacht hat. Doch als ich
ihn nach der Tanzmusik frage, wird er plötzlich ganz redselig. »Ich
bin selbst Musiker«, erzählt er und holt seine selbstgebaute Gitar-
re aus dem Haus, der Korpus aus einem Blechkanister, die Saiten
aus Angelschnüren. »Das ist unser traditionelles Instrument, aber
natürlich spielen wir mittlerweile auch auf richtigen Gitarren«,
meint er mit einem fast zahnlosen Schmunzeln. »In den traditionellen Liedern geht es darum, wie sich Männer und Frauen verhalten sollten. Also etwa, dass sich der Mann um den Unterhalt seiner
Frau kümmern muss und sie sich um die Kinder und den Haushalt.« Doch das traditionelle Rollenbild interessiere die junge Generation ebenso wenig wie ihre Muttersprache Nama oder die al-

ten Geschichten und Lieder, fügt er bitter hinzu. »Die gucken sich lieber schmutzige Bilder auf ihren Telefonen an«, sagt er und bekommt für diese Bemerkung von Maria einen Klaps auf den Arm. Sei doch wahr, brummelt Jims.

Er wünscht sich einen Schüler, der regelmäßig zum Unterricht erscheint und die musikalische Tradition fortsetzt. »Durch die Musik können wir der Welt erzählen, woher wir kommen und wer wir sind. Sie ist Teil unserer Identität und eine Zuflucht vor den Problemen des Alltags.« Nur dumme Leute würden sich nicht für Musik interessieren, schimpft er weiter. »Ich schäme mich für die Kids von heute. Sie haben einen Schulabschluss, aber sie benehmen sich nicht wie gebildete Leute.« Diesmal muss seine Frau ihm zustimmen. »Früher hatten wir hier ein Dorfoberhaupt, das nicht nur für Recht und Ordnung, sondern auch die Einhaltung unserer Traditionen gesorgt hat. Heute haben wir nur noch einen Trust, der sich zwar ums Land kümmert, aber nicht um unsere Kultur.« Wir reden noch ein wenig weiter, über ihr Leben in Riemvasmaak und Namibia. Maria gibt zum Schluss eine abenteuerliche Geschichte über einen wildernden Löwen zum Besten, den sie erlegt hat, während sich die Männer um sie herum vor Angst fast in die Hosen machten. Stolz zeigt sie mir einen verblichenen Artikel einer namibischen Zeitung aus dem Jahr 1982, in dem über ihre mutige Tat berichtet wird. »In Riemvasmaak sind wir wenigstens sicher vor den wilden Tieren«, meint sie. »Hier können wir unbesorgt nachts draußen schlafen und unter dem Sternenhimmel spazieren gehen.« Ein schwacher Trost.

Ich hänge in Gedanken noch den vielen Brüchen nach, die diese Gemeinschaft prägen. Clarissa und Henry scheint es ähnlich zu gehen. Sie hatten nonstop aus dem Afrikaans für mich übersetzt, sich aber weitgehend mit Kommentaren zurückgehalten. Leicht kann ihnen das nicht gefallen sein. Ich kann mir vorstellen, dass sie mir lieber ein positiveres Bild ihres Dorfes präsentiert hätten. Als wir den Nachmittag in Norberts und Julies Coffee Shop aus-

klingen lassen, scheinen sie froh zu sein, dass ich sie darauf anspreche. Vor der Gemeindehalle hatte ich aus dem Augenwinkel ein offenbar hitziges Wortgefecht zwischen Clarissa und ein paar der
älteren Einwohner beobachtet, als ich mich gerade mit ihrem Onkel unterhielt. »Es sah so aus, als hätten sie dich richtig in die Zan-
ge genommen. Worum ging es denn?«, frage ich. Sie seufzt tief und
rollt mit den Augen. »Sie haben sich mal wieder beschwert, dass sie
hier zwar immer mal wieder Weiße, wie dich, sehen, aber dass sie
nicht am Tourismus mitverdienen. Ich musste ihnen erklären,
dass mir dabei leider die Hände gebunden sind.« Denn die Einnahmen aus dem Tourismus, die zudem niedriger seien, als sich viele
vorstellten, fließen zunächst an den Trust; seine Verwalter entscheiden, ob und wo das Geld investiert wird. »Der Trust ist ein
echtes Problem für uns. Wir können nichts allein entscheiden und
nicht so arbeiten, wie wir es uns eigentlich wünschen. Das Potenzial ist da, aber es liegt brach.« Korruption spielt auch eine Rolle.
2009 kam heraus, dass führende Mitglieder des Trust weit über
eine halbe Million Rand veruntreut hatten, ein Gericht setzte
nach dem Urteil neue Verantwortliche ein, doch das Vertrauen der
ohnehin gespaltenen Gemeinschaft in Riemvasmaak in ihre Treu-
händer ist noch immer gestört. Ich schätze es, wie offen die beiden darüber sprechen. Von sich aus erzählen sie von Sabotageakten und Diebstahl, die mehrere hoffnungsvoll gestartete
Initiativen in die Knie gezwungen haben. »Es gab hier beispielsweise ein Viehzuchtprojekt, das sogar mit teuren Solarpumpen für
die Tränken ausgerüstet wurde«, sagt Henry kopfschüttelnd.
»Doch irgendwer hat alle Sonnenkollektoren geklaut. Daraufhin
funktionierten die Pumpen natürlich nicht mehr, das Vieh hatte
kein Wasser und damit hatte sich diese große Chance in Luft aufgelöst.« Es war kein Einzelfall. Auch eine Trauben- und Rosinen-
farm, die Familien aus Riemvasmaak überschrieben worden und
vom Trust verwaltet worden war, wurde mutwillig zerstört. Über
die Motive können oder wollen Clarissa und Henry nur rätseln.

Neid und Eifersucht, Frustration und Missgunst, überzogene Erwartungen und persönliche Enttäuschungen, Verantwortungslosigkeit und pure Zerstörungswut, all das spielt wohl eine Rolle. »Es ist wirklich traurig«, meint Henry. »Ich habe immer wieder gesagt, das alles gehört uns. Lasst uns gemeinsam etwas aufbauen, statt es kaputt zu machen. Aber die Leute wollen einfach nicht zusammenarbeiten.« Statt gemeinsam wirklich neu anzufangen, haben sich die Riemvasmaaker offenbar in eine Sackgasse manövriert. Es ist das vorerst letzte traurige Kapitel einer langen, tragischen Geschichte, von der ich ein hoffnungsvolleres Ende erwartet hatte. Die Konflikte, die an diesem Tag überall zur Sprache gekommen sind, haben mich wahrhaft überrollt und sie haben dem besonderen Zauber der Gegend, den ich durchaus hier und da spüren konnte, das Funkeln genommen. Ich fühle mich ausgelaugt und niedergeschlagen. »Wie soll und kann es denn aus eurer Sicht weitergehen?«, frage ich meine beiden Begleiter, die offenbar nicht ganz so schwarz sehen. Aussichtslos sei die Lage trotz allem nicht, nur die Weichen müssten grundsätzlich neu gestellt werden, betonen sie. Der Tourismus und die anderen Projekte müssten vom Trust abgekoppelt werden, um sich wirklich entfalten und damit mehr Einwohnern als bisher zugute kommen zu können. Statt noch mehr staatliche Unterstützung, die einfach wirkungslos versickert oder sogar verpufft, wünscht sich Henry eher ein privatwirtschaftliches Modell, Partnerschaften mit Unternehmen, die nicht nur als Investoren, sondern auch als Mentoren fungieren. »Die ganzen, wenn auch gut gemeinten Hilfen der Vergangenheit haben unsere Leute verwöhnt und faul gemacht. Sie haben alles auf dem Silbertablett serviert bekommen und trotzdem nichts daraus gemacht. Das muss sich ändern.« Clarissa stimmt ihm zu: »Die Regierung hat genug für uns getan. Nun ist es Zeit, dass wir selbst die Ärmel aufkrempeln!« Ich bewundere den unverwüstlichen Optimismus der beiden, diese urtypische südafrikanische Eigenschaft, trotz aller Rückschläge nicht aufzugeben, und wünsche ihnen zum Abschied, dass sie Mitstreiter finden, die ebenso bereit sind anzupacken. Ich empfinde das erste Mal auf dieser Reise eine gewisse Erleichterung, als ich aufbreche und Riemvasmaak in einer Staubwolke im Rückspiegel verschwindet. Vielleicht waren meine Erwartungen an diesen Ort einfach zu hoch. Erwartungen und Enttäuschungen gehen schließlich Hand in Hand.

Die Kraft der Poesie

»Entschuldigen Sie, darf ich Sie mal etwas fragen?«, fragt der junge Tankwart mit der karamellbraunen Haut, während er mein Auto volltankt. »Natürlich, schießen Sie los«, antworte ich. Er möchte wissen, woher ich komme. Meine erste Antwort, KwaZulu-Natal, lässt er nicht gelten. Also erkläre ich ihm, dass ich Deutsche bin und seit 2009 in Südafrika lebe. Er strahlt mich an. »Nach Deutschland möchte ich unbedingt auch einmal reisen«, sagt er begeistert. »Warum ausgerechnet Deutschland?«, frage ich ihn. Er erzählt, dass er schon mehrere Deutsche getroffen hat, Touristen, die meistens auf dem Weg nach Namibia hier anhalten. »Sie sind allesamt interessante Leute mit einem spannenden Beruf und verdienen gutes Geld. In Deutschland ist niemand arm.« Ich schränke diese Behauptung ein wenig ein. Natürlich ist meine alte Heimat wohlhabender als Südafrika, aber die Touristen, die genug Geld haben, um hierher zu reisen, sind eben nur ein Teil der Bevölkerung; viele Deutsche können sich das nicht leisten und einen interessanten Beruf haben auch nicht alle. Er nickt, wirkt aber nicht ganz überzeugt. »Trotzdem kann ich nicht verstehen, dass Sie ausgerechnet hierher gezogen sind, wenn Sie aus so einem so großartigen Land kommen.« Ich kenne diese Argumentation, denn regelmäßig fragen mich Südafrikaner, ob es mich nicht zurück nach Hause ziehe, was mich angesichts all der Konflikte, Korruption und Kriminalität hier hält. In Deutschland sei das Leben doch bestimmt schöner, sicherer und angenehmer. Das ist es vielleicht. Aber ich würde es jedenfalls in absehbarer Zeit nicht gegen mein Leben in Südafrika tauschen. Selbstverständlich liegt das auch daran, dass ich eben nicht wie dieser junge Mann irgendwo in der Provinz Autos betanke und von der großen weiten Welt nur träumen kann. Natürlich bin ich mir meines Privilegs bewusst, als Journalistin nicht nur in Südafrika zu leben, sondern es wirklich erleben zu können, mit Menschen aus unterschiedlichsten ethnischen, kulturellen und sozialen Hintergründen ins Gespräch zu kommen. Zwar bin ich in diesem Land mit all seinen Brüchen und Kontrasten einem ständigen Wechselbad der Gefühle ausgesetzt, der Balanceakt zwischen den Extremen gehört zu meinem Alltag. Das kann ermüdend sein, führt aber auch zu einem Gefühl der Lebendigkeit, das ich vorher nicht kannte. Ich antworte mit einer kurzen, oberflächlicheren Version und wünsche ihm, dass sein Traum einmal in Erfüllung geht. »Achte darauf, in welcher Jahreszeit du nach Deutschland reist«, rate ich ihm noch. Schon bei dem Gedanken an die Minusgrade im Winter scheint den jungen Mann aus der Kalahari zu frösteln. Wir verabschieden uns und ich mache mich auf den Weg zu meinem nächsten Ziel: Kuruman, die sogenannte Oase der Kalahari.

Ursprünglich bin ich durch Credo Mutwa auf dieses Provinzstädtchen aufmerksam geworden. Credo Mutwa ist ein südafrikanischer Schamane, sein mystisches Buch *Indaba My Children* aus den 1960er-Jahren stand bei meinen Eltern im Bücherregal. Es war eines der ersten, das die Geschichte des Kontinents aus afrikanischer und nicht aus westlicher Sicht erzählte, und faszinierte mich schon als Jugendliche. Credo Mutwa ist heute 96 Jahre alt und lebt, nach mehreren Stationen im ganzen Land, nun weitgehend von der Öffentlichkeit zurückgezogen in der Gegend um Kuruman. Ein Besuch war unmöglich, doch mein Interesse an dem Ort blieb. Ich folge zunächst dem Verlauf des Oranje durch fruchtbares Farmland und kleine Städtchen, bis die Landschaft wieder trocke-

ner und eintöniger wird. Riesige Bagger und die aufgerissene Erde
eines riesigen Tagebaus markieren den Beginn der Bergbauregion,
in der schon die Ureinwohner Südafrikas vor Jahrtausenden Eisen-
erz abgebaut haben. Ich folge den schwer beladenen Lkw der Minen bis nach Kuruman und frage mich bis zur Quelle durch, der das
Städtchen ursprünglich seine Existenz und den Spitznamen ›Oase
der Kalahari‹ verdankt. Sie liegt in einem kleinen Park direkt im
quirlig-chaotischen Zentrum. Dankbar nehme ich nach der brü-
tend heißen Fahrt die kühle Brise wahr, als ich im Schatten alter
Bäume den gepflegten Pfad entlanglaufe. Eine kleine Brücke führt
über ein eher unscheinbares Rinnsal, das von einem mit Moos und
Farnen bewachsenen Felsen in einen Teich fließt. Seerosen blühen
auf der Wasseroberfläche, darunter tummeln sich Karpfen, Gold-
fische und Buntbarsche im kristallklaren Wasser. Dies ist also *The
Eye* oder *Die Oog*, das Auge von Kuruman, die laut Informations-
tafel größte bekannte Frischwasserquelle der Südhalbkugel, die

Das »Auge von Kuruman« – Die Quelle liefert Wasser, Ruhe und Inspiration.

die Stadt täglich mit 20 Millionen Litern Wasser versorgt, und das bereits seit über 200 Jahren, selbst in Dürrezeiten. Auch deshalb gründeten die britischen Missionare Mary und Robert Moffat hier in den 1820er-Jahren eine Missionsstation für die einheimischen Tswana, der berühmte David Livingstone soll die Moffats als Mann ihrer Tochter hier häufig besucht haben. Doch wie überall in Südafrika beginnt die Geschichte nicht etwa mit der Ankunft der Europäer; archäologische Funde in der Gegend belegen, dass hier schon in der frühen Steinzeit Menschen gelebt haben.

Ich setze mich auf eine der Parkbänke gegenüber einer jungen Frau, die gedankenversunken in einem Büchlein liest und ab und zu ein paar Sätze aufschreibt. Als auch ich meinen Notizblock auspacke, um meine Eindrücke festzuhalten, schaut sie auf und lächelt. Es kommt nicht oft vor, dass man in der südafrikanischen Provinz jemanden öffentlich lesen oder schreiben sieht, und so kommen wir schnell ins Gespräch. Adelaide Gomotsegang January ist in Kuruman aufgewachsen und schreibt Gedichte, die meisten hier an diesem Ort, denn für sie ist die Quelle mehr als ein erstaunliches Frischwasserdepot in der Kalahari. »Das Auge von Kuruman ist für mich eine Inspirationsquelle«, sagt die 25-Jährige. »Es ist so ruhig und friedlich hier, dass die Worte einfach nur so fließen. Es ist ein ganz besonderer Ort für mich. Schon als Jugendliche habe ich hier Zuflucht gesucht, wenn meine Eltern mal wieder miteinander gestritten haben und ich Abstand von den alltäglichen Problemen bekommen wollte. Dieser Park ist für mich voller Erinnerungen.« Sie greift in ihren Rucksack, holt einen dünnen Band hervor und reicht ihn mir voller Stolz, es ist ihre erste veröffentlichte Gedichtsammlung. *Mending Broken Pieces* lautet der Titel und entsprechend ist auf dem Cover eine Frau zu sehen, die versucht, Glasscherben wieder zusammenzufügen. Zerbrochene Familien, gebrochene Herzen und die Brüche in der Gesellschaft, das sind ihre Themen. In viele ihrer Gedichte fließen eigene Erlebnisse und Erfahrungen ein. Offen erzählt sie mir von

ihrem jungen Leben. Wie viele südafrikanische Kinder hat sie eine
Zeit lang bei ihren Großeltern gelebt, weil ihre Eltern beide arbeiteten und sich nicht um sie und ihre drei Brüder kümmern konnten. Die Eltern trennten sich in dem Jahr, in dem Adelaide schwanger wurde, damals stand sie kurz vor dem Schulabschluss. »Ich
habe mir lange die Schuld an der Trennung meiner Eltern gegeben«, sagt sie. »Mit meiner Mutter konnte ich über vieles nicht reden. Aber ich konnte schreiben und so wurde mein kleines Notiz-
buch zu meinem besten Freund, dem ich alles erzählen konnte.
Sobald ich meine Gedanken und Sorgen aufgeschrieben hatte,
ging es mir viel besser.« Zu Beginn waren ihre Gedichte also eher
eine Form der Therapie, mittlerweile schreibt Adelaide aber auch
über Themen, die über ihre eigenen Erfahrungen hinausgehen.
Vor ein paar Jahren hat sie einen Job in Johannesburg gefunden,
kommt aber regelmäßig in ihre Heimatstadt, um ihre Familie zu
besuchen und wegen ihres Poetry-Projekts *Kurara Wordsmiths,* das
sie hier in Kuruman ins Leben gerufen hat. »Du hast Glück. Morgen veranstalten wir hier eine öffentliche Lesung. Magst du kommen?«, fragt sie. Ich sage gern zu, als wir gemeinsam aufbrechen.
»Kann ich dich irgendwo absetzen?«, biete ich ihr an, als wir vor
meinem Auto stehen. Sie nimmt dankbar an.

Wir biegen in die Hauptstraße ein, auf der jetzt in der nach-
mittäglichen Rushhour das typische Chaos herrscht. Minibustaxis werben hupend um Fahrgäste und fahren gemäß ihren ganz eigenen Verkehrsregeln auch mal über rote Ampeln oder nehmen
anderen die Vorfahrt. Jugendliche in Schuluniformen überqueren
auf dem Weg zum nächsten Fast-Food-Imbiss die Kreuzung. Frau-
en kommen mit Einkaufstüten bepackt aus den kleinen Läden und
dem größeren Supermarkt. Straßenhändler bieten uns Telefonkar-
ten, Ladekabel, Staubwedel und Plastikeimer am Autofenster an.
Vollbeladene Lkw verpesten die Luft mit schwarzen Abgaswolken.
»Der Bergbau ist der Hauptarbeitgeber in der Stadt«, berichtet mir
Adelaide, »aber viele Beschäftigte kommen aus KwaZulu-Natal

oder dem Eastern Cape. Das sorgt immer wieder für Spannungen.
Vor Kurzem gab es wieder einmal einen Protest, bei dem sich alteingesessene Einwohner von Kuruman beschwert haben, dass sie
nicht genügend von den Minen profitieren. Für junge Leute gibt
es hier kaum Zukunftsperspektiven.« Wir nehmen eine Straße, die
durch ein ruhiges Wohngebiet führt; je weiter wir uns vom Zentrum entfernen, desto kleiner werden die Häuser, wieder einmal ist
das städtebauliche Erbe der Apartheid unübersehbar. Hier irgendwo muss auch Credo Mutwa leben, denke ich und spreche Adelaide
auf den wohl bekanntesten Einwohner Kurumans an. »Vor einigen
Jahren, als er noch Besucher empfing, hatte ich die Ehre, ihn persönlich kennenzulernen«, erzählt sie voller Stolz. Sie hatte damals
gerade ihr Poetry-Projekt gestartet und war gemeinsam mit einer
Gruppe junger Leute eingeladen worden. »Er ist wirklich eine be-
eindruckende Persönlichkeit mit einer unglaublichen Ausstrah-
lung. Er war damals ja schon über 90, aber seine Präsenz füllte den
ganzen Raum. Er sagte uns, wie wichtig es ist, dass wir als junge Afrikaner die wahre Geschichte unseres Kontinents kennen.« Dies
ist Mutwas Credo. Sein Leben lang hat er sich gegen die eurozen-
trische und koloniale Interpretation Afrikas ausgesprochen, seine
mythischen Geschichten erzählen von einflussreichen Zivilisationen, die lange vor den Europäern auf dem Kontinent existierten,
von kosmologischen Kenntnissen und von Legenden über repti-
lienartige Außerirdische. Viele haben ihn als Spinner abgetan, bei
seinem eigenen Volk, den Zulu, ist er wegen seiner kritischen Ge-
schichtsschreibung über König Shaka Zulu unbeliebt, aus mehreren Orten, an denen er gelebt hatte, wurde er als falscher Prophet
verjagt. Andere hingegen verehren ihn wegen seines Wissens um
afrikanische Traditionen und Heilkunst sowie seiner seherischen
Kräfte; so soll er mit einer seiner Skulpturen, die er nach Traum-
bildern gestaltet, die Aids-Pandemie vorhergesagt haben.

Während wir uns unterhalten, sind wir in eine ungeteerte Seitenstraße abgebogen und durch enge sandige Gassen gefahren,

vorbei an kleinen umzäunten Grundstücken und bescheidenen Steinhäusern mit Wellblechdächern. »Da sind wir schon«, sagt Adelaide, »hier wohne ich, bei meiner Mutter. Möchtest du noch kurz mit reinkommen?« Natürlich möchte ich. Wir öffnen das Tor zu dem sandigen Vorgarten und gehen ein paar Schritte auf das unverputzte Haus zu. Ein Mädchen kommt Adelaide jubelnd entgegengelaufen und umarmt sie stürmisch. »Das ist meine Tochter«, stellt sie uns lächelnd vor. Das Mädchen beäugt mich neugierig, als wir gemeinsam das Haus betreten. Meine Augen müssen sich nach dem Sonnenlicht erst an das etwas schummrige Licht gewöhnen. Wir stehen mitten in einem penibel aufgeräumten Wohnzimmer, auf den Rückenlehnen der Couchgarnitur liegen schneeweiße Spitzendeckchen, auf dem Couchtisch liegt eine aufgeschlagene Bibel. Eine ältere, drahtige Frau tritt in den Türrahmen und scheint kurz zu erschrecken, als sie mich sieht. Adelaide stellt mir ihre Mutter vor, die mich daraufhin fest umarmt und gar nicht mehr loslassen will. Ich merke, wie ihr Atem bebt, plötzlich laufen Tränen über ihr Gesicht. Ich bin gleichermaßen erschüttert und berührt.

»Entschuldige, das sind Freudentränen«, erklärt sie, als sie sich wieder beruhigt hat. »Es ist ein echter Segen für mich, dass eine Weiße mich hier in meinem Haus besucht.« Und zu ihrer Tochter gewandt sagt sie: »Es scheint wirklich unser Jahr zu sein! Ich habe so lange für ein besseres Leben gebetet.« Ich habe einen Kloß im Hals und fühle mich von dieser unerwartet emotionalen Situation etwas überfordert, als wir uns mit einem kalten Getränk auf die Couch setzen.

Ebenso offen wie zuvor ihre Tochter erzählt mir ihre Mutter von ihrem Leben. Sie stammt aus einem ländlichen, ärmeren Außenbezirk Kurumans und konnte die Schule nur bis zur fünften Klasse besuchen, danach musste sie arbeiten. Sie war als Haushaltshilfe bei einer weißen Familie beschäftigt, hatte eine Anstellung als Putzfrau, als Gesteinshauerin in einer Mangan-Mine und

etliche Gelegenheitsjobs. Fünf Kinder hat sie geboren, aber einer
ihrer Söhne starb, als er noch klein war. Ihr Mann hat sie ausgerechnet in dem Jahr für eine andere Frau verlassen, als sie arbeitslos und ihre Tochter schwanger wurde. Für die gläubige Christin
brach damals eine Welt zusammen. »Ich mache mir bis heute Vor-
würfe, dass ich das nicht verhindern konnte«, sagt sie. »Was läuft
nur falsch bei uns Schwarzen? Bei den Weißen gibt es keine Teen-
ager-Schwangerschaften.« Ich hole Luft, um zu widersprechen,
dass man das so pauschal nicht behaupten kann, auch wenn Südafrika mit minderjährigen Schwangeren tatsächlich ein Problem
hat, aber sie fährt bereits fort. »Dort, wo du wohnst, in KwaZulu-
Natal, da heiraten die Zulus die Mädchen wenigstens, wenn sie ein
Kind erwarten. So soll das sein. Aber wir Tswana haben selbst diese Tradition verloren.« Adelaide starrt spürbar wütend ins Leere,
erwidert aber aus Respekt nichts; ein angedeutetes Augenrollen
ist die einzige Reaktion. Offenbar spürt auch die Mutter die Span-
nung im Raum. Ihre Gesichtszüge werden mit einem Schlag ganz
weich. »Ich habe wirklich viel gelitten in meinem Leben. Aber nun
scheint es endlich bergauf zu gehen. Ich bin mit meiner Tochter
wirklich gesegnet. Sie ist mein ganzer Stolz. Mein Leben. Meine
Kraft.« Liebevoll schaut sie Adelaide an, die jedoch immer noch
eher genervt schaut. Trotz aller Hindernisse habe ihre Tochter etwas aus ihrem Leben gemacht, die Schule beendet, einen guten
Job gefunden und sogar ein Buch geschrieben. Stolz zieht sie Adelaides kleinen Gedichtband unter der Bibel hervor. »Jetzt muss sie
nur noch heiraten, dann wird alles endlich gut.« Adelaide ignoriert
diese letzte Bemerkung und erzählt lieber von ihren Plänen für
den nächsten Tag. Wir verabreden, dass ich sie vormittags abhole,
um gemeinsam zu ihrer öffentlichen Poesie-Stunde in den Park zu
fahren.

   Es ist ein Sonntag und Adelaides Mutter ist in der Kirche, als
ich nach einer erholsamen Nacht in einer kleinen Pension wieder
bei ihr eintreffe. Wir fahren zunächst in den Supermarkt, um ein

paar Getränke und Snacks für den Tag einzukaufen, und dann zu
dem Park, in dem wir uns begegnet sind. An der Quelle begegnen
uns zwei Männer, die die militärisch wirkende Kirchenuniform
mit dem Stern der *Zion Christian Church* tragen, der mitglieder-
stärksten Kirche Südafrikas, die eine pfingstlich-charismatische,
evangelikal-christliche Ausrichtung mit traditionellem afrikani-
schem Glauben verbindet. Ich habe vor Jahren schon einmal einen ihrer stundenlangen Gottesdienste besucht, bei dem Gläubige in Zungen sprachen, andere sich in Trance auf dem Boden
wälzten oder durch Handauflegen von ihren Krankheiten geheilt
werden sollten und die Macht der Ahnen in der Predigt erwähnt
wurde. Die beiden Kirchenmänner füllen das Quellwasser in große Plastikkanister, um es in ihre Gemeinde zu bringen, die sich offenbar ganz in der Nähe versammelt hat. Die Gospel-Gesänge der
Gläubigen sind bis in den Park zu hören. »Sie glauben, dass dieses
Wasser Heilkräfte besitzt, und nutzen es in ihren Gottesdiens-
ten«, erklärt Adelaide ein paar Schritte weiter und verzieht das Gesicht. Sie geht zum Verdruss ihrer gläubigen Mutter nicht mehr in
die Kirche. »Mir ist es auf die Nerven gegangen, dass unser Pastor
die versammelten Gemeindemitglieder immer wieder beschuldig-
te, zu wenig Geld in die Kollekte zu geben und es stattdessen für
sich selbst auszugeben. Mir ist klar geworden, dass es dort nur um
Geldmacherei ging. Sie versprechen dir alles Mögliche, und wenn
sich in deinem Leben trotz allem nichts ändert, sagen sie einfach,
dein Glaube sei nicht stark genug.« Statt leerer Versprechungen
bräuchten vor allem junge Leute echte Perspektiven und dazu
möchte sie mit ihrem Poetry-Projekt einen kleinen Beitrag leisten. Wir setzen uns wieder auf die Bank, auf der wir uns kennengelernt haben. »Es gibt viel künstlerisches Talent hier in Kuruman,
aber es mangelt sowohl an Auftrittsmöglichkeiten als auch an
praktischer Unterstützung«, betont Adelaide und erzählt mir von
Workshops, die sie organisiert und weitgehend aus eigener Tasche
bezahlt hat. Dabei ging es unter anderem um Möglichkeiten, Ge-

dichte und Prosa selbst zu veröffentlichen, darum, wie man einen
Auftritt plant oder wie man Gagen verhandelt und professionelle
Rechnungen stellt. »Wir leben in einer Gesellschaft, die kaum
liest und auch das Schreiben für ein Hobby hält«, kritisiert sie. Beides müsse sich ändern. Ihre Zeit in Johannesburg hat ihren eigenen Horizont erweitert, begeistert erzählt sie von Begegnungen
mit Schriftstellern und Lyrikern, von Poetry Slams und Lesungen.
Diese Erfahrungen und ihr neu erlangtes Wissen über diese Szene
möchte sie nun mit jungen Leuten in ihrer Heimatstadt teilen, die
zwar als Oase der Kalahari gilt, kulturell aber eher einer Wüste
gleicht.

Während sie gestikulierend erzählt, fällt mir ein Tattoo auf ihren Unterarm auf, *Poetry* steht dort in geschwungener Schrift. Sie
bemerkt meinen Blick. »Das habe ich mir stechen lassen, als mein
Freund mir das Herz gebrochen hat. Wir waren über drei Jahre zusammen, hatten uns sogar verlobt. Aber er wollte nicht, dass ich
meine Gedichte auch öffentlich vortrage, und verlangte, dass ich
mich zwischen ihm und meiner Kunst entscheide.« Es ist offensichtlich, wofür sie sich entschlossen hat, obwohl sie dadurch
nicht nur die Trennung, sondern auch einen heftigen Streit mit ihrer Mutter verarbeiten musste. »Sie dachte, ich würde aufhören zu
schreiben und endlich heiraten. Bis vor Kurzem herrschte zwischen uns noch totale Funkstille.« Entsprechend überrascht ist
Adelaide, als ihre Mutter mit ihrer Tochter an der Hand wenige
Minuten später um die Ecke biegt. Sie hat sich schick gemacht,
trägt ein wunderbar auf ihre schmale Figur maßgeschneidertes
Kleid aus traditionellem ShweShwe-Stoff, leuchtend rot mit einem Muster aus filigranen Kreisen. Ich mache ihr ein Kompliment, als sie mich umarmt, woraufhin sie mich nur noch fester an
sich drückt. »Das Kleid habe ich für den Tag meiner Scheidung an-
fertigen lassen«, erzählt sie trotzig strahlend. »Mein Ex-Mann sollte sehen, dass ich eine starke, schöne Frau bin und hoch erhobe-
nen Hauptes vor Gericht gehe.« Gemeinsam mit ihrer Mutter und

zwei Freundinnen von Adelaide, die zeitgleich eintreffen, bereiten wir die Lesung vor. Wir rücken die Parkbänke in ein Karree und stellen Getränke, Snacks und selbst gebackene Kekse auf einen kleinen Betontisch. Adelaides Mutter legt noch eine Ausgabe von Adelaides Gedichtband gut sichtbar daneben. Nach und nach, mit einiger Verspätung, trudeln vier der *Kurara Wordsmiths* ein, junge Männer, die mich eher schüchtern begrüßen und sich von Adelaide erst mal eine Standpauke über professionelle Pünktlichkeit anhören müssen.

Nachdem auch ein kleines Grüppchen Zuschauer, das offenbar aus Freunden und Bekannten besteht, auf den Parkbänken Platz genommen hat, kann es endlich losgehen. Selbstbewusst tritt Adelaide in die Mitte, begrüßt die Runde und betont: »Traut euch, selbst das Wort zu ergreifen, wenn ihr etwas sagen wollt, wenn ihr einen eigenen Text vorlesen oder ein Gedicht vortragen wollt, das euch wichtig ist. Wir sind hier ein offenes Forum.« Um das Eis zu brechen, macht sie selbst den Anfang und rezitiert eines der Gedichte aus ihrem Band, in dem es um das Zerbrechen einer Familie geht. Bei dem Vers, der frei übersetzt lautet: »meine Mutter ist eine gebrochene Frau, aber sie selbst zerbricht nie etwas«, wischt sich ihre Mutter eine Träne von der Wange. Adelaides Publikum hört gebannt zu, Paare, die im Park ihren Sonntagsspaziergang machen, bleiben neugierig stehen. Statt in die Hände klatschend zu applaudieren, schnipsen die Zuhörer nach der letzten Strophe mit den Fingern. Der Auftakt ist gelungen. Adelaides Schützlinge, die Nachwuchsdichter, treten nun ebenfalls vor, deutlich nervöser schauen sie an ihren Zuhörern vorbei ins Grüne oder auf ihre Füße, verhaspeln sich teilweise rezitierend oder rappend in ihren eigenen Reimen, das stetig wachsende Publikum aber feuert sie an, weiterzumachen. In ihren Texten geht es, teils auf Englisch, teils auf seTswana, um den Alltag in Kuruman, um den Rohstoffreichtum, der die Einwohner nicht reich gemacht hat, um schwarze Identität, Liebe, Poesie und Verlust. Begeistertes Fingerschnippen und Zwischenrufe von den mittlerweile rund zwei Dutzend Zuschauern, die sich rundherum auf die Steinmauern gesetzt haben. Ich schätze die meisten von ihnen auf Mitte zwanzig bis Mitte dreißig.

Wieder tritt Adelaide vor und trägt diesmal ein Gedicht vor, das ihr besonders am Herzen liegt. *Absent Fathers* handelt von Vätern, die ihre Familien im Stich gelassen haben, die kommen und gehen, wie es ihnen passt, ohne auf die Gefühle der Frauen und Kinder Rücksicht zu nehmen. »Darüber würde ich gern mit euch diskutieren«, sagt Adelaide und schaut dabei insbesondere den Männern im Publikum direkt in die Augen. »Wie kommt es, dass sich so viele von euch aus dem Staub machen? Warum lasst ihr uns allein, sobald wir ein Kind von euch erwarten?« Betretenes Schweigen ist zunächst die Antwort, die Männer weichen ihren Blicken aus, bis sich ein Mutiger vortraut. »Es gibt Männer und Jungs«, sagt der junge Mann mit dem figurbetonten T-Shirt und der goldgerahmten Sonnenbrille, der eben noch mit seiner Sitznachbarin geschäkert hatte, »die einen sind durchaus bereit, Verantwortung zu übernehmen, die anderen wollen nur Sex, auch wenn sie euch vielleicht Liebe vorgaukeln.« Angespornt von einem Raunen der Zustimmung, das durch die Reihen geht, fährt er fort. »Ihr müsst die Schuld auch mal bei euch suchen. Ihr Ladies solltet euch selbst respektieren und euch nicht wie eine Ehefrau verhalten, wenn ihr noch keinen Ring am Finger habt.« Erstaunlicherweise nimmt die Diskussion, die ich erst für einen Stimmungskiller gehalten hatte, nun Fahrt auf. Sie dreht sich um traditionelle Werte, die mit der Zeit verloren gegangen sind, um Generationen von Söhnen, die ohne ein männliches Vorbild aufwachsen, und um allein erziehende Mütter, die es leid sind, immer stark sein zu müssen. Ich bin überrascht, wie persönlich die Männer und Frauen von sich erzählen, und verblüfft, dass das Thema Verhütung mit keinem Wort erwähnt wird. Ich spreche einen der Männer darauf an, der peinlich berührt die Schultern zuckt und etwas von Momenten der Leidenschaft murmelt, die einen alles andere vergessen ließen. Ich frage auch eine junge Mutter, die erst 15 war, als sie ihr erstes Kind bekam, und mittlerweile vier Kinder von vier Vätern hat. Auch sie antwortet eher ratlos: »Ich wusste zwar, dass man mit Kondomen verhüten kann. Aber weder ich noch meine Partner mochten sie und wir haben uns wohl einfach keine Gedanken um die Konsequenzen gemacht.« Mal abgesehen von ungewollten Schwangerschaften ist diese Einstellung in einem Land mit einer der weltweit höchsten HIV-Infektionsraten wirklich erschreckend, wenn auch leider nicht neu für mich.

Ein wirkliches Fazit gibt es am Ende dieser lebhaften Diskussion nicht, aber alle scheinen sich wenigstens theoretisch einig zu sein, dass sich etwas verändern muss. »Lasst uns damit beginnen, unsere Söhne zu starken, verantwortungsvollen Männern zu erziehen«, sagt einer der Männer kämpferisch und bedankt sich bei Adelaide für den interessanten Nachmittag. »Nächstes Mal bringen wir alle unsere Freunde mit«, geloben die anderen, als sich die Gruppe ein paar Stunden später wieder auflöst. Auch wenn die Diskussion vielleicht keine neuen Erkenntnisse gebracht hat, bin ich doch beeindruckt, wie es Adelaide gelungen ist, das Gespräch überhaupt in Gang zu bringen. »Bist du zufrieden mit dem Tag?«, frage ich sie, als wir uns auf den Rückweg machen. Sie strahlt über das ganze Gesicht. »Sehr zufrieden sogar! Es waren viele neue Gesichter im Publikum und es ist wirklich wichtig und interessant, beide Seiten zu hören. Normalerweise wollen die Männer über solche Themen ja gar nicht sprechen; vor allem nicht mit Frauen. Einige haben Fehler zugegeben, und das ist aus meiner Sicht der erste Schritt zur Lösung des Problems.« Gleichzeitig, fügt sie weiterhin strahlend hinzu, habe sie wieder mal bewiesen, welche Kraft Gedichte haben. »Selbst mit solchen kleinen improvisierten Lesungen können wir die Leute nicht nur mit unseren Worten zum Nachdenken bringen, sondern auch dazu, sich mit den Themen auseinanderzusetzen, die uns als Gesellschaft unter den Nä-

geln brennen.« Ihr Enthusiasmus kennt keine Grenzen, ihre persönlichen Ziele sind ebenso ehrgeizig. Sie hofft, in Kuruman
demnächst regelmäßig auch größere Poetry Slams zu veranstalten
und dafür auch bekanntere Künstler aus Johannesburg zu gewinnen. Sie will weitere, umfassendere Gedichtbände veröffentlichen
und irgendwann einmal ganz vom Schreiben leben können. »Das
ist mein größter Traum.«

Kapitel 5

Johannesburg

*Vom Fluch des Goldes, Erinnerungskultur
und Pantsulas*

Die Skyline von Johannesburg taucht wie
auf dem Nichts auf, schon Kilometer, bevor ich die westliche
Stadtgrenze erreiche. Ich habe die Autobahn verlassen und bin in
die *Main Reef Road* eingebogen, die bis ins Zentrum und weiter in
den Süden der Wirtschaftsmetropole führt. Wie der Name schon
verrät, ist diese Straße entlang des *Main Reef* gebaut worden, einem Geflecht aus Goldadern, dem die Stadt ihre Existenz verdankt. *eGoli*, Ort des Goldes, haben die Zulu sie getauft, denn
ohne die Entdeckung des Edelmetalls im Jahr 1886 hätte es die
Millionenmetropole wohl nie gegeben. Die mehrspurige Straße
verbindet die früher noch unzusammenhängenden Bergbaustädt-
chen, die heute ein großes Ganzes bilden, und teilt Johannesburg
in den wohlhabenden Norden und den armen Süden. Hier werde
ich mich in den nächsten Tagen auf die Spuren des Goldrausches

begeben und seinen Folgen nachspüren. Industrieanlagen säumen
die Straße, die Abraumhalden der Minen ragen wie Berge in den
Himmel, am Horizont glitzern die Hochhaus-Fassaden der Innenstadt unter einer gelblich-grauen Smogwolke. Es ist kein unbedingt traumhafter Anblick, aber nach den rund zweitausend Kilo-
metern Fahrt von Kapstadt durch die einsamen Weiten des
Northern Cape freue ich mich aufs Stadtleben. Es fühlt sich ein
wenig so an, als würde ich heimkehren, denn ich habe in den letzten Jahren viel Zeit in Johannesburg verbracht. 1990 war ich als
Austauschschülerin bereits kurz hier, 2002 kehrte ich im Rahmen
eines Journalisten-Programms wieder, das den Grundstein für viele Reportage-Reisen und letztlich meine heutige Korresponden-
tentätigkeit legte. Ich arbeitete damals für ein politisches Maga-
zin beim südafrikanischen Rundfunk, SABC, in einer der weit
verzweigten unterirdischen Etagen, die die Beschäftigten als Bun-
ker bezeichnen, da dieser Teil des Hochhauses von den Architekten während der Apartheid so konstruiert worden war, dass er sich
im Fall eines Putsches hermetisch abriegeln lässt.

Ich halte an der Kreuzung vor dem Sender, wo Bettler, wie
fast überall in Johannesburg, um ein paar Rand bitten, sobald
die Ampel auf Rot springt. Die meisten Autofahrer vor mir haben ihre Fenster verriegelt und beachten die ausgemergelten
Männer in den Lumpen gar nicht. Ich bringe es nicht übers
Herz, sie einfach zu ignorieren. Wenn ich kein Kleingeld dabei-
habe, erwidere ich wenigstens den Blick und halte meine Hände nach oben, die Handgelenke zusammen, die Handflächen
auseinander, die Finger ausgestreckt nach oben, wie ein leeres
Gefäß. Die meisten verstehen diese Geste, nicken verständnisvoll oder lächeln sogar kurz, vielleicht weil ich ihnen wenigstens einen Moment Aufmerksamkeit geschenkt habe. Es kostet nichts, Menschen menschlich zu behandeln. Ich fahre ein
paar Meter und verspüre, wie jedes Mal an dieser Stelle, einen
schmerzhaften Stich ins Herz, denn in dem Gebäude gegen-

über wohnte mein lieber Freund Bryan, bevor er bei einem Autounfall ganz in der Nähe ums Leben kam. Wir hatten uns beim
SABC kennengelernt, wo er als Toningenieur arbeitete, Johannesburg war seine Stadt und er zeigte sie mir gerne, sowohl die
schönen als auch die hässlichen Seiten. Ich muss schmunzeln,
als ich daran denke, wie ich ihn einmal nach der Arbeit fragte,
ob wir noch in die Stadt fahren sollten. Er zögerte kurz. Erst
später verstand ich, warum, *town* bedeutete für ihn *downtown,*
aber das Zentrum Johannesburgs galt damals vor allem nach
Einbruch der Dunkelheit als *No-go-Area.* Wie so oft stiegen wir
auf sein Motorrad, diesmal aber warnte er mich, bevor wir unsere Helme aufsetzten: »Wenn ich an dein Knie tippe, dann
halte dich gut fest, denn dann muss ich Gas geben.« Wir fuhren
durch menschenleere, düstere Straßenschluchten, durch Seitenstraßen, auf deren Bürgersteigen ganz nach Ghetto-Kli-
schee Feuer in Fässern brannten, um die ein paar Männer he-
rumstanden. Einmal gaben wir wirklich Gas, als sich dunkle
Gestalten von hinten näherten, und tranken schließlich ein
Bier in einer Jazz-Kneipe. Wir haben in den Jahren bis zu seinem Tod noch oft über diese Anekdote gelacht und viel gemeinsam unternommen. Johannesburg ist für mich bis heute
auch seine Stadt. Ich biege links in Richtung Melville ab, das
Viertel, in dem ich auch damals gewohnt hatte und in dem ich
in den nächsten Tagen bei Freunden übernachten werde.

Am nächsten Morgen beginne ich meine Goldsuche in Langlaagte, dort wo George Harrison, ein Australier, der je nach Quelle mal als Goldschürfer, mal als Zimmermann oder Bildhauer bezeichnet wird, 1886 wohl mehr oder weniger zufällig über einen
ganz besonderen Gesteinsbrocken stolperte und damit letztlich
das *Main Reef* entdeckte. Es gibt viele verschiedene Versionen der
Geschichte, denn über den glücklosen Glücksritter, der seine
Schürfrechte an diesem historischen Ort für einen Spottpreis verkauft haben und danach spurlos verschwunden sein soll, ist wenig

bekannt. Seine Entdeckung jedoch löste den berühmten Goldrausch aus, dem Männer aus allen Teilen der Welt verfielen. Aus einer kleinen Wellblechsiedlung auf kargem Farmland entstand Johannesburg. Heute ist Langlaagte ein tristes Viertel an der *Main
Reef Road* und auch der Park, der nach George Harrison benannt
ist, hat schon bessere Zeiten erlebt. Ich parke vor dem grünen Ei-
sentor und schaue mich um. Rechts über dem Eingang hält sich
ein verrosteter Regenbogen, aus dem die Skyline von Johannesburgs wächst, eher mühsam in seiner Halterung, auf der linken
Seite geht es Mond und Sternen nicht viel besser. An der Natur-
steinmauer darunter hängen zwei Gedenktafeln neben großen
leeren Nischen, die darauf hindeuten, dass dort einmal noch mehr
zu sehen oder lesen war. Momentan türmen sich hier aber nur
Plastikabfälle. Minuten später trifft David van Wyk ein, mit dem
ich hier verabredet bin, um mehr über den sogenannten zweiten
Goldrausch zu erfahren, die Männer, die *Zama Zama* genannt wer-

Riverlea bei Soweto – ein verseuchter Ort im Schatten der Golddeponien.

den und heute auf eigene Faust im Untergrund Johannesburgs
nach Gold graben. David kennt die Szene wie kaum ein anderer; er
arbeitet für die *Bench Marks Foundation,* eine Stiftung, die sich für
soziale Verantwortung, Menschenrechte und Umweltstandards
im Bergbau einsetzt. Er ist ein großer Mann mit grauem Bart und
grauem Pferdeschwanz, der lässig in Jogginghose daherkommt.
Wir ignorieren die unübersehbaren Schilder, die darauf hinweisen, dass der Park momentan geschlossen und der Zutritt streng
verboten ist, und gehen durch das offene Tor hinein. »Das ist also
unser nationales Denkmal«, sagt er sarkastisch und deutet auf einen heruntergekommenen Unterstand mit der in Stein gemeißel-
ten Geschichte, für die sich offensichtlich niemand mehr interessiert. Stattdessen wird die überdachte Gedenkstätte als Toilette,
Müllhalde und Feuerstelle genutzt. Es stinkt erbärmlich.

Wir folgen einem ausgetretenen Trampelpfad über den ungepflegten Rasen zu den historischen Schächten, die offiziell still-
gelegt sind und doch täglich genutzt werden. Eine mittelalterlich
anmutende Szene erwartet uns. Zerlumpte Männer schleppen
Steinbrocken in selbstgebastelten Rucksäcken aus dem Untergrund und kippen sie aus, damit ihre Kollegen die Ausbeute begutachten und sortieren können. Andere *Zama Zama* schlafen
erschöpft in der Sonne oder kochen sich auf einem Holzfeuer
eine Mahlzeit. Einige dieser staubigen Gesichter sind noch sehr
jung. Ihre Ausrüstung besteht aus nicht viel mehr als Hammer,
Meißel und einer Stirnlampe, die ausgedienten Batterien liegen
hier überall haufenweise herum. Ich fühle mich an die endzeitlichen, artisanalen Minen in der Demokratischen Republik Kongo erinnert, die ich vor Jahren für eine Recherche über Kinderar-
beit besucht hatte. In einem gescheiterten Staat wie dem Kongo
hatte ich solche Zustände, so erschreckend sie auch sind, fast erwartet, aber hier befinden wir uns gerade einmal ein paar Kilometer vom Zentrum Johannesburgs entfernt, der modernen afrikanischen Wirtschaftsmetropole. Während ich diesen Anblick

noch verarbeite, spricht David bereits mit einem jungen Mann in
erstaunlich sauberer Kleidung, der angibt, hier für die Sicherheit
verantwortlich zu sein. Ich hatte gespürt, dass unser plötzliches
Auftauchen einige der Männer aufgeschreckt hat, einige hatten
sich schnell verdrückt, andere haben auf dem Weg aus dem Stollen schnell wieder kehrtgemacht und harren jetzt offenbar im
Dunkeln aus, skeptische Blicke mustern insbesondere mich. Es
ist kein Wunder, denn schließlich verstößt diese Minenarbeit gegen das Gesetz und Zuschauer sind bei derart illegalen Tätigkei-
ten naturgemäß nicht erwünscht. David jedoch kennt einige der
Männer, erklärt ihnen geduldig, dass ich weder ein Polizeispit-
zel bin noch eine Regierungsvertreterin oder Abgesandte eines
Bergbaukonzerns. Er fragt, wer mir ein wenig über sich und seine Arbeit erzählen könnte. Die meisten winken ab, obwohl wir
ihnen natürlich Anonymität zusichern.

Nach einigem Hin und Her findet sich ein Freiwilliger, der offenbar gerade erst aus dem Untergrund aufgetaucht ist. Ich schätze ihn auf Mitte dreißig. Wie alle hier trägt er eine Mütze statt
eines Schutzhelms, zerschlissene Turnschuhe statt Sicherheits-
schuhe, selbstgemachte Knieschoner und das ausgefranste Stück
eines PVC-Sacks wie eine Windel um die Hüften gebunden, um
damit, statt auf dem bloßen Hosenboden, den steilen Zugang zum
Schacht hinunterzurutschen. Die ursprüngliche Farbe seiner zerschlissenen Kleidung ist nicht mehr zu erkennen, eine mächtige
Staubwolke wirbelt hoch, als er sich seine Hände an seiner Hose
abreibt, um mir die Hand zu geben. Die Haut seiner Unterarme,
die aus den Ärmeln eines Kapuzenpullovers hervorlugen, ist trocken, schuppig und von einer ungesund grau-gelblichen Farbe.
Wir setzen uns zusammen auf eine der baufälligen Betonstufen,
die zu den Schächten führen. »Wie bist du zu dieser Arbeit gekommen?«, frage ich ihn. Er stammt aus Welkom im Free State, einer
Stadt, die ihre Existenz ebenfalls dem Goldbergbau verdankt.
»Aber ich war dort nie als Bergmann angestellt. Ich war lange ar-

beitslos und bin auf der Suche nach einem Job nach Johannesburg gekommen. Ein Freund, der hier bereits als *Zama Zama* arbeitete, hat mich dann mit in den Untergrund genommen und mir gezeigt, wie dieses Geschäft funktioniert«, erzählt er zunächst stockend und dann immer selbstbewusster.»Heute bin ich derjenige, der die Neuen einführt. Wenn jemand wirklich arbeiten möchte und keinen Job findet, dann bringen wir ihn her. So lernt jeder von den anderen.« Mich verwundert es nicht, dass es am Interesse junger Männer an dieser harten und gefährlichen Arbeit nicht mangelt. Offiziell liegt die Arbeitslosigkeit in Südafrika bei fast 28 Prozent, eine Zahl, die sich jedoch nur auf jene bezieht, die aktiv nach einer Beschäftigung suchen. Experten schätzen, dass die tatsächliche Erwerbslosenquote eher bei 40 Prozent liegt. »Wie hat sich dein Leben denn verändert, seit du hier arbeitest?«, möchte ich deshalb wissen. »Es ist sehr viel besser geworden«, antwortet er. »Meine Familie musste früher wirklich ums Überleben kämpfen. Jetzt aber kann ich mit meinem Einkommen bis zu zwanzig Angehörige unterstützen, Essen auf den Tisch bringen und die Kinder zur Schule schicken.« Es fällt ihm schwer zu beziffern, wie viel er durch die Goldgräberei im Schnitt verdient, es gebe gute und schlechte Tage, sagt er, reich würde man entgegen aller Gerüchte nicht, aber es reiche aus, um über die Runden zu kommen. Wie alle *Zama Zama* arbeitet er in einem Team von Kumpeln, mit denen er gemeinsam unter Tage geht, um das goldhaltige Gestein aus den Felsen zu brechen. »Es gibt mehrere Orte in Johannesburg und Soweto, wo wir es verkaufen. Interessenten gibt es immer, es kommt also darauf an, wer uns das beste Angebot macht.« Es ist der Beginn einer durchaus gut organisierten Produktionskette. Zwischenhändler sorgen dafür, dass das Gestein zu einem feinen Pulver verrieben wird und die goldhaltigen Anteile ausgewaschen werden, andere lösen daraufhin das Rohgold mit hochgiftigem Quecksilber heraus, das dann seinen Weg in den Goldmarkt findet. Für die *Zama Zama* fällt nur ein Bruchteil des Gewinns ab, dafür schuften sie im Schnitt zwölf Stunden am Tag. »Zwischendurch kommen wir kurz an die Oberfläche, essen und trinken etwas und legen uns ein paar Stunden aufs Ohr«, erzählt er mit Blick auf seine schlafenden Kollegen. Manchmal bleibt er aber auch mehrere Tage oder sogar Wochen in dem weit verzweigten, viele Kilometer umfassenden Tunnellabyrinth Johannesburgs. Natürlich sei das ein Knochenjob, gerade Anfänger hätten Probleme mit Rücken- und Muskelschmerzen. »Aber man gewöhnt sich an alles und überlebt irgendwie«, fügt er schulterzuckend hinzu. *Zama Zama*, das sind, frei aus dem isiZulu übersetzt, die, die es immer wieder versuchen.

David van Wyk schätzt ihre Zahl allein in den etwa 600 stillgelegten Minen im Großraum Johannesburg auf etwa 30.000, und das ist nur ein Bruchteil der *Zama Zama*, die landesweit in rund 6.000 alten Schächten und Stollen schuften. Dazu kommen auch jene, die in noch aktiven Bergwerken arbeiten, offenbar teilweise mit der stillschweigenden Zustimmung der Konzerne, aber das ist ein anderes Thema. Die Tendenz ist jedenfalls steigend. Denn mit zunehmender Schieflage der südafrikanischen Wirtschaft und je mehr unprofitable Minen schließen, versuchen sich mehr Männer auf eigene Faust als Goldschürfer. Der Regierung sind sie zwar ein Dorn im Auge, auch diese Schächte wollte der zuständige Minister zunächst sprengen und dann, als ihm dringend davon abgeraten wurde, weil damit der ganze Stadtteil abgesackt wäre, stattdessen mit dem Sand zuschütten, der noch immer auf einem Haufen am Rand liegt. Doch mal abgesehen davon, dass er damit vielleicht Hunderten Männern unter Tage die Sauerstoffzufuhr entziehen würde, wäre es sowieso nicht viel mehr als Symbolpolitik, denn dies ist nur einer von unzähligen Zugängen in die Katakomben. Wenn die Regierung wirklich etwas ändern wollte, müsste sie das Problem bei der Wurzel packen, also etwas gegen Armut und Arbeitslosigkeit unternehmen, sagt David. »Wenn man davon ausgeht, dass jeder

dieser Männer acht Familienangehörige unterstützt, dann sind
allein in Johannesburg 240.000 Einwohner von dieser Arbeit
abhängig. Sie bezahlen damit ihre Miete, Lebensmittel und die
Schulgebühren der Kinder.« Statt von *illegal miners*, also illegalen Bergleuten, spricht David lieber von *micro-* oder *survival miners*, um zu betonen, dass es hier nicht um Kriminalität, sondern
ums Überleben geht. Eigentlich seien diese Männer Kleinstun-
ternehmer. »Schon lange vor der Kolonialzeit haben Afrikaner
Gold gefördert. Nach 1886 haben hier zunächst einzelne Gold-
gräber miteinander konkurriert, bevor sie sich zusammenschlos-
sen und große Unternehmen gründeten. Damals war es Schwarzen verboten, ein Bergwerk zu besitzen. Heute beginnen sie auf
diese Weise an den Resten des Rohstoffreichtums teilzuhaben,
aber ihre eigene schwarze Regierung hindert sie daran, indem sie
sie als illegal abstempelt.« Seit Jahren setzt sich die *Bench Marks
Foundation* auch aus diesen Gründen für die Legalisierung und
Formalisierung dieses Gewerbes ein, jedenfalls in Minen wie diesen, wo die Goldadern nah an der Oberfläche liegen und nicht in
kilometerweiter Tiefe, schränkt David ein. »Wir täten gut daran,
die Arbeit dieser *Zama Zama* als Wirtschaftsfaktor anzuerken-
nen und sie zu unterstützen. Wir sollten bessere Arbeitsbedingungen für sie schaffen, ihnen dabei helfen, echte Unternehmen
aufzubauen, ihrem Leben so eine Bedeutung zu geben, und natürlich auch für ihre Sicherheit sorgen.« Die *Zama Zama* leben in
vielerlei Hinsicht gefährlich. Immer wieder kommt es in den verlassenen, nicht abgesicherten, stockdusteren Stollen zu Felsab-
brüchen, die die Männer unter sich begraben. Sie atmen Quarz-
staub ein, der langsam ihre Lungen zerstört, und giftige Gase wie
Kohlenmonoxid. Die Zahl der Toten kennt niemand. Ich spreche den *Zama Zama* darauf an. Ein Schatten legt sich über sein
Gesicht. »Wir müssen wirklich sehr vorsichtig sein, wenn wir am
Leben bleiben wollen«, sagt er, und dann sei da noch die *inyoka*.
Ich frage nach, ob ich den Begriff auf isiZulu richtig verstanden

habe. »Eine Schlange?« Er nickt. »Sie taucht plötzlich, wie aus dem Nichts auf, kommt wie ein Wirbelwind an die Oberfläche, verfolgt uns bis zu unseren Häusern und verschwindet dann wieder. Dann wissen wir, dass ein paar Tage später ein Unglück geschehen wird. Wir kennen den Ursprung dieser Schlange nicht, aber wir haben beobachtet, dass die Anwesenheit von Frauen sie offenbar aufhetzt. Deshalb erlauben wir dort unten auch keine Frauen.« Seine Worte erinnern mich an die Legenden von übernatürlichen Kräften und Geistern, die es auch im europäischen Bergbau gab, ebenso wie an den Aberglauben, dass Frauen unter Tage Unglück bringen.

Ich hatte ja bereits erfahren, dass die Männer im Team arbeiten, aber mich interessiert, wie stark das Band zwischen ihnen tatsächlich ist, schließlich geht es um einen nach wie vor illegalen Goldabbau. »Ihr seid dort unten ja manchmal wochenlang zusammen. Sind deine Kollegen für dich inzwischen so etwas wie Brüder geworden oder seid ihr eher eine Zweckgemeinschaft?« Er schüttelt entschieden den Kopf und erklärt, dass sie zwar gleichzeitig an unterschiedlichen Stellen arbeiten, aber immer ein Auge aufeinander haben. »Wenn einer von uns ein Problem hat, dann holt ein anderer an der Oberfläche Hilfe. Wenn jemand verletzt ist oder getötet wurde, ziehen wir ihn mit eigener Kraft wieder raus. Bei besonders kritischen Situationen haben wir auch schon mal die Minenrettung gerufen.« Damit allerdings riskieren die *Zama Zama*, festgenommen zu werden, denn die Rettungskräfte alarmieren automatisch auch die Polizei. »Davor haben wir wirklich Angst«, bestätigt er und fügt mit einer hilflosen Geste hinzu, »deshalb melden wir die meisten Unfälle und Toten auch gar nicht. Manchmal werden Leichen hier einfach liegen gelassen.« Es ist eine furchtbare Vorstellung.

»Erzähl ihr von der Polizei!«, ruft einer der Männer uns zu. »Einige Polizisten sind ein echtes Problem für uns«, sagt der *Zama Zama* daraufhin. »Sie fangen uns ab, beschlagnahmen unsere Sachen und verlangen Geld von uns. Einer von ihnen hasst uns richtig und hat sogar schon auf uns geschossen.« Ich war auf dem Weg an der Polizeistation von Langlaagte vorbeigefahren, sie ist nur etwa 500 Meter entfernt. Viele Beamte scheinen zwar ein Auge zuzudrücken, aber andere nutzen offenbar die Gelegenheit, um ihr Gehalt aufzubessern. Auch deshalb bezahlen die *Zama Zama* eigene Sicherheitsleute, die sie warnen, wenn die Polizei auftaucht, sodass sie sich in den Schächten verstecken können. Eine noch größere Gefahr scheinen aber die Banden darzustellen, die die Bergleute überfallen und ausrauben, wenn sie nach einem Tag oder sogar Wochen harter Arbeit mit ihrer Ausbeute an die Oberfläche kommen. Immer wieder kommt es auch zu blutigen Revierkämpfen zwischen rivalisierenden Gruppen. »Unser Sicherheitssystem funktioniert hier momentan ganz gut«, erzählt der Mann weiter. »Wir haben schließlich auch eine Genehmigung von den Minenbesitzern.« David kneift bei dieser Aussage die Augen zusammen. »Dies ist eine nationale Gedenkstätte, die dementsprechend in Staatsbesitz ist«, gibt er zu bedenken. Es sei jedoch bekannt, dass neben Polizisten auch einflussreiche Geschäftsleute und Regierungsbeamte auf die ein oder andere Weise am Elend dieser armen Goldschürfer mitverdienen. Die *Zama Zama* operieren in einem rechts- und schutzlosen Raum – ein Problem, das eine Legalisierung dieses Gewerbes, wie David sie propagiert, tatsächlich lösen könnte. »Was hältst du von der Idee?«, frage ich den *Zama Zama*. »Das wäre mein größer Traum«, antwortet er, »Wir sind schließlich keine Kriminellen. Wir stehlen nicht, wir überfallen niemanden, wir bringen keinen um. Wir versuchen hier nur zu überleben und wollen unser Geld mit ehrlicher Arbeit verdienen.« Eine Polizeisirene unterbricht unsere Unterhaltung, nervös schaut der Mann in Richtung Eingang. Ich kann ihm nur kurz danken, dann verschwindet er mit den anderen in der Dunkelheit des Stollens und auch David drängt zum Aufbruch. Mit großen, schnellen Schritten verlassen wir den heruntergekommenen Park.

Wir fahren gemeinsam in seinem Auto die *Main Reef Road* entlang, die auf mich jetzt noch trister wirkt als zuvor. Der Sportplatz einer Schule grenzt direkt an den Park, ein paar Meter darunter graben vielleicht die Väter dieser Kinder nach Gold, um die Schulgebühren zu bezahlen. Etwas weiter säumen Schrotthändler die Straße, die mit großen Buchstaben darauf hinweisen, dass sie neben Eisen auch andere Metalle ankaufen. Die Werbung eines Matratzengeschäfts mit dem Slogan *Breathe Easy* wirkt auf mich wie Hohn, denn das riesige Plakat hängt in unmittelbarer Umgebung der Wellblechhütten-Siedlung, in der viele der *Zama Zama* von einer erholsamen Nacht, bei der sie mal richtig durchatmen können, wegen ihrer kaputten Lungen wohl nur träumen können. Südafrika zeigt sich hier im Kleinformat, die Kluft zwischen Arm und Reich ist mal wieder unübersehbar. Auf der linken Straßenseite tauchen nun die berghohen gelblichen Abraumhalden auf, die Überreste des Goldrausches, der nur wenige reich gemacht hat. David biegt in das Viertel ein, das direkt gegenüber dieser Deponien liegt. Riverlea grenzt an Soweto, das wohl berühmteste Township Südafrikas, und liegt in Sichtweite des Fußballstadions, in dem sich die Regenbogennation bei der Weltmeisterschaft 2010 in ihrer ganzen Farbenpracht zeigte und in der die Nation drei Jahre später gemeinsam um Nelson Mandela trauerte. Aber unter dieser historischen Kulisse jedoch die *Zama Zama* unter mittelalterlichen Bedingungen, unsichtbar und von der Gesellschaft vergessen. Auf der Oberfläche sieht es nicht viel besser aus. Riverlea ist eine elende Siedlung kleiner Häuser, die während der Apartheid gebaut wurden, als dieses Viertel für ›Farbige‹ aus dem Boden gestampft wurde. Es liegt zwischen einer Bahnstrecke und einer Autobahn. Vor den Häusern sitzen jetzt, mitten an einem Werktag, offensichtlich arbeitslose Männer und Frauen. Kinder spielen zwischen weggeworfenen Plastiktüten und zerbrochenen Flaschen auf einer spärlich mit struppigem Gras bewachsenen Brache Fußball.

»Wir nennen dieses Viertel *Zombie*«, sagt David. Die Gegend
ist so verseucht, dass man sie eigentlich evakuieren müsste. Seit
Jahrzehnten weht der Wind den Staub von den Abraumbergen
hierher, keinen gewöhnlichen Staub. Die sogenannten *Tailings*
enthalten neben Uran, das hier im Untergrund gemeinsam mit
Gold vorkommt, einen ganzen Cocktail aus radioaktiven Stoffen
und Schwermetallen. David zählt nur einige von ihnen auf: Blei,
Strontium, Cadmium, Arsen, Zyanid, Quecksilber. Die Menschen
atmen kleinste Partikel ein und Gase wie radioaktives Radon oder
Schwefeldioxid, die beim Zerfallsprozess entstehen. Im Untergrund gehen diese Stoffe aus dem Gestein der stillgelegten Stollen
vom Minen- ins Grundwasser über. An der Oberfläche spült der
Regen diese radioaktive, hochgiftige Suppe in die Flussläufe und
Kanäle, die teilweise in gelben, grünen und türkisfarbenen Tönen
schillern, teilweise aber auch harmlos klar aussehen. »Johannesburg ist die wohl radioaktivste Stadt der Welt«, betont David,
während er mit seinem portablen Messgerät gerade eine Probe für
seine neueste Studie entnimmt. Es geht um die massive Umweltverschmutzung und die damit verbundenen Gesundheitsschäden
der Einwohner von Riverlea und von Teilen Sowetos, Vierteln, die
in unmittelbarer Nähe der Abraumhalden errichtet wurden. Die
Tatsache, dass die Steinmauern der Häuser ebenso gelb sind wie
die Deponien, in deren Schatten sie stehen, ist kein Zufall. »Das
Apartheid-Regime hat für den Bau der Township-Häuser die bil-
ligsten Materialien genutzt«, erklärt er. »Das bedeutet konkret,
dass radioaktiver Minensand sowohl für die Herstellung der Steine als auch als Beimischung für den Zement genutzt wurde. Dazu
kamen dann Asbest-Dächer und fertig ist ein hochgiftiges Wohn-
umfeld, das die Menschen hier langsam, aber sicher umbringt.« In
seinem eigenen Haus im nur knapp fünf Kilometer entfernten
Stadtteil Brixton hat er erst am Morgen die radioaktive Strahlen-
belastung gemessen, auf seinem Handy zeigt er mir den Messwert:
4,05 Mikrosievert pro Stunde. »Hier in Riverlea und den betroffe-

nen Teilen Sowetos liegen die Werte regelmäßig viermal so hoch. Ich habe dort aber auch schon 30 Mikrosievert pro Stunde gemessen. Zur Einordnung: Als unbedenklich gilt ein Wert von 0,1.« Ich frage nach, weil ich denke, dass ich die Zahlen falsch verstanden haben muss. Er wiederholt sie noch einmal. Die schockierenden Zahlen bleiben.

Wir gehen ein paar Schritte auf eines der Häuser zu, eine Frau kommt aus der Tür und begrüßt David herzlich. »Kommt doch kurz rein und sagt Auntie Rose Hallo, das würde sie sicher freuen«, meint sie. Also treten wir ein, durchqueren ein aufgeräumtes Wohnzimmer und stecken unsere Köpfe durch eine offene Tür. »David, wie schön, dass du mich besuchen kommst und auch noch einen Gast mitgebracht hast«, sagt die ältere Frau strahlend, die dort eingemummelt mit Mütze und einer dicken Strickjacke in ihrem Bett liegt. Dünne Schläuche führen von ihrer Nase zu einem kastenartigen Sauerstoffgerät, das den Raum mit seinem gleichmäßigen Brummen erfüllt. Auf dem Nachttisch liegen Medikamente neben einem Wasserglas und einer aufgeschlagenen Bibel, deren Seiten mit winzigen, handschriftlichen Kommentaren versehen sind. »Wie geht es dir?«, fragt David fürsorglich, als wir uns auf die Bettkante setzen. »Danke, heute geht es mir eigentlich ganz gut«, antwortet Rose Plaatjies. Im Jahr 2000 begann der Husten, den die Ärzte erst als Asthma behandelten. 2009 bekam sie so schlecht Luft, dass sie nur noch kurze Strecken zu Fuß gehen konnte, jeder Meter wurde zur Qual. Im Krankenhaus wurde eine schwere Lungenkrankheit diagnostiziert. Sie musste ihre Arbeit in einer kleinen Elektronikfirma kündigen, die sie offenbar sehr gemocht hat. »Mein Chef hätte mich sicher noch bis zu meinem 70. Lebensjahr beschäftigt«, sagt die 62-Jährige wehmütig, »aber jetzt bin ich Frührentnerin, mehr oder weniger bettlägerig und auf die Hilfe anderer angewiesen.« Bis auf ein paar kurze Unterbrechungen, bei denen ihr Herz auf Hochtouren pumpt, um ihre kranke Lunge zu versorgen, hängt sie 24 Stunden am Tag an dieser Sauerstoffmaschine.

Natürlich ist mir klar, dass ihre Krankheit mit ihrem hochgif-
tigen Umfeld zusammenhängen muss, in dem sie seit rund 50 Jahren lebt, aber ich frage sie trotzdem nach den Ursachen. »Lange
hatten wir keine Ahnung, dass diese Dünen dort der Grund dafür
sind«, antwortet sie und zeigt mit dem Finger durch das Fenster
auf die gelben Abraumberge, die sie euphemistisch Dünen nennt.
Sie erzählt, wie das verseuchte Wasser bei Regen bis in die Vorgärten läuft und dass sich bei starkem Wind überall eine dicke Staub-
schicht bildet, auf Haut und Haaren, auf Möbeln und Wäsche, sogar auf dem Essen. »Wir können mit unseren Besen fegen, soviel
wir wollen, der Staub gelangt immer irgendwie wieder herein. Wir
essen ihn, wir atmen ihn ein, wir können ihm nicht entkommen.
Denn für einen Umzug in ein anderes Viertel fehlt uns das Geld.«
Die Kinder litten unter Ekzemen, Krebserkrankungen seien eher
die Regel als die Ausnahme, viele hätten schwere Atemwegserkran-
kungen. Eine gute Freundin sei daran vor Kurzem gestorben, eine
junge Frau habe missgebildete Kinder zur Welt gebracht. »Das alles
nur wegen des Goldes«, fügt sie mit wütend bebender Stimme hinzu. »Unserer Regierung ging es damals wie heute nur darum. Wir
Menschen sind ihnen egal, vor allem wenn unsere Haut nicht hell
und unser Konto nicht gut gefüllt ist. Keiner hier aus Riverlea hat
je in den Minen gearbeitet, aber jetzt müssen wir wegen des Goldes
sterben.« Erschöpft lehnt sie sich in die Kissen zurück, ihr Brust-
korb hebt und senkt sich schwer, und in diesem Moment fällt auch
noch die Sauerstoffmaschine aus. Das Brummen verstummt abrupt, ein Piepton erklingt. Sofort ist Roses Nichte zur Stelle, über-
prüft den Stromzähler an der Wand, schaltet das Gerät kurz aus
und bringt es dann glücklicherweise wieder zum Laufen. Ich muss
an die vielen Stromausfälle denken, die Südafrika seit Jahren pla-
gen. Das sei ein echtes Problem, bestätigt Rose. Die Klinik habe
ihr Akkus mitgegeben, die zur Not neun Stunden halten, aber nach
Ablauf dieser Frist liege ihr Schicksal in Gottes Hand. Um Rose
nicht weiter zu belasten, beenden wir das Gespräch langsam. »Ich

hoffe von ganzem Herzen, dass die Leute, die für unsere Misere verantwortlich sind, irgendwann doch noch zur Rechenschaft gezogen werden«, betont sie zum Abschied. »Bis dahin werde ich allen, die es hören wollen, von unserem Schicksal erzählen. Auch wenn es nicht mehr mir selbst, sondern erst meinen Enkeln zugutekommt.« Einen persönlichen Wunsch hat sie dann aber doch noch: Ein tragbares Sauerstoffgerät, damit sie nicht den ganzen Tag im Bett verbringen muss, sondern spazieren gehen und ihre Freundinnen besuchen kann. David van Wyk verspricht, dass er sich für sie nach entsprechenden Möglichkeiten erkundigen wird.

Schweigend gehen wir zurück zum Auto und biegen wieder in die *Main Reef Road* ein. Der Besuch bei Rose und die Begegnung mit den *Zama Zama* haben mich gleichermaßen berührt wie wütend gemacht. Eigentlich sind die Bergbaukonzerne dazu verpflichtet, nicht nur die stillgelegten Minen zu sichern, sondern auch Umweltauflagen einzuhalten. Dazu gehört unter anderem, die Abraumberge zu bepflanzen, damit der Wind die Oberfläche nicht einfach abtragen kann, und zu verhindern, dass das radioaktive und mit Schwermetallen belastete Wasser nicht in Flüsse und Grundwasser gelangt. Doch das geschieht längst nicht immer. Laut dem Interessenverband der Bergbauunternehmen, *Chamber of Mines*, liegt das Problem vor allem in den historischen Minen, deren Besitzer nicht ausfindig gemacht oder nicht zur Verantwortung gezogen werden können. Doch David widerspricht dieser Version vehement. »Viele dieser Konzerne halten sich einfach nicht an Gesetze und Umweltauflagen«, sagt er. »Wie kommen sie damit durch?«, frage ich zurück. »Der Grund ist der große Einfluss dieser Konzerne auf die Politik«, antwortet er. »Viele Minister, Abgeordnete und andere hochrangige Politiker halten Anteile an diesen Unternehmen, sitzen in Aufsichtsräten oder anderen Positionen. Dazu kommt, dass sich nur wenige Konzerne diesen lukrativen Markt untereinander aufteilen.« Es ist ein Geflecht aus wirtschaftlichen und politischen Interessen, das schon während der

Apartheid entstanden ist, durch die wuchernde Korruption der Zuma-Administration jedoch noch dichter geworden ist. »Die Konzerne haben heute in vielerlei Hinsicht freiere Hand als vor 1994 und die Interessen einfacherer Bürger und Arbeiter sind für die Regierung weiterhin nachrangig«, bilanziert er. Diese Worte sind noch ernüchternder, wenn man seine Vita kennt.

Früher stand David van Wyk als Kommunist an der Seite des ANC, während der Apartheid ging er mit seiner dunkelhäutigen Frau ins Exil nach Simbabwe und organisierte dort sichere Unterkünfte für die Kämpfer von *Umkhonto we Sizwe*. Heute veröffentlicht er für die *Bench Marks Foundation* Studien, die weder den Minenkonzernen noch der ANC-Regierung gefallen. So prangerte er etwa die verheerenden Lebensbedingungen als ein Pulverfass im Platingürtel an, bevor 34 streikende Bergleute beim ›Massaker von Marikana‹ im Kugelhagel der Polizei starben. Sie hatten neben einer Lohnerhöhung auch menschenwürdige Unterkünfte gefordert. Die schrecklichen Bilder gingen um die Welt, viele Südafrikaner fühlten sich an die Polizeigewalt während der Apartheid erinnert, die Konsequenzen sind jedoch bis heute überschaubar. »Was bringt dich dazu, nicht zu resignieren und immer weiter zu kämpfen, wie jetzt für die *Zama Zama* oder die Bewohner von Riverlea, auch wenn es oft aussichtslos erscheint?«, frage ich ihn, als wir wieder bei dem verwahrlosten Park ankommen, vor dem wir uns Stunden vorher getroffen hatten. Er muss nicht lange nachdenken, bevor er antwortet. »Als wir 2007 begonnen haben, gab es hier in Südafrika in Bezug auf diese Themen kaum kritische Stimmen und keine tiefere Analyse. Das ist heute anders. Außerdem sind ganz normale Bürger nun viel besser informiert als früher und trauen sich, ihre Sicht der Dinge auch offen auszudrücken. Ich bin überzeugt, dass das langfristig das Narrativ der Wirtschaft und Politik in unserem Land beeinflussen wird.« Es ist eine Gabe, die kleinen Schritte auf dem Weg zu einem großen Ziel zu würdigen. Für mich ist auch das eine dieser bewundernswerten ur-südafrikanischen Eigenschaften, die dazu

beiträgt, dass dieses mehrfach gespaltene Land nicht auseinander-
bricht. Dieser Tag hat mich sowohl bedrückt als auch beeindruckt.
Nachdenklich fahre ich auf der *Main Reef Road* der Skyline Johannesburgs entgegen. *Keep walking, South Africa* steht auf einem der
Hochhäuser. Ich frage mich nur, in welche Richtung das Land momentan steuert, so wie viele Südafrikaner in diesen unruhigen Zeiten. Die im Nachmittagslicht glitzernden Fassaden symbolisieren
den Reichtum, den das Land einem der größten Goldvorkommen
der Welt verdankt. Die Kosten jedoch, die wohl niemand genau beziffern kann, sind und waren immens.

Die Leute sollen grooven!

»Willkommen! Ein Tisch für eine Person?«, begrüßt mich Sifiso Ntuli, während er die Gittertür seines Restaurants öffnet.
Dann hebt er den Blick und kneift die Augen zusammen, um im
schummrigen Licht besser sehen zu können. »Leonie?« Wir haben uns mehrere Jahre nicht mehr gesehen. 2009, kurz nachdem ich nicht einmal mehr einen Koffer in Berlin zurückgelas-
sen hatte und gemeinsam mit meinem Mann nach Südafrika
gezogen war, sind wir uns zum ersten Mal begegnet. Ich arbeitete damals an einem Feature über schwarz-weiße Paare in Südafrika und bekam über sieben Ecken den Kontakt von Sifiso und
seiner Frau Ashley Heron. Die beiden erzählten mir, wie sie sich
kennen- und lieben gelernt hatten, mit welchen Vorurteilen sie
zunächst als Paar und schließlich als Eltern zweier Kinder zu
kämpfen hatten und wie sie sich in Brixton eine gemeinsame
Existenz aufgebaut haben. Ausgerechnet in Brixton, einem Viertel, das Sifiso damals als »spirituelle Heimat der schlimmsten
Mörder der Apartheid« bezeichnete. Die meisten Südafrikaner
assoziieren den Namen des Stadtteils bis heute mit *Brixton Murder and Robbery Squad*, der Polizeieinheit, die für ihre brutalen
Foltermethoden berüchtigt war – Mordermittler, die selbst mor-

deten. Mittlerweile ist diese Einheit aufgelöst worden und auch die Nachbarschaft hat sich verändert. Sifiso und Ashley sind ein integraler Teil dieses neuen multikulturellen Brixton, für das sie sich unermüdlich sowohl privat als auch beruflich engagieren. Als ich sie kennenlernte, führten sie gemeinsam das *House of Nsako*, eine Mischung aus Restaurant, Musik-Venue und interkulturellem Treffpunkt, in dem man essen, trinken, tanzen und endlos diskutieren konnte. Ein wunderbarer, besonderer Ort. »Leider wurde unser Mietvertrag gekündigt«, erzählt Sifiso, während ich das neue Ecklokal der beiden betrete, die *Roving Bantu Kitchen*. Ashley kommt mit dampfenden Tellern aus der Küche, bringt sie an einen Tisch, an dem offenbar Touristen mit ihrem Stadtführer sitzen, und kommt dann mit ausgebreiteten Armen auf mich zu. »Mensch, ist das lange her!«, sagt sie. Wir setzen uns an einen der kleinen Holztische und gehen die Ereignisse der letzten Jahre im Schnelldurchgang durch, dann muss Ashley zurück an den Herd und Sifiso entschuldigt sich ebenfalls kurz.

Neugierig schaue ich mich in dem Raum um, der an das Wohnzimmer eines Exzentrikers erinnert und deutlich Sifisos und Ashleys kreative Handschrift trägt. Auf einer winzigen Bühne steht eine Musikanlage, aus der südafrikanische Jazzklänge kommen, dahinter hängen ein Popart-Plakat mit den Büchsen einer an Kultstatus grenzenden Sardinenmarke und historische Fotos aus Johannesburgs Jazz-Clubs neben den leicht bekleideten Blondinen auf den Plattencovern der Best-Of-Alben des *Springbok Radio* aus den 60er-Jahren; ein Programm, das unübersehbar auf die weiße Bevölkerung zugeschnitten war und erst mit der späten Einführung des Fernsehens in Südafrika, 1976, an Popularität verlor. Die Wände sind nahezu komplett mit Fotos, Bildern und Plakaten bedeckt, sodass zwischendrin nur noch kleine Teile der bunten Wandfarbe sichtbar sind. Mein Highlight aber sind die reißerischen Aufmacher aus der Tagespresse: *He takes ›Boere‹ out of Wors!*, *64-Year-Old Virgin at Reed Dance!* oder *Poked by a Twerking Tokoloshe!*

steht dort. Ich muss schmunzeln, über den Mann, der aus der beliebten *Boerewors* eine einfache Bratwurst macht, die 64-Jährige
Jungfrau, die bei der traditionellen Zeremonie für den Zulu-König
tanzt, oder das zwergenhafte, teuflische Fabelwesen, das einen sogar hüftwackelnd noch schubsen kann. »Die Schlagzeilen sind
echt«, betont Sifiso, als er mein Schmunzeln bemerkt. Tatsächlich
hängen solche Titelseiten in allen südafrikanischen Großstädten
an den Laternenpfählen der Straßenkreuzungen, um das Geschäft
der Zeitungsverkäufer zu beleben. So aberwitzig die Auswahl dieser Schlagzeilen auch ist, so gibt sie doch einen humorvollen Einblick in die südafrikanische Seele. Die auf den ersten Blick wie ein
bunt zusammengewürfeltes Sammelsurium wirkende Einrichtung
ist wie ein Destillat der multikulturellen Gesellschaft, deren Viel-
falt sich auch auf den Tellern widerspiegelt. Ashley serviert *Samoosas* als Vorspeise, gegrilltes Hühnchen mit *Pap* und Sauce als
Hauptgang und *Koeksisters* als Dessert. Das Geschirr ist aus Email-
le, das Bier wird aus Dreiviertelliterflaschen getrunken, so wie es
auch in den Townships üblich ist.

   Die Atmosphäre dieser *Afro Soul Food Eatery*, wie Sifiso sie
nennt, ist familiär und gemütlich. »Der Begriff *Restaurant* ist euro-
päisch geprägt. Wir sehen unser Lokal eher wie ein gemeinschaft-
liches Esszimmer, in dem sich alle treffen und wohlfühlen können und das uns buchstäblich an einen Tisch bringt. So schaffen
wir einen Raum, in dem wir die Konversationen führen, die wir
als Gesellschaft führen müssen, wo wir unsere Komfortzonen und
Kokons, in denen wir alle leben, hinterfragen können und Denk-
anstöße bekommen.« Das Konzept geht offenbar auf, bald sind die
meisten Tische besetzt. Ein junger dunkelhäutiger Familienvater,
der eben noch mit seinen beiden Kindern in ein Brettspiel vertieft
war, setzt sich zu uns, ebenso ein hellhäutiges Paar. Wir diskutieren
bis zum späten Abend über Politik, soziale Übel und die Veränderungen in Brixton. Der schwarze Familienvater hat früher einen großen Bogen um dieses Viertel gemacht, fühlt sich heute jedoch pudel-

wohl hier. Der weiße Mann dagegen ist in Brixton aufgewachsen, muss sich aber heute überwinden, hier nachts auszugehen, weil die Gegend nicht als die sicherste gilt. »Hast du morgen Lust auf meine etwas andere Stadtführung, zu Fuß von hier bis Downtown?«, fragt mich Sifiso, als ich aufbreche. Diese Touren, die er mit einem Augenzwinkern, an die Geschichte der *Vortrekker* angelehnt, *Trek* nennt, sind seine neueste Initiative. »Die meisten Leute fahren nach Soweto oder gehen ins Apartheid Museum, um die Geschichte unseres Landes zu verstehen«, erklärt er, »dabei hat diese Geschichte in Wahrheit überall Spuren hinterlassen. Das Museum lebt! Ich nehme die Leute also mit auf eine Wanderung durch einen Mikrokosmos unseres Landes, bei der wir hinterfragen können, woher wir als Südafrikaner kommen und wo sich unsere Gesellschaft momentan befindet.« Wieder einmal macht er mich neugierig und so sage ich gern zu.

Am nächsten Vormittag fahre ich erneut die steile kurvige Straße von Melville nach Brixton hoch, vorbei am SABC. Sifiso sitzt auf der Bank vor der wunderbaren Wandmalerei seines Lokals, *The Doors of Learning & Culture Shall Be Open* steht dort in geschwungener Schrift neben Porträts einflussreicher Frauen, von der Khoi-Ureinwohnerin Krotoa, die als Übersetzerin für die ersten Siedler am Kap arbeitete, über die politische Aktivistin und Lehrerin Helen Joseph bis zu den Sängerinnen Busi Mhlongo und Brenda Fassie. Es ist ein erster Vorgeschmack auf den Tag, den Sifiso mit einem Kaffee und einer Zigarette in der Morgensonne einläutet. Er trägt Jeans, rote Sneakers und ein schwarzes T-Shirt mit dem Slogan *The People Shall Groove*. »Das ist sozusagen meine Alltagsphilosophie«, sagt er grinsend, als ich ihn darauf anspreche. Es ist eine Abwandlung eines der Kernsätze aus der Freiheitscharta, einem der wohl wichtigsten historischen Dokumente, das eine Vision von einem Südafrika ohne Apartheid entwarf. 1955 hatte darin ein parteiübergreifender, alle Bevölkerungsgruppen umfassender Volkskongress die Forderungen nach Demokratie, Selbst-

bestimmung und Menschenrechten festgeschrieben. Bis heute
gehört die Freiheitscharta zu den politischen Grundlagendoku-
menten des ANC. *The People Shall Govern,* lautet einer der zentralen Sätze, das Volk solle regieren. »Doch nicht jeder von uns strebt
tatsächlich politische Macht an«, sagt Sifiso, »die meisten wünschen sich einfach ein friedliches, bescheidenes Leben, in dem sie
auch Spaß haben können. Deshalb sage ich: Die Leute sollen grooven. Trotz der demokratischen Wende vor gut zwei Jahrzehnten
aber grooven hier in Südafrika bis heute nur sehr wenige von uns.«
Was zunächst oberflächlich klingt, hat dennoch Tiefe. Wieder
einmal geht es um die grundsätzliche Frage, was Freiheit eigentlich bedeutet und was die Freiheit auf dem Papier dem südafrikanischen Normalbürger bis heute gebracht hat. »Die meisten dachten, dass Freiheit ein Ereignis ist. Dabei ist sie ein langer Prozess.
Der Kampf geht weiter«, sagt Sifiso. *Freedom in our lifetime* war das
Ziel der Gruppen, die die Freiheitscharta formuliert haben. Damals stand die Erringung der politischen Freiheit im Vordergrund.
Heute dominiert in Südafrika die Debatte darüber, wer die wirtschaftlichen Fäden in der Hand hält, wer tatsächlich hinter den
politischen Kulissen regiert. »Der ANC ist in seiner über zwei
Jahrzehnte dauernden Regierungszeit spektakulär daran geschei-
tert. Es geht nur um Wählerstimmen. Aber es wird keine Freiheit
geben, wenn wir nicht alle mit an Bord holen«, betont er.

Langsam trudeln die anderen Teilnehmer der Tour ein, Sifiso begrüßt sie gut gelaunt, schenkt Kaffee und Tee aus. Die Gruppe besteht aus neun Frauen und einem Mann, allesamt weiße Südafrikaner zwischen Mitte zwanzig und Mitte dreißig, die sich aus
dem Studium kennen. Viele von ihnen sind zum ersten Mal in Brixton und ich bin gespannt auf ihre Reaktionen. Als sich alle versammelt haben, stellt sich Sifiso auf der kleinen Bühne vor. Der 56-Jäh-
rige ist in Swaziland zur Schule gegangen, weil seine Mutter ihm die
Bantu Education der Apartheid ersparen wollte, Anfang der 80er-
Jahre gehörte er zu der winzigen Minderheit schwarzer Studen-

ten, die mit einer Sondergenehmigung an der damals sonst gänzlich weißen Witwatersrand Universität in Johannesburg zugelassen wurde. Doch das Studium dauerte nicht lange. Sifiso nahm an regimekritischen Studentenprotesten teil, wurde festgenommen, inhaftiert und exmatrikuliert. Nachdem er aus dem Gefängnis freikam, ging er notgedrungen ins Exil, zunächst nach Tansania, dann nach Kanada und New York, wo er studierte, arbeitete und sich für die Anti-Apartheid-Bewegung engagierte. »Sie nannten uns *Roving Bantus*«, erzählt er mit ausladenden Bewegungen, »weil wir von einem Ort zum anderen zogen, überall in der Welt auftauchten und immer in Bewegung waren.« Erst nach der politischen Wende der 90er-Jahre kehrte er zurück in seine Heimat. Die Gruppe hängt an seinen Lippen, während er seine Lebensgeschichte mit amüsanten Anekdoten gespickt zusammenfasst. »Viele forderten damals, dass wir die Weißen zurück ins Meer jagen sollten. Aber wir fragten uns, wie das gehen sollte, wenn wir nicht einmal die Strände betreten dürfen.« Ein erleichtertes, fast dankbar klingendes Kichern geht durch die Runde.

Den *Roving Bantu* an der Spitze ziehen wir los, die Straße hinunter durch enge Gassen und verschlafene Straßen des Viertels, das zu den ältesten Johannesburgs zählt. Um 1893 gründete die Regierung unter Paul Kruger die ersten *locations,* also Viertel, die in erster Linie für die nichtweiße Bevölkerung gedacht waren. »Damals nannte man diesen Stadtteil *Kaffir Kasie,* bis die Briten ihn 1902 auf den Namen Brixton tauften«, erzählt Sifiso. »Schwarze Südafrikaner denken heutzutage, dass sie aus den Townships stammen. Sie können sich nicht vorstellen, dass ihre Vorfahren einmal mitten in der Stadt lebten. Dabei beginnt ihre Geschichte eigentlich in Stadtteilen wie diesem.« Lange vor dem *Group Areas Act*, nach einem Pestausbruch um 1904, waren viele Schwarze aus der Innenstadt unter anderem ins heutige Soweto vertrieben worden. »Als wir hier hinzogen, war ich der erste Schwarze, der an dieser Straßenecke wohnte«, sagt Sifiso, als er vor seinem eigenen

Haus stehen bleibt. Er erzählt von anfänglichen Sabotageakten durch die alteingesessenen Nachbarn, die beispielsweise das Schlüsselloch der Garage mit Klebstoff versiegelten. Als wäre das nie geschehen, grüßt er seinen weißen Nachbarn von gegenüber, der in diesem Moment sein Tor öffnet, mit einem freundlichen »Guten Morgen!«. Eine südafrikanische Flagge ziert die Mauer, die Sifisos und Ashleys Haus umgibt, rund um einen Baum auf dem Bürgersteig haben die beiden in der Tradition der *Peace Gardens* liebevoll einen kleinen Garten mit Pflanzen angelegt, die sie von ihren Reisen durch Südafrika mitgebracht haben. Offenbar haben vor dieser kleinen Oase sogar die Drogenabhängigen Respekt, die regelmäßig die Glühbirnen aus den Lampen an der Mauer klauen, um in den Fassungen das berüchtigte *Nyaope* zu rauchen. Ihre Autos parken Sifiso und Ashley immer hinter dem Tor, selbst wenn sie nur kurz zu Hause sind, weil Diebstähle auch tagsüber verübt werden. »Trotzdem fühlen wir uns hier sicherer als in den Trutzburgen der Vorstädte«, betont er mit Blick auf die Gruppe, die überwiegend genau dort wohnt.

Wir gehen weiter in einen gepflegten, kleinen Park mit Spiel- und Sportplatz, Panoramablick über die Stadt und einem Gedenkstein, der an gefallene Soldaten des Ersten Weltkriegs erinnert. Die Inschrift endet mit dem Satz: ›Auf dass wir sie nicht vergessen‹. »Immer wenn ich hier vorbeigehe, frage ich mich, wer hier eigentlich was vergessen will, denn hier geht es um sechs getötete Soldaten aus Brixton«, sagt Sifiso. »Das ist wieder so ein südafrikanisches Thema, wessen gedacht wird und warum.« Die fragmentierte und lückenhafte Erinnerungskultur in seiner Heimat ist eines seiner Steckenpferde, auf das er noch mehrmals an diesem Tag zurückkommen wird. Er lässt seine Worte auf die Gruppe wirken, scheint auf eine Reaktion zu hoffen, aber die anderen bleiben still. Mir kommt es so vor, als hätten sie Schwierigkeiten, der geballten politischen und historischen Information zu folgen, die Sifiso in seinem anekdotenreichen, hakenschlagenden und leiden-

Sifiso Ntuli – beim »Roving Bantu Trek« durch Johannesburg.

schaftlichen Vortrag nur streift, weil er offenbar das entsprechende
Hintergrundwissen voraussetzt. Kurz vorher hatte er auf ein Graffito aufmerksam gemacht, das mit viel Phantasie einer Sonnenblu-
me gleicht. Die neue Farbschicht verdeckt ein Hakenkreuz, das
hier jahrelang an die Gesinnung der Nachbarn erinnerte. »Denkt
daran, hier in Brixton schlug das Herz der südafrikanischen Nazis
von der AWB«, hatte Sifiso gesagt und scherzhaft hinzugefügt:
»Wir nannten sie *Afrikaners Without Brain*, Buren ohne Hirn. Weiß
jemand, wofür die Abkürzung wirklich steht?« Ich war schockiert,
dass keiner dieser weißen, studierten Südafrikaner selbst diese
simple Frage nach der rechtsextremen *Afrikaner Weerstandsbewe-
ging* beantworten konnte. Oder vielleicht nicht wollte?

Auch als Sifiso uns wenige Schritte später, als wir an einem unscheinbaren Haus vorbeilaufen, im Flüsterton zuraunt: »Hier lebt
der Mann, den sie *Prime Evil* nannten«, zeigen sie keine Reaktion. Ob aus mangelnder Geschichtskenntnis, Desinteresse oder
Lethargie, ist für mich unklar. »Lebt er tatsächlich wieder hier?«,
frage ich Sifiso. Er nickt. Eugene de Kock ist ein Phantom, seit er
2015 nach ›nur‹ 20 Jahren Haft aus dem Gefängnis entlassen wurde. Das geschah im »Interesse der Nationenbildung und Versöhnung«, wie es damals aus dem Justizministerium hieß, und war lange vor Verbüßung seiner Strafe, die zweimal lebenslänglich plus 212
Jahre Haft betrug. Während der Apartheid war de Kock ein hoch-
dekorierter Offizier der Sicherheitspolizei, als Leiter der geheimen
Einsatztruppe *Vlakplaas* war er für Mord, Folter und Entführun-
gen in unzähligen Fällen verantwortlich. Die detaillierten Schil-
derungen einzelner Taten vor der Wahrheits- und Versöhnungskommission gingen damals wie Schockwellen durch das gesamte
Land. Im Gegensatz zu vielen anderen Tätern wurde de Kock keine Amnestie gewährt. Seine Aussagen, nach denen er ein »Mörder
mit staatlichem Auftrag« war, mit denen er führende Polizeigenerä-
le und Politiker, unter ihnen auch den letzten weißen Präsidenten
Südafrikas und Friedensnobelpreisträger de Klerk, schwer belaste-

te, führten nie zu juristischen Konsequenzen. Er selbst bezeichnete sich deswegen als Bauernopfer und selbst Sifiso meint: »Er wurde für das neue Südafrika geopfert, um die Schuld aller anderen zu tragen.« In diesem Punkt sind sich zwei einig, die unterschiedlicher nicht sein könnten. Wie ein Kontrapunkt zu diesem düsteren Kapitel der Geschichte leuchten ausgerechnet an dieser Ecke von Brixton knallbunte, kunstvolle Graffiti an den Mauern. Ich frage mich, ob die Sprayer wussten, in welcher Nachbarschaft sie sich da befanden, oder ob sie sich diesen Ort vielleicht sogar bewusst ausgesucht hatten. Es sind die typischen Widersprüche und Brüche, denen jeder, der mit offenen Augen durch Südafrika geht, überall begegnet. Die nächsten warten bereits um die Ecke.

Wir bleiben neben dem *Sentech Tower* stehen, dem Fernsehturm, der 234 Meter in den Himmel ragt und mir schon oft bei der Orientierung geholfen hat, wenn ich mich mal wieder in Johannesburg verfahren hatte. Die Aussicht ist an diesem klaren Tag großartig, die Stadt liegt uns zu Füßen, doch die unmittelbare Umgebung ist mehr als trist. In einer betonierten Senke liegen Müll, schimmlige Essensreste, eine aufgeplatzte Matratze und gebrauchte Kondome, es riecht penetrant nach Urin. Doch auch dieser Ort sagt etwas über die Geschichte und Erinnerungskultur Südafrikas. Sifiso erzählt, dass hier bis vor ein paar Jahren noch ein Denkmal für die irischen Freiwilligen stand, die beim zweiten *Anglo Boer War* um die Wende vom 19. zum 20. Jahrhundert an der Seite der Buren gegen die Briten gekämpft hatten. Es ist ein weiteres düsteres Kapitel Südafrikas, in dem es um Gold, Diamanten und natürlich Macht ging. Die Briten gingen brutal vor, um die Guerillataktik der Buren zu brechen, vernichteten Farmland, um die Gegner auszuhungern, und internierten weit über einhunderttausend Landbewohner, insbesondere Frauen und Kinder, in Konzentrationslagern. Schwarze Südafrikaner, die zwischen die Fronten geraten waren, wurden, getrennt von den weißen Buren, ebenfalls in derartige Lager gesteckt. In all diesen Camps starben die Menschen wie die Fliegen an Hunger und Krankheiten. Die Folgen dieses Krieges waren weitreichend und prägen das Verhältnis zwischen Englisch- und Afrikaans-sprachigen weißen Südafrikanern bis heute. Vor ein paar Jahren wurde das Denkmal abmontiert und nach Orania gebracht, eine reine Buren-Siedlung, in der die Bewohner abgeschottet vom Rest des Landes leben, sogar mit einer eigenen Währung bezahlen und weiterhin von einem autonomen Volksstaat träumen. Es sei symptomatisch, meint Sifiso, dass jede Bevölkerungsgruppe getrennt voneinander ihrer Erinnerungskultur anhängt, statt die Chance zu nutzen, im neuen Südafrika all diese Einzelteile zu einer gemeinsamen Geschichte zusammenzufügen. »Ein roter Faden all dieser Erzählstränge ist die Gewalt, die Südafrika und damit uns alle von Anbeginn geprägt hat. Die Angst schweißt uns zusammen, die Angst, ein Opfer der Kriminalität zu werden, aber vor allem die Angst vor einer weiteren Eskalationsstufe, vor einem Bürgerkrieg. Diese Gefahr besteht tatsächlich und jeder von uns will verhindern, dass es dazu kommt.« Es ist eine interessante neue Antwort auf die Leitfrage, die ich mit auf diese Reise genommen habe. Auch die Angst hält dieses Land zusammen.

Wir laufen den Hang hinab, rechts von uns liegt das historische Hindu-Krematorium, unmittelbar gegenüber der berüchtigten Polizeistation von Brixton. Vor dem Eingangstor stehen ein paar junge dunkelhäutige Beamte um ein Auto herum, Sifiso begrüßt sie lässig, bleibt mit uns direkt vor ihrer Nase stehen und deutet auf die Fassade. Sie ist fensterlos. »Stellt euch vor, ihr sitzt in einem dieser Räume fest. Dort waren die Folterkammern«, sagt er nüchtern und erzählt von furchtbaren Verhörmethoden. Er selbst ist diesem Schicksal vieler politischer Aktivisten während der Apartheid offenbar knapp entgangen. »Ich war nach den Studentenprotesten gerade wieder auf freiem Fuß, als mein Vater mir sagte, dass der *Brixton Murder and Robbery Squad* auf der Suche nach mir sei. Da wusste ich, dass ich ins Exil gehen muss. Denn die Chancen, den Arrest in diesem Gebäude zu überleben, standen

nicht besonders gut.« Ich spüre ein Unbehagen um mich herum,
die weißen Südafrikaner in der Gruppe wissen nicht so recht, wie
sie mit dieser persönlichen Information umgehen sollen, und die
etwa gleichaltrigen schwarzen Polizisten ebenso wenig. »Hast du
gesehen, wie sie reagiert haben?«, fragt Sifiso mich ein paar Schritte weiter grinsend. »Wir haben die Cops gestört, und zwar mit voller Absicht.« Er liebt diese kleinen Irritationen und hofft, dass sie
den einen oder anderen zum Nachdenken anregen. Dies war nur
ein Vorgeschmack, auf das was jetzt noch kommt. Eine Ecke weiter beginnt die Gegend, die Sifiso *Fietas* nennt. Das Viertel ist heruntergekommen und unübersehbar arm; mir scheint es, als würden sich einige in der Gruppe jetzt noch enger um Sifiso scharen.
»Hier würde ich mich nicht einmal mit dem Auto hin trauen«, flüstert mir eine der Frauen zu. Aus einem der verwilderten Vorgärten
kommt laute Musik, ein paar angetrunkene Männer, die offenbar
noch die letzte Nacht ausklingen lassen, sitzen auf Bierkästen neben den wummernden Lautsprechern. Sifiso ruft ihnen einen
Gruß zu und die Männer grölen zurück, wir seien herzlich willkommen. Dieser Versuchung kann er nicht widerstehen. »Lasst
uns doch kurz *howzit* sagen«, meint er und führt seine gleichsam
verdatterte wie verschüchterte Gruppe durch das windschiefe
Gartentor. Was folgt, ist eine kleine Kollision der Kulturen, ein
ungelenkes Zusammentreffen von Südafrikanern, die sich im Alltag wohl kaum begegnen. Einige der Tour-Teilnehmer fotografie-
ren lieber die Graffiti an der Gartenmauer, ein Überbleibsel eines
trashigen Musikvideos, das die südafrikanische Band *Die Antwoord* hier gedreht hat, weil das Viertel so schön zum Rap-Prole-
ten-Image der Gruppe passt. Andere trauen sich, ein paar Hände
zu schütteln. Als die Männer die Frauen jedoch zum Tanzen auf-
fordern wollen und die Musik bis zum Anschlag aufdrehen, tritt
Sifiso den Rückzug an. »Danke, Jungs, ein anderes Mal«, ruft er gegen den Lärm an und führt seine erleichterten Schützlinge wieder
zurück auf die Straße.

Nur ein paar Meter weiter kommt uns ein Paar entgegen, das direkt aus einem der Videos von *Die Antwoord* stammen könnte. Er hat Tattoos bis zur Stirn, trägt eine dicke Goldkette über der Brustbehaarung und ein Muskelshirt, das seinen gestählten Bizeps zur Geltung bringt. Sie hat dicke Schminke aufgetragen, trägt hautenge Jeans und eine Bomberjacke über ihrem dekolletierten Top. An einer Hand halten sie sich fest, in der anderen ihre Bierdosen. Sie werfen uns nur kurz einen Blick zu, in dem ich sowohl Skepsis als auch Feindseligkeit und Scham lese. »Hier siedelte schon das Apartheid-Regime die armen Weißen an, nachdem sie alle anderen vertrieben hatten«, erzählt Sifiso. »Wie du siehst, wohnen die meisten von ihnen immer noch hier. Sie sehen sich sogar erstaunlich ähnlich«, fügt er sarkastisch hinzu. »Mittlerweile haben sie aber auch wieder Nachbarn anderer Hautfarben. Interessanterweise ist genau dieses Viertel heute wohl eines der multikulturellsten der Stadt. Es hat nur ein Problem: Alle hier sind in der Armut gefangen.«

Prostituierte stehen schon jetzt zur Mittagszeit an den Straßenecken, ein Obdachloser schiebt einen Einkaufswagen mit seinem Hab und Gut den Berg hoch, von den Balkons eines schäbigen Altenheims schauen Rentner zu, wie sich Frauen und Männer vor einem Getränkehandel mit billigem Fusel zulaufen lassen und andere auf dem Bürgersteig ihren Alkohol- oder Drogenrausch ausschlafen. Von hier stammen auch die Jugendlichen, die Sifiso regelmäßig die Glühbirnen klauen. Ihn kann das alles nicht schrecken, er grüßt freundlich rechts und links, je nach Gegenüber variiert er die Sprache, wechselt spielerisch von Englisch zu Afrikaans oder isiZulu und hebt zwischendurch die Faust zu einem ›*Howzit Comrade!*‹ Die Gruppe folgt ihm wie verschreckte Küken ihrer Glucke, schweigend, mit großen Augen. »Entspannt euch, Leute«, sagt Sifiso zwischendurch, »das hier sind auch nur Menschen, selbst wenn sie von der Gesellschaft vergessen wurden. Geht einfach weiter und grüßt zwischendurch mal.« Es bleibt bei ein paar schüchter-

nen Versuchen. Mir fällt auf, dass ich mich in diesem Umfeld nicht
so unwohl fühle wie die weißen Südafrikanerinnen neben mir. Die
Scheu vor den historisch ›Anderen‹, vor der Berührung mit Armut
und die Angst, mit der hellen Haut zur Zielscheibe zu werden, ist
vielen von ihnen von Kindesbeinen an eingeimpft worden. In ihrem Alltag bewegen sie sich überwiegend innerhalb der weichen
Wände ihres Mittelstands-Kokons; es muss sie Überwindung ge-
kostet haben, sich überhaupt für diese Tour anzumelden. Eine junge Frau bestätigt mein Gefühl; vor allem die armen Weißen haben
bei ihr einen bleibenden Eindruck hinterlassen. »Ich habe mich
selten so unwohl in meiner Haut gefühlt«, meint sie, als Sifiso vor
einem heruntergekommenen Denkmal für die Helden der Buren
stehen bleibt, für die sich heute offensichtlich niemand mehr interessiert. Ein ehemals fast heiliger Ort, auf den die Leute heute
dem Gestank nach zu urteilen im besten Fall pinkeln. »Es wird interessant sein, wie die künftigen Generationen mit den Orten umgehen, die wir heute als heilig erachten«, meint er.

Wir überqueren einen ungepflegten Rasen und gehen bergab
in einen anderen Teil von *Fietas,* dem die Gegend diesen Spitznamen verdankt. Denn hier hatten die *Men's Outfitters*, die Herren-
ausstatter, ihre Läden und wohnten mit ihren Familien meistens
im Stockwerk darüber. Es muss ein lebendiges Viertel gewesen
sein, doch heute ist davon nichts mehr übrig. Der Wind trägt die
melodischen Rufe eines Muezzin in die kleine Straße. Vor einem
Tante-Emma-Laden lehnt der muslimische Besitzer in seinem
langen weißen Gewand im Türrahmen und nickt Sifiso lächelnd
zu, Kinder hüpfen auf einer Matratze, die jemand auf dem Bürgersteig entsorgt hat, gegenüber grillen Männer unter freiem Himmel, ungepflegte Brachen klaffen zwischen den kleinen Häusern.
Es sind die Narben der Apartheid. Denn auch aus diesem Teil von
Fietas, in dem bis Mitte der 1970er-Jahre überwiegend indischstämmige Südafrikaner gelebt hatten, wurde die nichtweiße Bevölkerung vertrieben. Einige Familien wehrten sich hartnäckig,

doch gegen das Regime hatten sie keine Chance. Ein Metzger war
1984 der Letzte, der seinen Familienbetrieb zurücklassen musste.
Viele Häuser waren damals bereits dem Boden gleichgemacht
worden, nicht überall wurden neue gebaut, heute hausen Obdachlose auf den brachliegenden Grundstücken. Die ungeklärten Be-
sitzverhältnisse haben dazu geführt, dass das Viertel so vernach-
lässigt aussieht. Selbst die Tür des kleinen Museums in einem der
wenigen verbliebenen historischen Häuser ist verschlossen. »Die
Besitzerin hat verbittert aufgegeben«, erzählt Sifiso. »Wer kann es
ihr verdenken? Diese Familien haben sich gegen die Enteignung
während der Apartheid gewehrt, aber jetzt hilft ihnen die Regierung, von der sie dachten, sie würde endlich ihre Rechte vertreten,
nicht dabei, ihre historischen Ansprüche geltend zu machen.« Versprechen wurden mehrfach gebrochen, gegenüber diesen Famili-
en ebenso wie Millionen von Südafrikanern, denen Häuser und
Farmland in Aussicht gestellt wurden. »Die Apartheid hat unser
Land buchstäblich gestohlen«, sagt Sifiso, »jetzt ist die Frage, wie
wir es für die kommenden Generationen wiederbekommen und
vor allem miteinander teilen können.« Es ist eine Frage, auf die weder die Politik noch die Gesellschaft eine Antwort weiß.

Das Echo der Vergangenheit im Ohr, durchqueren wir das Viertel, folgen einer breiten Straße, die parallel zur Bahnlinie verläuft,
die das Zentrum Johannesburgs mit den Townships verbindet,
in die auch die ursprünglichen Einwohner von *Fietas* vertrieben
wurden. Bis nach Downtown ist es nur noch ein Katzensprung.
Doch kurz bevor wir das lebendige Studentenviertel Braamfon-
tein und Newtown erreichen, die Innenstadt, die nach Jahren als
No-Go-Area nun schon seit geraumer Zeit eine Art Renaissance
erlebt, steigen wir durch eine große Lücke im Betonzaun und stehen plötzlich mitten auf dem historischen Friedhof unter schattigen Bäumen zwischen verwitterten Gräbern. Bis auf ein paar Vögel ist es buchstäblich totenstill. Die meisten Grabstätten scheint
niemand mehr zu pflegen, ein einsamer Wachmann langweilt sich

am Eingangstor, nur ein paar Decken und Kartons weisen darauf
hin, dass hier abends ein wenig Leben einkehrt, wenn die Obdach-
losen zum Schlafen zurückkommen. Hier könne man sehen, wer
Johannesburg aufgebaut habe, sagt Sifiso, während wir an den teils
windschiefen Engels- und Marienskulpturen auf den Gräbern der
Randlords vorbeilaufen, den eingewanderten Unternehmern und
Finanziers der Gründungsjahre, die das Gold der Stadt reich gemacht hat. Aber während ihre Namen teilweise in Geschichtsbü-
chern auftauchen, erinnern unzählige Gräber hier auch an die vielen andern, sonst namenlosen Männer und Frauen. Natürlich liegen
diese vergessenen Toten nicht unmittelbar neben den *Randlords*.
Die Toten sind bis in die Ewigkeit so voneinander getrennt, wie sie
es zu Lebzeiten waren. Der Friedhof ist in etliche Sektionen aufgeteilt, zum einen nach Religionszugehörigkeit, aber auch nach
rassistischen Kriterien. Im Süden liegen europäische Christen
nach Konfessionen geordnet, in der Mitte Juden und sogenannte Nonkonformisten und im Norden Tote aus Indien, China und
vom Kap, Muslime und Schwarze, nach den Original-Bezeichnun-
gen einer alten Karte *Coolies, Chinese, Cape People, Mahomedans* und
Kaffirs. Die letztere Gruppe wird noch einmal aufgeteilt, *Christian Kaffirs* haben einen eigenen Abschnitt – eine späte Belohnung
für die Konvertierung, die sie aus Sicht der Friedhofsgründer offenbar zu etwas besseren Menschen gemacht hat. Wir bleiben vor
einigen Gräbern stehen: Dem eines chinesischen Hausangestell-
ten, der sich laut seinem Abschiedsbrief, der auf seinen Grabstein
eingraviert ist, das Leben nahm, weil er die Behandlung als Skla-
ve in Südafrika als Schande für seine ganze Nation empfand. Denen der vielen jungen Kanadier und Neuseeländer, die mit durch-
schnittlich gerade einmal 20 Jahren im zweiten *Anglo Boer War*
fielen. Dem der 17-jährigen Valliammal Munusamy, die wegen ihrer
Beteiligung am passiven Widerstand inhaftiert wurde und sich im
Gefängnis mit einer tödlichen Krankheit infizierte. »Unsere Gesellschaft hat all diese Menschen vergessen. Obwohl sie das Süd-

afrika, das wir heute kennen, mit geprägt haben. Die meisten hätten wohl nie gedacht, dass sie hier sterben würden«, betont Sifiso. Nachdenklich gehen wir ein paar Schritte auf eine offene Rasenfläche, unter der ebenfalls Gebeine von Toten liegen, 12.000 schwarze Bergleute, die nie auch nur mit einem Grabstein gewürdigt wurden. Ein schwarzer Granitblock steht in der Mitte, ein nationales Monument zu Ehren von Enoch Sontonga, dem Komponisten der ehemaligen Hymne der Befreiungsbewegung und heutigen Nationalhymne Südafrikas, *Nkosi Sikelel' iAfrica*. Sifiso nimmt aus Respekt seine schwarze Baseballkappe von den grau melierten Haaren. »Unsere Kinder müssen all diese Geschichten erfahren. Sie müssen die ganze Wahrheit kennen«, sagt er zum Schluss seiner Tour eindringlich. »Südafrika ist ein wunderbares Land mit so vielen unterschiedlichen Einwohnern. Wir kennen seine Schönheit. Und wir wären extrem dumm, dieses Land kaputt zu machen.«

Rund acht Kilometer liegen hinter uns, vollgepackt mit Erinnerungen und vielen verschiedenen Schichten der Geschichte, die man in kaum einem Buch findet, die das Land jedoch auf unterschiedliche Weise bis heute prägen. Für den Rückweg zur *Roving Bantu Kitchen* quetschen wir uns in ein Sammeltaxi, die Stimmung ist nachdenklich bis erleichtert. Ich frage meine Sitznachbarin, wie ihr dieser Vormittag gefallen hat. Sie war mir aufgefallen, weil sie die ganze Zeit über, auch in *Fietas,* deutlich selbstbewusster gewirkt hatte als der Rest der Gruppe und zwischendurch auch kluge Fragen stellte. »Es war nicht nur interessant, überhaupt etwas über diese Gegend zu erfahren, sondern auch, sie zu Fuß zu erkunden«, sagt Lara. Denn normalerweise fahren weiße Südafrikaner selbst kurze Strecken mit dem Auto. »Man setzt sich so ganz anders mit seiner Umgebung auseinander, grüßt Menschen, die man normalerweise nie grüßen würde, und überdenkt dadurch auch die Stereotype, mit denen wir alle leben. Vielleicht können wir dadurch wirklich mehr Verständnis füreinander entwickeln.« Sifiso freut sich, als ich ihm nach dem gemeinsamen Mittagessen und der Verabschiedung der Gruppe von diesem Eindruck erzähle. »Die Stereotype in den Köpfen und Herzen sind eine der größten Herausforderungen unseres Landes und die weiterhin existierende städtebauliche Trennung aus Apartheid-Zeiten verstärkt sie nur«, sagt er und ich kann ihm nur zustimmen. Pauschalurteile über die ›Anderen‹ begegnen jedem, der in Südafrika lebt, fast täglich. Es sind vorgefertigte, teils haarsträubende und selten hinterfragte Einstellungen, die mit der vielschichtigen Realität nichts zu tun haben. Nicht immer geht es dabei um ›Rasse‹, ein Begriff, den die Südafrikaner angesichts ihrer Geschichte nach wie vor erstaunlich unbedarft benutzen, sondern auch um soziale Schichten oder Religionen. Die derzeitig hochgradig populistische Politik und die enorme Kluft zwischen Arm und Reich machen eine differenzierte gesellschaftliche Debatte darüber fast unmöglich.

Mich interessiert, wo Sifiso seine Heimat sieht, die wieder einmal, wie so oft in ihrer Geschichte, zwischen den Extremen schwankt, zwischen Absturz und Aufbruch, zwischen den Untergangsszenarien derer, die Südafrika schon als Bananenrepublik abgeschrieben haben, und denen, die mit wechselnden Hashtags - die alle auf *must fall* enden - von revolutionären Veränderungen reden. Er grübelt, zündet sich eine Zigarette an und nimmt einen tiefen Zug. »Was ich sicher weiß, ist, dass es genügend Leute gibt, die wollen, dass unser Land es schafft. Dazu zähle ich mich auch. Es steht einfach zu viel auf dem Spiel.« Er kommt noch mal auf seine eigene Vita als Freiheitskämpfer im Exil zurück. »Wir waren damals immer gegen etwas. Heute ist es Zeit, dass wir für etwas sind.« Er selbst hat diesen so simpel klingenden und doch entscheidenden Sichtwechsel längst verinnerlicht und lebt ihn in seiner Familie, in seinem Lokal, auf seinen Touren, beim Einsatz für den Wandel in seiner Nachbarschaft. Aber er wäre nicht Sifiso, wenn er das alles nicht auch auf der Metaebene betrachten würde. Er habe sich oft gefragt, was Afrikas Beitrag zur Menschheit sein könnte. »Vielleicht besteht er darin, der Welt ein menschlicheres

Gesicht zu geben.« Es ginge darum, ein Umfeld zu schaffen, in dem sich alle als Menschen fühlen können und nicht als menschliche Wesen zweiter Klasse.»Man hat uns in diesem Land nicht nur körperlich umgebracht, sondern auch mental und spirituell. Es wird lange dauern, den *African Spirit* wiederherzustellen. Aber Aufgeben ist keine Option.«

Der Überlebenstanz der Pantsulas

Ich wusste nicht, dass sich Füße so schnell bewegen können. Bis ich Vusi Mdoyi kennenlernte. In halsbrecherischer Geschwindigkeit bewegen sich seine Sneakers über den Asphalt, mal erinnern die Schritte an Stepptanz, mal an Breakdance, virtuos steigert er das Tempo sogar noch und bleibt dann abrupt wie eine Statue stehen. Das war nur ein kleiner Vorgeschmack auf sein Können, eine Eruption der Lebensfreude, die mich für einen Moment lang alles um mich herum vergessen ließ. Es war vor mehreren Jahren mitten in Katlehong, einem Township im Süden von Johannesburg, Vusis Heimat. Er ist in einer der *shacks* aufgewachsen, einer dieser kleinen selbstkonstruierten Hütten aus Wellblech, Sperrholz und Pappe. Seine Mutter hatte diesen winzigen Raum in einem Hinterhof gemietet und zog dort Vusi und seine Brüder auf. Heute wohnt seine Mutter in einem eigenen Haus, dank der schnellen Füße und des wachen Geistes ihres Sohnes. Es sind die Eigenschaften, die einen Pantsula-Tänzer auszeichnen, und Vusi ist einer der besten und bekanntesten Südafrikas. Pantsula ist ein südafrikanischer Tanzstil, dessen Wurzeln bis in die 1940er-Jahre zurückreichen; die Ursprünge sollen in Sophiatown liegen, dem multikulturellen Viertel von Johannesburg, das ähnlich wie District Six vom Apartheid-Regime zerstört wurde. Bevor die Bulldozer kamen, gingen die Pantsulas dort in den *shebeens* ein und aus, in denen damals jazziger Marabi gespielt wurde. Der Name des Musikstils bedeutet

übersetzt aus dem Sesotho so viel wie ›Gangster‹, Pantsula wurde
als ›Tanz der Gangster‹ bekannt. »Viele verdienten mit Glücksspiel auf der Straße ihr Geld, immer auf der Flucht vor der Polizei«, erzählte mir Vusi damals. »Sie waren berüchtigt dafür, in der
letzten Sekunde auf die vollbesetzten Züge aufzuspringen. Dazu
mussten sie sich sowohl extrem schnell bewegen als auch ebenso schnell denken können. Aber nicht alle Pantsulas waren kri-
minell oder ungebildet. Letztlich ging es darum, unter den widri-
gen Umständen zu überleben.«

Pantsula wurde zu einer Subkultur in den Townships, in der
sich die Identität der Bewohner in Tanz, Mode und Musik aus-
drückte. Die Tänzer lieferten sich Wettkämpfe auf der Straße,
ihre Bewegungen spiegelten Szenen aus ihrem Alltag und ihren
Überlebenskampf wider. Während der Apartheid transportierte
der Tanz auch regimekritische politische Botschaften; verpackt in
eine vielschichtige Symbolsprache erzählte er von Rassismus und
Staatsgewalt, von Schikanen und Demütigungen, von üblen Ar-
beits- und Lebensbedingungen. Als in Katlehong die Gewalt zwischen Anhängern des ANC und der *Inkhata Freedom Party* in den
Jahren vor der historischen Wahl 1994 eskalierte, blutige Straßenkämpfe an der Tagesordnung waren und Menschen auf offener
Straße erschossen wurden, waren es Pantsula-Tänzer, die Jugendliche aus der Gefahrenzone holten. Sie luden sie zum Tanztraining
ein, lenkten sie damit von den traumatischen Ereignissen ab und
boten ihnen ein Ventil für Wut und Angst. »Wir tanzten gegen
Tod, Trauer und Verzweiflung an«, erinnerte sich Vusi, der damals
einer dieser Jugendlichen war und den diese besondere soziale
Funktion des Tanzes tief geprägt hat. Nicht nur seine flinken
Tanzschritte beeindruckten mich, sondern auch sein unermüdli-
ches Engagement für die Jugendlichen aus seinem Viertel, die aus
schwierigen Verhältnissen stammen und Gefahr laufen, auf die
schiefe Bahn zu geraten. »Bis heute geht es mir beim Pantsula auch
darum, schlechte Energie in gute umzuwandeln, ein Talent, Diszi-

plin und Selbstbewusstsein zu entwickeln und neue Perspektiven
zu eröffnen.« Für Vusi selbst hat sich dieser Traum erfüllt; mit seiner ehemaligen Kompagnie *Via Katlehong* ging er international auf
Tour, er veranstaltet Workshops, ist ein gefragter Choreograf und
tritt als Jurymitglied in einer südafrikanischen TV-Show auf. Es ist
einige Zeit vergangen, seit wir uns das letzte Mal gesehen haben,
oft war er gerade irgendwo in der Welt auf Tournee, wenn ich mal
wieder in Johannesburg war. Doch diesmal sind wir glücklicherweise beide zur gleichen Zeit in der Stadt. Wir haben uns für den
Nachmittag in Soweto verabredet, denn dort wird heute das Fina-
le eines Pantsula-Wettbewerbs ausgetragen.

Noch einmal folge ich der *Main Reef Road* stadtauswärts, aber
diesmal bin ich nicht allein, meine Johannesburger Gastgeber sind
mit an Bord, Daniela und Vuyo, ein deutsch-südafrikanisches Pärchen. Sie hat sich als Kunsthistorikerin wissenschaftlich mit Pantsula auseinandergesetzt und gemeinsam mit Vusi und anderen die
Organisation *Impilo Mapantsula* gegründet, er ist ein Rechtsan-
walt, der aus Soweto stammt. Wir fahren an Riverlea und den Ab-
baubergen der alten Minen vorbei ins Township, biegen rechts in
Richtung Medowlands ab, einem Teil von Soweto, in dem ursprünglich die schwarzen Familien angesiedelt wurden, die aus Sophiatown vertrieben wurden. Das international wesentlich bekanntere, touristische Viertel Orlando, in dem das
Hector-Pieterson-Museum an die blutige Niederschlagung des
Schüleraufstands 1976 erinnert und in dem Nelson Mandela und
Desmond Tutu einmal gelebt haben, lassen wir buchstäblich links
liegen. Kleine, einförmige Häuser aus der Apartheid-Ära säumen
die Straße, zwischendrin stehen aber auch moderne Neubauten.
Im Gegensatz zu den fast geisterhaften, wohlhabenden Vororten
Johannesburgs spielt sich das Leben hier auf der Straße ab. Kinder
spielen auf dem Bürgersteig, Nachbarn unterhalten sich über den
Gartenzaun, ein paar Jungs stehen vor einem der *Tuck Shops* herum, eine Mädchen-Clique läuft kichernd vorbei. Wieder einmal

wird mir auf der Fahrt bewusst, wie groß Soweto ist, geschätzte anderthalb bis zwei Millionen Menschen leben hier. Das Township ist vielfältiger als sein Ruf; es gibt Viertel für die Mittelschicht, Einkaufszentren und Orte, an denen man gut ausgehen kann. Dazu gehört auch das Lokal, in dem heute der Pantsula-Wettbewerb stattfindet.

Ein Parkwächter sorgt dafür, dass die Autos auf dem geräumigen Schotterplatz nicht kreuz und quer parken, und weist auch uns einen Parkplatz zu. Mehrere Wagen stehen schon dort, teils klapprig, teils nagelneu. Am Eingang sind Sicherheitsleute postiert, die einen kurzen Blick in unsere Handtaschen werfen. Wir betreten einen geräumigen Innenhof mit einer Freiluftbühne, auf der gerade der Soundcheck für den Wettbewerb stattfindet. Der DJ dreht die Musik bis zum Anschlag auf, die Bässe wummern so laut, dass wir sie körperlich spüren können. Also schlagen wir die entgegengesetzte Richtung ein.

Während draußen noch gähnende Leere herrscht, ist im Lokal bereits viel los. Eine hochschwangere Frau feiert in einem der großen Räume mit Freunden und Familie ihre *Baby Shower*, eine Geschenkparty für eine werdende Mutter. Diese angelsächsisch-amerikanische Tradition ist offenbar auch in Soweto verbreitet. Die Schwangere trägt ein Krönchen und eine Schärpe und packt gerade die vielen Geschenke aus, die ihre Gäste mitgebracht haben: eine komplette Erstausstattung für ihr Baby, Windeln, Strampler, Decken, Spielsachen und vieles mehr.

Im Nebenraum wird ebenfalls gefeiert, dort steigt jetzt am Nachmittag eine Geburtstagsparty; auch hier regnet es Geschenke. Die Leute haben sich schick gemacht, die Männer stehen in taillierten Hemden, engen Chino-Hosen und glänzenden Schuhen mit einem Glas Whiskey an einer gut sortierten Bar, die Frauen sitzen mit ihren engen Kleidern, Stöckelschuhen, auffallendem Schmuck und Frisuren, für die sie wohl Stunden beim Friseur verbracht haben, in den Sesseln und Sofas der schicken Lounge. Die

Pantsulas, die bereits eingetroffen sind, sitzen im hinteren Teil dieses erstaunlich großen Gebäudekomplexes entspannt um den Pool herum.

»*My Sisters*!«, ruft Vusi uns mit breitem Lächeln zu, als wir um die Ecke biegen. Er hat sich nicht verändert, sein drahtiger Körper steckt in einer schmalen Hose und einem Kapuzenpulli, seine Füße in den für Pantsulas obligatorischen Sneakers, auf dem Kopf trägt er eine seiner vielen Stoffmützen, und er strahlt immer noch diese große Warmherzigkeit und Lebensfreude aus. Wir umarmen uns, setzen uns an einen der Bistrotische und unterhalten uns erst mal darüber, wie es uns in der Zeit seit unserem letzten Treffen ergangen ist. Der 37-Jährige hat sich und seiner kleinen Familie ein Haus in Katlehong gebaut, war viel auf Tour und bei Workshops unterwegs. »Ich habe gesehen, dass du jetzt sogar ein Fernsehstar bist«, sage ich in Bezug auf die Sendung, in der er regelmäßig als Jury-Mitglied auftritt. Er winkt bescheiden ab. »Fernsehen wird überschätzt. Ewig werde ich das nicht machen, aber es hilft Pantsula dabei, auch über die Grenzen der Townships hinaus bekannter zu werden«, sagt er und fügt grinsend hinzu: »Keine Sorge, ich bin immer noch der Alte.« Er ist nicht der Typ, dem der Ruhm zu Kopf steigt. Trotz seines vollen Kalenders findet er noch immer Zeit, mit den Jugendlichen in Katlehong zu arbeiten; seine Leidenschaft für diese ehrenamtliche Arbeit ist ungebrochen. Sein ganzer Körper gerät in Bewegung, als er mit den ihm typischen großen, tänzerischen Gesten davon erzählt. »Vor vielen Jahren hat jemand mein Talent entdeckt und gefördert. Das hat mein Leben vollkommen verändert. Heute bin ich selbst ein Mentor für die Jugend, damit sie die gleiche Chance bekommt.« Er unterrichtet nicht nur *Pantsula*, sondern organisiert auch Kurse in anderen künstlerischen Disziplinen. »Die Hauptsache ist es, kreativ zu sein«, betont er. »Selbst wenn diese Jugendlichen einmal Anwälte werden, dann haben sie ihre Kreativität wenigstens erforschen können. Sie haben gelernt, sich zu konzentrieren, diszipliniert auf

ein Ziel hin zu arbeiten und neue kreative Wege zu entwickeln.«
Die meisten staatlichen Schulen bieten all dies nicht an, Kunst-
und Sportunterricht findet dort anders als in den Privatschulen
der wohlhabenderen Vororte kaum statt. Viele Familien sind zer-
rüttet, die Eltern sind geschieden, verstorben oder können sich
angesichts des täglichen Überlebenskampfes nicht um diese Art
der Erziehung kümmern. Die sozialen Probleme, Armut, Kriminalität, Arbeitslosigkeit, Aids, wiegen schwer auf den Schultern
der Kinder und Jugendlichen.

Wie in der Vergangenheit sind es auch Pantsulas wie Vusi, die
ihnen eine Zuflucht bieten, ihrem Alltag eine Struktur geben und
ihnen neue Perspektiven aufzeigen. »Talent allein ist nicht genug,
um erfolgreich zu sein«, sagt Vusi. »Ich selbst musste auch lernen,
wie man eine Choreografie entwickelt, wie man einen Förder-
oder Projektantrag formuliert und wie man eine Rechnung
schreibt. Auch dieses Wissen teile ich jetzt mit dem Nachwuchs.«
Ich habe damals in Katlehong selbst erlebt, wie er die Jugendlichen mit liebevoller Strenge motiviert, wie er sie auch für kleinste Fortschritte lobt und wie er sich freut, wenn schüchterne, rich-
tungslose Jungen oder Mädchen selbstbewusster werden und
endlich ein Ziel vor Augen haben. Sein voller Name Vusimusi bedeutet so viel wie ›Wach auf und kümmere dich um deine Familie‹. Und wie die meisten Südafrikaner interpretiert er den Begriff
›Familie‹ wesentlich weiter als ein Europäer. »Ich bin in einem
Zug geboren worden, schon dabei haben Leute aus unserer *community* in Katlehong geholfen. Ihnen verdanke ich mein Leben.«
Sie sind seine Familie, sie haben ihn mit aufgezogen, ihn für Fehler zurechtgewiesen, ihm aber auch mit Rat und Tat geholfen.
»Ohne die *community* wäre ich nicht der geworden, der ich heute
bin. Ich gehöre Katlehong und deshalb engagiere ich mich dort
nun selbst. Wenn ich sehe, wie sich die Jugendlichen durch die gemeinsame Arbeit verändern, motiviert mich das, noch mehr von
mir selbst zu geben.« Vusi strahlt über das ganze Gesicht. Da ist er

wieder, dieser Geist von Ubuntu, der mir schon in Langa begegnet war.

Ein Mann, den sie *Malume*, also Onkel nennen, setzt sich zu
uns an den Tisch. Sicelo Xaba ist ebenfalls ein Urgestein der Pant-
sula-Szene und Gründungsmitglied von *Impilo Mapantsula*, heute
sitzt er in der Jury des Wettbewerbs. »Mir gefallen deine Schuhe«,
sagt er grinsend, nachdem wir uns vorgestellt haben, mit Blick auf
meine roten Chucks. Er trägt dasselbe Modell. Sie gehören nicht
nur zur klassischen Pantsula-Mode, sondern sind auch das Markenzeichen seiner Kompagnie *Red for Danger*. »Leider können
meine Schuhe aber nicht so gut tanzen wie deine«, antworte ich
schmunzelnd. »Alles eine Frage der Übung«, kontert er. Wir unterhalten uns über den anstehenden Wettbewerb; ein gutes Dutzend
junger Pantsula-Gruppen haben sich erfolgreich durch die vorher-
gehenden Runden getanzt, heute geht es um den Sieg, natürlich
die Ehre, aber auch einen Scheck über umgerechnet rund 2.500 €;
für viele von ihnen ist das ein kleines Vermögen. »Nach welchen
Kriterien wirst du sie denn bewerten?«, frage ich. Kreativ müssten
sie sein, gut miteinander als Team und mit dem Publikum inter-
agieren, antwortet Sicelo. »Der dritte Aspekt ist Einzigartigkeit.
Ich möchte Schritte und Choreografien sehen, die mich überra-
schen und die sowohl die Persönlichkeit der Tänzer als auch die
Pantsula-Tradition widerspiegeln, aus der sie stammen.« Denn in
jedem Township haben sich unterschiedliche Stile herausgebildet,
je nach Ursprungsort gibt es typische Schrittfolgen und Motive,
die mir als Laie natürlich weitgehend verborgen bleiben, die Sicelo und Vusi aber auf Anhieb erkennen. Pantsula ist wie eine Sprache, die erst erlernt werden muss, um die Geschichten in all ihren
Details zu begreifen.

Sicelo schaut auf die Uhr und rollt mit den Augen. »Ich hoffe,
es geht langsam los«, sagt er etwas genervt, denn eigentlich hätte
die Veranstaltung schon vor ein paar Stunden beginnen sollen; das
wird selbst den warteerprobten Südafrikanern langsam zu viel.

Die Organisatoren wollten abwarten, bis noch mehr Zuschauer eingetrudelt seien, erzählt er. Auch Vusi ärgert sich darüber. »Das ist wirklich symptomatisch. Bei anderen Künstlern würden sie sich das nicht trauen, aber mit uns Pantsulas kann man es ja machen.« Es wurmt ihn gewaltig, dass sie vielerorts noch immer nicht als professionelle Künstler anerkannt sind, sondern weiterhin als Straßentänzer abgestempelt werden, obwohl diese Ära längst vorbei ist. In kaum einem Township sieht man heute noch Pantsula-Gruppen gegeneinander auf der Straße antreten, es sei denn es handelt sich um Werbeaufnahmen oder ein Musikvideo. Professionelle Kompagnien sind entstanden, Choreografen beteiligen sich, einige Glückliche wie Vusi verdienen mit dem Tanz sogar ihren Lebensunterhalt, andere wenigstens ein Zubrot. »Diese jungen Tänzer hatten teilweise eine weite Anreise und warten nun schon den halben Tag darauf, allen ihre Choreografien zu zeigen, für die sie monatelang hart trainiert haben«, schimpft er. Denn Naturtalent allein reicht wie bei allen Tanzstilen auch beim Pantsula nicht aus. Die beiden gehen los, um etwas Druck zu machen, und kehren mit zufriedenen Gesichtern zurück.

Wenig später begrüßt eine extrovertierte Moderatorin das Publikum mit ein paar eigenen aufreizenden Tanzschritten. Die Zuschauer jubeln, darunter auch einige übriggebliebene Gäste der *Baby Shower* und der Geburtstagsfeier. Neben mir stehen vier verschüchtert aussehende Jungs, einer von ihnen ist kleinwüchsig, in ihren Bühnenoutfits, karierte Hosen mit Hosenträgern, eine Fliege um den Hals und eine Schiebermütze auf dem Kopf. Hochkonzentriert hören sie der Moderatorin zu, während die Menge um sie herum langsam in Feierlaune kommt, und verfolgen auch den furiosen Auftritt der ersten Kontrahenten mit ernsten Gesichtern. »Viel Glück«, flüstere ich ihnen zu, als sie auf die Bühne gerufen werden. Was folgt, ist einfach unglaublich: Die schüchternen ›Limpopo Boys‹ verwandeln sich von einem Moment zum anderen in echte Bühnentiere. Ihre Füße flitzen über die Bühne, ihre be-

sondere Stärke aber ist die clowneske Komik, die ebenfalls zum
Pantsula gehört. Von einem meditativen Lotussitz aus springen sie
nacheinander auf, steigen in halsbrecherischen akrobatischen Bewegungen in ein T-Shirt und wieder heraus, drehen es auf links,
lassen den kleinwüchsigen Tänzer ganz darin verschwinden und
wieder auftauchen. Sie reißen ihre Augen auf, strecken ihre Zungen raus, grinsen breit, übertreiben ihre Mimik ebenso wie einige
der Gesten. Die Menge johlt und feuert sie an, viele halten ihre
Handys hoch, um diesen Auftritt auf Video festzuhalten, und Vusi
hält sich ungläubig staunend die Hände an seine Stoffmütze. »Das
meine ich! Das ist pure Kreativität«, ruft er begeistert. »Diese
Jungs kommen aus der Provinz, aus Limpopo. Viele Pantsula-Vor-
bilder können sie dort nicht haben. Sie haben all das aus ihrer eigenen Phantasie erschaffen.« Als die Tänzer außer Atem, aber über
das ganze Gesicht strahlend wieder von der Bühne kommen, be-
glückwünscht Vusi sie zu ihrem gelungenen Auftritt. Sie reagieren
ehrfurchtsvoll, als würden sie gerade einen Ritterschlag erhalten.
Vusi ist eines ihrer großen Vorbilder. Sie kennen ihn aus dem Fernsehen und begegnen ihm hier zum ersten Mal. Deutlich gelöster
und mit dieser Extraportion Motivation verfolgen sie die Auftrit-
te der nächsten Gruppen, die ihr Können ebenfalls nicht verstecken müssen. Keine ist wie die andere.

Da sind die Straßenfeger in Latzhosen, mit ihren Besen, einem
der klassischen Pantsula-Accessoires, das virtuos neu interpretiert wird: Aus ein paar simplen, synchronen Kehrbewegungen
entwickelt sich eine rasante Choreografie, in der der Besen mal
wie eine Tanzpartnerin und mal wie ein eleganter Gehstock, wie
eine Hürde, über die sie springen, oder ein Tragjoch auf ihren
Schultern wirkt. Tanzend fegen sie über die Bühne. Andere nutzen
Getränkekisten oder Plastikstühle als Requisiten, Alltagsgegen-
stände, die in jedem Township zu finden sind. Sie tragen orange-
farbene Overalls, karierte Hemden oder knallbunte Sweatshirts
mit Blumenmuster, schneeweiße Handschuhe und Stoffmützen

wie Vusi. Sie bewegen sich trotz der irren Geschwindigkeit syn-
chron, selbst bei Sprüngen in die Luft und Breakdance-artigen
Drehungen auf dem Boden, sie schneiden Grimassen und flirten
mit dem Publikum, das diesem geballten Charme und Talent
längst verfallen ist. Immer wieder bricht spontaner Applaus aus,
jemand ruft ›Woza!‹, was in diesem Kontext als ein anfeuerndes ›Na
los, kommt schon, weiter so‹ zu verstehen ist. Auch ich kann mich
der Faszination dieser nahezu magischen Energie, die diese Tänzer umgibt, nicht entziehen, kann meine Augen nicht von der
Bühne und diesen unglaublich schnellen Füßen abwenden. Vusi
lacht, als er sieht, in welchen Bann sie mich ziehen. »Schau genau
hin«, sagt er und deutet auf eine Schrittfolge, die alle Gruppen in
unterschiedlichen Varianten ausführen. »Das ist S'Parapara, einer
der wichtigsten Grundschritte des Pantsula.« Er lässt sich bis zu
den Ursprüngen zurückverfolgen, als die Pantsulas noch auf fah-
rende Züge aufgesprungen und von einem Waggon zum nächsten
gehüpft sind. Die Tänzer springen regelrecht in diesen Grund-
schritt, landen mit einem Fuß auf dem Boden und stampfen dann
zweimal mit dem anderen auf. Damit haben sie nicht nur das virtu-
elle Abteil erreicht, sondern imitieren auch das rhythmische Ge-
räusch eines Zuges.

Immer wieder übertönen die Pfiffe der Tänzer ihre stampfen-
den Füße und die lautstarke Musik; sie sind ein weiteres Stilmerk-
mal dieser Kunstform, das dem Alltag in den Townships entliehen
ist, und diente den Pantsulas auch als Rhythmusgeber, bevor sie zu
Musik tanzten. »Diese Pfiffe sind eine Form unserer Sprache«, erklärt Vusi, ohne dass wir die Bühne aus dem Blick lassen. »Jede
Nachbarschaft, jede Clique hat ihren individuellen Pfiff.« Sie begrüßen sich damit über die Straße oder machen sich so bemerk-
bar, wenn sie vor dem Haus von Freunden stehen, die oft keine
Türklingel haben. Auch von den Minibustaxis in den Städten kenne ich diese Pfiffe; während der Fahrer langsam an Passanten vor-
beifährt, lehnt sich sein Kollege aus der offenen Schiebetür und

wirbt pfeifend um Fahrgäste, ein wesentlich angenehmerer Klang als ein ständiges Hupkonzert. Auch die Passagiere haben ihre Zeichensprache: Wer vom Township in die Stadtmitte gelangen will, hebt den Zeigefinger gen Himmel – eine Geste, die ebenfalls zum Pantsula-Repertoire gehört. »Sie symbolisiert einmal mehr unseren Überlebenswillen«, erzählt Vusi weiter. »Ich zeige, dass ich in die Stadt fahre, um für den Unterhalt meiner Familie zu sorgen, und drücke damit auch aus, dass ich smart genug bin, um dort einen Job zu finden. Ich zeige mit dem Finger an, dass ich die Nummer eins bin, ein Überlebenskünstler, der immer einen Plan schmieden kann und einen Weg findet.« In dieser kleinen Geste drückt sich also aus, was im Kern die Lebenseinstellung der Pantsulas ausmacht: Es geht immer weiter, aufgeben ist keine Option, selbst unter widrigsten Umständen nicht. Auch diese bewundernswerte Haltung und Stärke hält Südafrika zusammen, denke ich. Wenn sich das Land in einem Tanz ausdrücken könnte, dann würde es Pantsula tanzen.

Die Jury gönnt den Tänzern eine kleine Atempause und zieht sich zur Beratung zurück. Eine der Gruppen nutzt die Zeit für eine kleine Zugabe im Innenhof, das Publikum versucht die Schritte zu imitieren, einigen gelingt es ganz gut, anderen schlechter, aber darum geht es nicht. Der Spaß steht im Vordergrund, die Stimmung ist ausgelassen, keiner scheint Sorge zu haben, sich vor den anderen lächerlich zu machen. Eine dicke Frau in hautengen Jeans tanzt sich in die Mitte, die Leute drumherum klatschen, feuern sie an, lachen, aber lachen sie nicht aus. Ich genieße diesen Abend. Nach dem Blick in die Abgründe Johannesburgs während der letzten Tage tut mir diese Leichtigkeit und Lebensfreude hier in Soweto in der Seele gut. Ich lasse mich anstecken, tanze mit und feiere mit meinen Freunden diesen besonderen Augenblick. Den Wert dieser kleinen Momente des Glücks, die so leicht unbeachtet verpuffen, wenn man immer nur zurück oder nach vorn schaut, statt das Jetzt zu genießen, habe ich erst in Südafrika richtig zu schätzen gelernt. Hier, wo so viele Menschen ein wirklich schweres Leben führen müssen, aber trotzdem noch lächeln können. Mir geht es nicht um das abgedroschene Klischee des immerwährend fröhlichen Afrikaners, der gute Miene zum bösen Spiel macht, sondern um diesen besonderen Geist, den auch die Pantsulas mit jeder Pore verkörpern. »Es war mir früher gar nicht bewusst, wie besonders diese Art der Kultur ist«, meint Vusi, als ich ihn darauf anspreche. »Für mich war es ganz normal, dass die Eltern von den Townships ewig zur Arbeit unterwegs waren, dass es für sie nicht leicht war, jeden Tag eine Mahlzeit auf den Tisch zu bringen, aber dass sie trotz allem mit einem Lächeln ins *shack* zurückkehrten.« Er war der Erste in seiner Familie, der je in ein Flugzeug gestiegen und auf Reisen gegangen ist. »Ich hatte mir die USA und Europa immer so vorgestellt, wie sie im Kino dargestellt werden«, erzählt er. »Aber dann sitzt man dort in der U-Bahn und schaut in grimmige Gesichter von Leuten, die eigentlich alles haben, was sich die Leute hier wünschen. Da wurde mir bewusst, wie privilegiert wir in Südafrika sind, mit all den Höhen und Tiefen, die hier zum Alltag gehören.« Beschwingt nimmt er mich am Arm, trommelt ein paar andere zusammen, um einen Kreis zu bilden, und bringt uns eine kurze Schrittfolge bei. Wir tanzen gemeinsam nach dieser simplen Choreografie, bei der sich einige unter Vusis Kopfschütteln mehrmals lachend auf die Füße treten, bis die Moderatorin auf der Bühne die Pantsulas zur letzten Runde aufruft.

Während die erste Runde eher eine Verbeugung vor der alten Pantsula-Tradition war, erzählen die jungen Tänzer diesmal in ihren Choreografien vom Alltag im ›neuen‹ Südafrika. Die Aufgabe der Jury bestand darin, ein Thema darzustellen, das ihnen besonders unter den Nägeln brennt. Die ›Limpopo Boys‹ legen erst mit einer ihrer rasanten Schrittfolgen los, tanzen lachend über die Bühne, bis sie plötzlich erstarren und eine Stimme erklingt: »*Oh, Mr. Mandela, where are you?*«, dröhnt es aus den Lautsprechern. Die Stimmung in der Gruppe kippt, ein Konflikt eskaliert, Fäuste flie-

gen, bald liegt der kleinwüchsige Tänzer bewegungslos wie tot auf
der Bühne. Gewalt ist ein Motiv, das fast alle Gruppen aufgreifen.
Es ist die soziale Seuche, die jeden in Südafrika betrifft, einem
›Land, im Krieg mit sich selbst‹, wie es der Kriminalexperte Anto-
ny Altbeker in seinem gleichnamigen Buch beschrieb. Die Pantsulas bringen die ausufernde Gewalt gegen Frauen auf die Bühne,
Überfälle auf Homosexuelle, fremdenfeindliche Ausschreitun-
gen, die fatalen Auswirkungen von Drogen und Kriminalität. Sie
führen ihren Zuschauern diese Probleme in drastischen, unmiss-
verständlichen Bewegungen vor Augen, um sie dann teils kämpferisch, teils spielerisch aufzulösen. Einige halten am Ende ihres
Auftritts wie Demonstranten Plakate mit Slogans hoch, die zu einem Ende dieser Gewalt-Eskalationen aufrufen. Die ›Limpopo
Boys‹ dagegen versöhnen sich mit einem Augenzwinkern zu den
Klängen des Bob-Marley-Klassikers *One love*. Die Begeisterung
des Publikums kennt keine Grenzen, sie jubeln, klatschen und
skandieren die Slogans wie Demonstranten.

Noch einmal zieht sich die Jury zurück, um den Gewinner des
Wettbewerbs zu bestimmen, und ich nutze die Gelegenheit, um
Vusi nach seiner Sicht auf seine derzeit so krisengeschüttelte Heimat zu fragen. Kurz vor dem Absturz sieht er sie nicht, eher im
Aufbruch, trotz all der politischen, sozialen und wirtschaftlichen
Baustellen. »Unsere Eltern haben wie die Sklaven in den Goldmi-
nen geschuftet und dafür gekämpft, dass wir heute in einer Demokratie leben. Sie haben die Apartheid überlebt. Warum sollten wir
heute also nicht überleben können? Wir müssen aufhören, uns immer nur über die schweren Umstände zu beklagen und zu hoffen,
dass die Regierung es schon richten wird für uns. Wir müssen unser Schicksal selbst in die Hand nehmen«, sagt er im Brustton der
Überzeugung, als jemand, der seine Worte auch lebt. Es gebe
durchaus Möglichkeiten, man müsse sie nur ergreifen, sein Gehirn benutzen, kreativ sein, aus nichts etwas machen, diszipliniert
auf ein Ziel hinarbeiten und sein Talent ausbauen. Es sind die Wer-

te eines Pantsulas, die er auch seinen Schützlingen mit auf den Weg gibt. »*Freedom doesn't come for free*«, die Freiheit gebe es nicht umsonst, meint er. Jeder müsse bereit sein, der Gesellschaft etwas zu geben, statt immer nur zu nehmen. »Wir müssen alle jemanden an die Hand nehmen. Selbst wenn es nur einer ist.« Er spricht mir aus dem Herzen. Still haben sich die ›Limpopo Boys‹ zu uns gestellt und aufmerksam zugehört. Vusi schreibt sich ihre Telefonnummern auf, um sie ins wachsende Netzwerk von *Impilo Mapantsula* aufzunehmen; die Organisation unterstützt die Weiterentwicklung und Professionalisierung des ehemaligen Straßentanzes, knüpft internationale Kontakte und öffnet Türen, die vielen Pantsulas bislang verschlossen blieben. Die vier Jungs nicken dankbar, für sie ist schon dieser Auftritt in Soweto und die Begegnung mit einer Pantsula-Legende wie Vusi eine kleine Sensation. Immer wieder schauen sie gespannt zur Bühne. Am Ende kommen sie auf den zweiten Platz, obwohl sie eindeutig die Publikums- und auch meine Lieblinge waren. »Ihr könnt stolz auf euch sein«, lobt Vusi, als sie wieder von der Bühne kommen. Ein Strahlen erhellt ihre vorher geknickten Gesichter.

Mittlerweile ist es schon spät in der Nacht, die Zuschauer zerstreuen sich schnell und auch wir verabschieden uns bald. Es tat gut, Vusi wiederzusehen. Gemeinsam mit meinen Freunden mache ich mich auf den Rückweg. Die Straßen sind menschenleer. Als ich bei der ersten roten Ampel anhalte, raten sie mir, lieber weiterzufahren. »Keine Sorge, die Polizei würde dir dasselbe sagen, denn diese Gegend ist um diese Zeit nicht besonders sicher«, meinen sie. Offenbar ist die Stelle berüchtigt für *Hijacking*, Gangster rauben im günstigsten Fall nur das Auto, es kommt aber auch vor, dass die Insassen verschleppt, verletzt oder sogar umgebracht werden. Ich gebe also Gas, werde bei den nächsten Kreuzungen zwar langsamer, um kurz nach links und rechts zu schauen, überquere sie dann aber ebenfalls bei Rot. Irgendwann höre ich es von der Rückbank kichern. »Du kannst jetzt ruhig mal wieder anhalten«, sagen meine Freunde grinsend. »Denn hier riskierst du im Zweifelsfall doch einen Strafzettel.« Für Ortsunkundige wie mich ist kein Unterschied zwischen diesen Straßenecken zu erkennen, nur die Einheimischen wissen, wo es haarig werden könnte. Manchmal trennen Gefahr und Sicherheit nur ein paar Meter. Ebenso wie arm und reich, schön und hässlich. Typisch Johannesburg, denke ich.

Kapitel 6

Limpopo

Von der Regenkönigin, »Halbmenschen« und uralten Zivilisationen

Wäre ich abergläubisch, dann würde ich es für ein gutes Omen halten. Ein paar Regentropfen begrüßen mich, als ich im Land der Regenkönigin Modjadji eintreffe, dieser sagenumwobenen Dynastie, die seit 1800 das Volk der Balobedu in der Provinz Limpopo regiert. Von einer Generation zur nächsten wurde die geheime Kunst des Regenmachens an die weiblichen Nachkommen weitergegeben. Der mächtige Zulu-König Shaka soll sie gefürchtet, Nelson Mandela soll sie verehrt haben. Ihre Voraussagen sollen sogar die Prognosen mit Hilfe moderner Satellitenbilder übertroffen haben. Ich hatte Johannesburg nach einer kurzen Nacht bei blitzblauem Himmel gen Norden verlassen, um den Mythen und Legenden der Provinz Limpopo nachzuspüren und herauszufinden, welche Bedeutung sie für das moderne Südafrika haben. Bald ließ ich die Hauptstadt Pretoria hinter

mir, dürre gelbe Felder zogen links und rechts an mir vorbei, lech-
zend nach einem Tropfen Wasser. Erst nachdem ich in Polokwane,
der Heimat der ›Limpopo Boys‹, gen Osten abgebogen war, ver-
wandelte sich die eintönige Landschaft, über Wäldern und Hügeln
hing eine dicke Nebel- und Wolkendecke. Die Straße wurde mit
jeder Abzweigung schmaler, bis nur noch zwei lehmige Fahrstrei-
fen übrig waren, die sich an den Rundhütten der Einheimischen
vorbei den Berg hochschlängelten. Wieder einmal war ich dankbar für eine detaillierte Wegbeschreibung, denn mein Navigationsgerät hatte schon längst die Orientierung verloren. Ich hatte
ein *Rondavel* im *Modjadji Cycad Reserve* gebucht, dem ›Garten der
Regenkönigin‹ mit seinen uralten Palmfarnen. Als ich das windschiefe Eingangstor öffne, fällt der erste Regentropfen.

Ich bin der einzige Gast im Camp, das aussieht wie ein traditionelles Dorf, stelle das Gepäck in meiner Rundhütte ab und unternehme nach der langen Fahrt noch einen Spaziergang durch das
Naturschutzgebiet. Die kleinen Pfade sind teilweise kaum zu erkennen, so überwuchert sind sie, nur ein breiterer Weg bergauf,
der in eine steile Treppe mündet, wird offenbar gepflegt. Ich wandere unter dem meterhohen gefiederten Blätterdach dieser urtümlichen Palmfarne, eine Pflanzengruppe, die es schon zu Zeiten
der Dinosaurier gab, die heute jedoch auf der Roten Liste der be-
drohten Arten steht. Der Weg endet auf einem menschenleeren
Picknickplatz mit einer wunderbaren Aussicht über die grüne, hü-
gelige Landschaft. Ein reetgedecktes Backsteingebäude thront
auf dem höchsten Punkt, die schwere Holztür ist unverschlossen,
also trete ich ein. Der Raum ist bis auf ein paar Plastikstühle leer,
an den Wänden hängen Informationstafeln mit der Geschichte
des Volkes und seiner Königin. Die Balobedu sind um 1600 von
Simbabwe eingewandert, damals noch mit einem männlichen
Stammesführer, die weibliche Dynastie begann erst zweihundert
Jahre später. Ich hoffe, am nächsten Tag von einem der Dorfältes-
ten zu erfahren, wie es zu diesem ungewöhnlichen Wandel kam,

denn alle anderen Königshäuser in Südafrika haben männliche Herrscher. Ich treffe ihn morgens vor dem traditionellen Gericht von Khethakoni, vor dem mehrere ältere Männer und Frauen im Schatten sitzen.

Moshakge Molokwane ist ein großer schwerer Mann mit einer blank polierten Glatze, seine Familie ist eine der vier Familien, die zum Königshaus gehören, er selbst sitzt im einflussreichen königlichen Rat von Modjadji. Wir gehen ein paar Schritte auf einem gepflasterten Weg zu einem großen Tor, hinter dem der königliche Kraal beginnt. Bevor wir eintreten, bittet er mich, meine Schuhe auszuziehen, so wie es die Tradition verlangt. »Dieser Brauch reicht weit in die Geschichte zurück, in die Zeit, als die Tsonga in unsere Region kamen«, erklärt er. Anders als die Balobedu trugen die Neuankömmlinge Ledersandalen, das weckte Misstrauen. »Unsere Ältesten vermuteten damals, dass die Sohlen mit *Muthi* präpariert sein könnten, das unsere Fähigkeiten, Regen zu machen, beeinträchtigen könnte.« Ich schnüre also meine Schuhe auf und auch er selbst bückt sich schwerfällig, um seine Sandalen abzustreifen, bevor er das Tor öffnet. Ein sauber gefegter, schmuckloser, runder Sandplatz liegt vor uns, von dem ein paar Wege abgehen. Viel mehr ist auf den ersten Blick nicht zu erkennen. Molokwane, ein pensionierter Schuldirektor, stellt sich in die Mitte und beginnt über die Geschichte seines Volkes zu dozieren, bevor er meine Fragen zur Königin zulässt. »Unsere Vorfahren gehörten zum Monomotapa-Imperium«, beginnt er mit sonorer Stimme bei den Ursprüngen im heutigen Simbabwe; es war das Zentrum dieses einflussreichen vorkolonialen Reiches, die mächtigen Ruinen der ehemaligen Hauptstadt Groß-Simbabwe gehören heute zum Weltkulturerbe. Eine der Prinzessinnen wurde damals von ihrem Bruder schwanger. »Das war ein Tabubruch, auf den die Todesstrafe stand. Ihre Mutter verhalf ihr zur Flucht, weihte sie aber zuvor in das Geheimnis des Regenmachens ein und gab ihr die notwenigen Werkzeuge

mit auf den Weg, sodass sie nie Hunger leiden müsse.« Offenbar
sorgte dieses Wissen auch dafür, dass die Prinzessin und ihr Ge-
folge vom Volk der VhaVenda im heutigen Limpopo akzeptiert
wurden und sich nach mehreren Stationen an diesem Ort nieder-
lassen durften.

Die Prinzessin gebar einen Sohn, der zum ersten König der
Balobedu gekrönt wurde, weitere Regenten folgten. Sie waren po-
lygam und hatten dementsprechend viele Söhne, immer wieder
gab es Streit um die Nachfolge, ein Konflikt, der unter dem letzten König Mokoto eskalierte. Es gibt mehrere Versionen dieser
Geschichte, in der der König mal besser und mal schlechter weg-
kommt. Moshakge Molokwane erzählt sie mir so: Mokoto fürch-
tete, dass seine Söhne nach seinem Tod ein Blutbad anrichten
würden, und fällte deswegen eine ebenso weise wie erstaunliche
Entscheidung: Heimlich führte er seine Tochter Modjadji in die
Rituale des Regenmachens ein und bereitete sie auf ihre Rolle als
Königin vor. »Traditionell bekam nach dem Tod des Königs jeder
Sohn einen Schlüssel zu der Hütte, in der die Geister der Ahnen
lebten. Wem sich die Tür öffnete, der folgte auf den Thron. Doch
nach Mokotos Tod blieb die Tür verschlossen. Dank der Einwei-
sung ihres Vaters konnte nur Modjadji sie öffnen.« Ich finde es erstaunlich, dass diese patriarchale, polygame Gesellschaft vor über
zweihundert Jahren einfach so eine Frau an ihrer Spitze akzeptiert
hat. Bis heute dominieren Männer in den traditionellen Führungs-
rollen, die Zahl der weiblichen *Chiefs* ist gering, bis auf diese eine
Ausnahme in Modjadji sind alle traditionellen Könige im Land
Männer, und momentan wird darüber diskutiert, ob Südafrika reif
für eine Präsidentin ist. »Gab es keine Widerstände gegen eine Königin?«, frage ich deshalb. Er schüttelt schmunzelnd den Kopf, als
hätte er diese Reaktion schon erwartet. »Die Entscheidung wurde
nie hinterfragt, denn damit hätte man ja den offenkundigen Willen der Ahnen angezweifelt.« Natürlich, denke ich mir, das wäre
absolut undenkbar. Die Macht der Ahnen ist bis heute groß, wer

gegen ihren Willen verstößt, muss Böses fürchten. Das wusste der
clevere König. Es ist eine faszinierende Geschichte.

»Jetzt fragst du mich bestimmt gleich, ob ich daran glaube,
dass unsere Regenkönigin es tatsächlich regnen und Flüsse an-
schwellen lassen kann«, fährt der pensionierte Schuldirektor fort
und liegt mit dieser Vermutung glatt daneben, weil ich eine solche
Frage nie gestellt hätte. Für mich wäre das so, als würde man einen
gläubigen Christen der *Zion Christian Church*, die nicht weit von
hier ihren riesigen Hauptsitz hat, fragen, ob Jesus existiert und
Wunder vollbringen kann. Doch Molokwane beantwortet seine
Frage schon selbst. »Ich bin mein Leben lang Lehrer gewesen und
weiß natürlich, wie Regen entsteht. Aber es gibt Dinge zwischen
Himmel und Erde, die wir nicht erklären können. Das wissen auch
diejenigen, die uns in Dürrezeiten, wie erst im letzten Jahr wieder,
um Hilfe bitten.« Er geht ein paar Schritte auf einen der Wege zu,
die von dem runden Platz abgehen, sie führen in das Areal, in dem
die vier Familien des Königshauses leben. Einen Palast suche ich
vergeblich. »Dort in dieser kleinen Hütte bin ich geboren worden«, sagt er und zeigt auf eine schlichte reetgedeckte Rundhütte.
Daneben stehen neuere, modernere Backsteinhäuser im Schatten
von alten Mango- und Avocado-Bäumen, an denen prächtige
Früchte hängen. »Wohnen Sie immer noch hier?«, frage ich. Er
schüttelt seinen kahlen Kopf. »Es wird langsam eng«, sagt er. »Die
königliche Verwandtschaft ist groß. Ich lebe deshalb mit meiner
Familie außerhalb des Kraals, wo wir etwas mehr Platz haben.« Vor
einem unscheinbaren, runden Lehmsockel vor einer der Rundhütten bleibt er fast feierlich stehen. »Das ist unser Schrein«, erklärt
er. »Er hat eine zentrale Rolle in unserem Regenritual.« Jedes Jahr
am ersten Oktoberwochenende versammelt sich das auf über
150 Dörfer verteilte Balobedu-Volk am Sitz seiner Regenkönigin
in Khethakoni zum Höhepunkt der Zeremonie. Zu diesem heiligen Ort haben aber nur die Mitglieder des Königshauses Zutritt.
Nachdem eine Kuh namens Makhubo als Erste von dem extra ge-

brauten Sorghum-Bier getrunken hat, gießt die Königin den Rest über den Schrein, auf dem bereits die alten Artefakte aus der Regenmacher-Dynastie liegen, unter anderem rote und blaue Perlen und weiße aus Straußeneierschale. Sie bittet um den Segen der Ahnen, damit es regnen möge, und gibt auch eine Mixtur aus einem Flaschenkürbis dazu. »Ich weiß nicht, aus welchen Zutaten sie besteht. Das ist eines der Geheimnisse, die nur die Frauen kennen, die mit der Kunst des Regenmachens vertraut sind«, sagt Moshakge Molokwane. »Nachdem alle Familienmitglieder reihum Bier getrunken haben, tanzen wir um den Schrein, schlagen große Trommeln und singen ein Lied für die Einheit des Volkes.« Er stimmt die Melodie mit sanfter Stimme an, sie klingt wehmütig und stolz. Danach wird das Fest auch für die normalen Einwohner eröffnet, zu Trommeln, Liedern und Tänzen fließt Bier aus der königlichen Brauerei in rauen Mengen. »Manchmal regnet es an dem Tag, manchmal aber auch nicht«, fügt er nüchtern hinzu.

Im Lauf der letzten Jahrhunderte gab es sechs Regenköniginnen in Modjadji. Ursprünglich war ihr Leben von einem strikten Protokoll geprägt. Sie galten lange als unsterblich, weil sie sich nie außerhalb des Kraals in der Öffentlichkeit zeigten. Sie durften nicht heiraten, sondern nahmen sich stattdessen ›Ehefrauen‹, die mit ihnen im königlichen Kraal lebten und Kinder mit Männern aus den vier Familien des Königshauses gebaren, die als die Nachkommen der Königin galten und sogar die Thronfolge antreten konnten, wenn die Königin selbst kinderlos blieb. Sie selbst durfte nur Kinder mit einem vom königlichen Rat ausgewählten »blaublütigen« Partner zeugen, dessen Identität streng geheim gehalten wurde. Ursprünglich wurde von der Königin auch erwartet, dass sie rituellen Selbstmord mit Gift beging, bevor sie zu alt wurde und ihre Kräfte schwanden – eine Tradition, mit der Modjadji III., die bis Mitte des 20. Jahrhunderts regierte, brach. Einige Balobedu glauben, dass seitdem ein Fluch auf der Dynastie liegt, der auch Dürreperioden zur Folge hatte. Molokwane scheint daran nicht

zu glauben, er winkt ab, als ich ihn danach frage. Er hat an diese
Königin nur die besten Erinnerungen. »Ich war damals noch ein
Kind«, erzählt er. »Die Königin zeigte sich damals, wie die Tradition es wollte, nur selten. Immer ging eine ältere Frau voran. Wenn
wir sie hier im Kraal sahen, hörten wir sofort auf zu spielen und
warfen uns aus Respekt zu Boden. Wir haben sie als ein Symbol
der Einheit unseres Volkes verehrt.« Seine dunklen Augen leuchten hinter den Brillengläsern nostalgisch auf. Heute sind die Zeiten, in denen das royale Protokoll noch etwas bedeutete, vorbei.

Im Jahr 2003 übernahm die sechste und bislang letzte Regenkönigin das Zepter. Sie war die erste in der Thronfolge, die neben
ihrer traditionellen Ausbildung auch einen Schulabschluss hatte. Sie war eine moderne junge Frau, die die Traditionalisten ihres Volkes schockierte, weil sie Computer und Handys benutzte,
unbegleitet und in Jeans auf Shoppingtouren ging, Partys feierte
und als Höhepunkt dieses Bruchs mit der langen Geschichte ihrer Vorfahren eine öffentliche Beziehung mit einem Mann führte,
der nicht für sie ausgewählt worden war und in dessen Adern kein
royales Blut floss. Sie starb nach nur zweijähriger Regentschaft im
Alter von 27 Jahren. Die Spekulationen über die Todesursache halten sich hartnäckig. In den Krankenhausakten soll chronische Me-
ningitis angegeben sein, viele vermuten jedoch, dass sie Aids hatte,
und ihr ehemaliger Partner behauptet bis heute, sie sei auf Geheiß
des königlichen Rates vergiftet worden, um dem Ruf der Dynastie nicht noch weiteren Schaden zuzufügen. Modjadji VI. hinter-
ließ eine Tochter, Masalanabo, die damals erst ein paar Monate alt
war. Trotz der Kontroverse über ihre Mutter soll sie die Nachfolge antreten und einmal das Leopardenfell der Regenkönigin über
den Schultern tragen. »Wir werden entscheiden, wann sie reif dafür ist«, sagt Moshakge Molokwane, der sich nach der Erwähnung
der Mutter eher zugeknöpft zeigt. Masalanabo wird die Erste sein,
die vom Staat als Regentin anerkannt wird: 2016 hatte die Regierung die Regenkönigin von Modjadji in die Liste der traditionel-

len Herrscher des Landes aufgenommen. »Das war ein historischer Tag für uns«, freut er sich und wird wieder ganz redselig. »Endlich hat unsere Stimme im Land mehr Gewicht. Wir können unserer Königin einen Palast bauen, der ihrer würdig ist. Sie bekommt eine Wagenkolonne und Sicherheitspersonal.« Denn die staatliche Anerkennung ist mehr als nur eine Ehre, Modjadji hat nun – wie alle traditionellen Königshäuser – Anspruch auf öffentliche Gelder. Es ist eine Art historische Kompensation für die Zeit, in der sie zu einfachen *Chiefs* degradiert worden waren. Eigentlich sollen damit die gesellschaftlichen und kulturellen Strukturen auf dem Land gestärkt werden, aber die Rechnung geht in den seltensten Fällen auf. Immer wieder sorgt diese finanzielle Unterstützung in Südafrika für heftige Kontroversen, weil die Verschwendungssucht einiger Regenten, allen voran Zulu-König Goodwill Zwelithini, maßlos ist, während die meisten Untertanen weiter in Armut leben. Auch Molokwane erwähnt als Mitglied des mächtigen königlichen Rates, dessen ausschließlich männliche Mitglieder allesamt aus den vier Familien des Königshauses stammen, mit keinem Wort, was sich für den einfachen Balobedu ändern wird, obwohl ich ihn danach frage. »Wir werden die Königin wie zuvor über die Belange ihres Volkes informieren und sie nach ihrer Meinung fragen«, antwortet er nur. Ich frage mich, welche Macht die Regenkönigin eigentlich noch hat und inwiefern sie nur das Aushängeschild eines mächtigen traditionellen Rates ist, der in Wirklichkeit die Entscheidungen trifft und die Zügel fest in der Hand hält.

Noch führt Masalanabos Onkel interimsweise die königlichen Geschäfte, die 12-Jährige selbst geht in Johannesburg zur Schule, ihr Vormund, ein hochrangiges ANC-Mitglied, gehört ebenfalls zur den vier Familien des Königshauses und spricht in der Öffentlichkeit für sie. Das Mädchen selbst bleibt stumm, vielleicht ein Zeichen dafür, dass sie sich bereits jetzt in ihre Rolle fügt. »Sie kommt immer in den Ferien nach Hause, wird hier auf ihre künftige Position vorbereitet und in die alten Riten eingeweiht«, meint Moshakge Molokwane. Ich kann mir kaum vorstellen, welchen Spagat dieses Mädchen damit vollführen muss. In Johannesburg lebt sie ein modernes, urbanes Leben, das traditionelle Leben in diesem kleinen Dorf in Limpopo muss für sie ein Kulturschock sein. Es ist ein Kontrast, mit dem viele junge Südafrikaner konfrontiert sind, aber einige schlüpfen offenbar problemlos in ihre verschiedenen Rollen. In Kapstadt habe ich kürzlich eine Performancekünstlerin getroffen, die gleichzeitig *Sangoma* ist. Im Eastern Cape spricht sie mit den Ahnen, am Kap präsentiert sie ihre Arbeit in zeitgenössischen Galerien. Sie empfand das nicht als Widerspruch, im Gegenteil, es seien zwei untrennbare Teile ihrer Persönlichkeit und Identität. Vielleicht fällt es nur mir mit meiner westlichen Sicht schwer, diese beiden Teile zu einem Ganzen zusammenzufügen. Aber natürlich hat die Künstlerin auch alle Freiheiten, während auf Masalanabo ein traditionelles Korsett wartet und viele ihrer künftigen Untertanen ihre Regentschaft wegen ihrer skandalträchtigen Mutter und ihres bürgerlichen Vaters offenbar jetzt schon kritisch sehen. Ich spreche den alten Schuldirektor darauf an. »Ich könnte mir vorstellen, dass es eine Herausforderung für sie wird, ihre Rolle als Königin so auszufüllen, wie man es von ihr erwartet«, formuliere ich vorsichtig. Er stimmt mir zu. »Es wird eine große Herausforderung. Aber auch wir müssen mit der Zeit gehen. Die Zukunft unserer Monarchie wird davon abhängen, ob es Masalanabo gelingt, ihre moderne Erziehung mit unserer Tradition in Einklang zu bringen.« Vielleicht, denke ich mir, birgt genau das auch eine Chance auf Erneuerung, ohne die kulturellen Wurzeln komplett kappen zu müssen. Vielleicht aber kommen auch die staatlichen Gelder in die Quere.

Es ist kurz vor Mittag, als ich Khetakhoni in Richtung Norden verlasse. Auf Landstraßen, die von Schlaglöchern übersät sind, und staubigen Sandpisten durchquere ich die Dörfer der Balobedu. Die Armut ist wieder einmal unübersehbar, alte Frauen und Männer arbeiten auf ihren kleinen Feldern, mit denen sie ihren

Lebensunterhalt bestreiten, Kühe laufen über die Straßen. Außer der Subsistenz-Landwirtschaft gibt es in dieser entlegenen Region kaum wirtschaftliche Entfaltungsmöglichkeiten. Wie überall in Südafrika verlassen vor allem die jungen Leute ihre ländliche Heimat, um in den Städten nach Arbeit zu suchen. Zwischen den Alten auf den Äckern und den Schulkindern, die im Gänsemarsch am Straßenrand nach Hause laufen, klafft eine sichtbare Generationslücke. Nahtlos geht das Gebiet der Balobedu in das der Tsonga und VhaVenda über, während der Apartheid grenzten im Norden dieser Region die beiden kleinen Homelands Gazankulu und VhaVenda aneinander. Mein Ziel ist die *Ribolla Art Route*, ein loser Zusammenschluss von Kunsthandwerkern und Künstlern in der Region, in deren Arbeit sich ihre Kultur, die Mythen und Legenden spiegeln.

Kleine Metallschilder am Straßenrand weisen den Weg zu den Ateliers, neugierig biege ich auf den buckligen Weg zum *Tinyiko Art Centre* ab, das eher versteckt zwischen mehreren kleinen Wohnhäusern liegt; nur die großen Holzskulpturen im Garten weisen darauf hin, dass ich hier wohl richtig bin. Als ich aussteige, höre ich ein rhythmisches Hämmern und folge dem Klang auf das sauber gefegte Grundstück. Als der Bildhauer mich um die Ecke biegen sieht, legt er sein Werkzeug beiseite, klopft sich die Holzspäne von der Hose und kommt mit immer breiter werdendem Lächeln auf mich zu. »Willkommen in meiner Galerie. Ich bin Lucky«, sagt Lucky Ntimani, der so glücklich aussieht, wie er heißt. Ich stelle mich ebenfalls vor und erzähle ein wenig von meinem südafrikanischen Roadtrip. Wir sind uns auf Anhieb sympathisch und wandern gemeinsam durch seinen sagenhaften Garten. Überall stehen seine Holzskulpturen, maskenhafte Gesichter, mystische Wesen, halb Mensch, halb Fisch, überhaupt ist der Fisch ein wiederkehrendes Symbol. »Für uns Tsonga bedeutet der Fisch Leben«, erklärt Lucky Ntimani. »Und dann ist da noch die Legende von *Nzunzu*.« Er deutet auf eine schuppige, schlangenartige Skulptur, aus deren Maul eine Figur ragt, als würde er sie gerade verschlucken. *Nzunzu* ist ein Fabelwesen, das Menschen in Seen zieht, sie aber nicht tötet, sondern lebendig mit in seine Unterwasserwelt nimmt. Nachdem ihre Angehörigen eine Kuh geschlachtet und ohne Unterbrechung am Ufer die Trommeln geschlagen haben, tauchen diese Menschen teilweise erst nach Wochen oder Monaten als Heiler wieder auf. »Ich habe *Nzunzu* zwar nie selbst gesehen, aber diese Legende gehört zu unserer Kultur«, sagt Lucky. »Manche sagen, dass diese Wunder verschwunden sind, nachdem die Weißen in unser Land kamen und die Umweltverschmutzung diese Wesen aus unseren Flüssen und Seen vertrieben haben.« Er zuckt unschlüssig die Schultern. Sicher ist, dass das Leben der Tsonga nach der Ankunft der Europäer nicht mehr das gleiche war. Wir gehen ein paar Schritte weiter und bleiben vor der Skulptur stehen, die mir ganz zu Beginn aufgefallen war: eine überlebensgroße Figur mit einem großen Kopf, aus

Ribolla Art Route – Kunst eröffnet Zukunftsperspektiven.

deren Hals ein teuflisch lachendes Gesicht entspringt. »Ich nenne sie Engel des Satans«, erklärt Lucky. »Es geht darum, wie die Einführung des Geldes unser Leben verändert hat. Früher bekamen wir alles, was wir brauchten, von unseren Feldern und aus der Natur. Heute dreht sich alles ums Geld. Man kann es nutzen, um seinen Lebensstandard zu verbessern, aber es bringt Leute auch dazu, sich gegenseitig umzubringen.«

Die Skulptur erinnert mich, wie einige andere auch, vom Stil her an den verstorbenen Jackson Hlungwani, einen über die Grenzen Südafrikas hinaus bekannten Bildhauer, der hier ganz in der Nähe gelebt, gearbeitet und die Region maßgeblich geprägt hat. »Das ist kein Zufall, aber eine längere Geschichte«, sagt Lucky grinsend und stellt zwei Plastikstühle in den Schatten des Lehmhäuschens, in dem er seine kleineren Werke ausstellt. »Als ich noch ein kleiner Junge war, haben sich meine Eltern getrennt und es gab einen regelrechten Krieg zwischen den beiden Familien. Ich bin damals sehr krank geworden. Sie haben mich zu Jackson Hlungwani gebracht und er hat mich geheilt.« Denn Hlungwani war nicht nur ein Künstler, sondern auch ein selbsternannter Prophet, der seine eigene Religionsgemeinschaft gegründet hatte. Seine Skulpturen spiegelten sowohl die Tsonga-Kultur als auch seinen christlichen Glauben und seine eigene spirituelle Philosophie wider. Er fand schnell heraus, was dem Jungen fehlte: Es war die Verbindung zu seinen Ahnen. In Lucky steckte ein *Sangoma*, eine Berufung, die man nicht wählt und der man nicht entrinnen kann, die Krankheitssymptome sind ein klassisches Zeichen für diese Bestimmung. »Ich bin nun zwar ein *Sangoma*, aber ich praktiziere nicht, sondern drücke mich lieber in meinen Holzskulpturen aus«, sagt Lucky. »Ich mache sie für meine Ahnen, unter ihrer Anleitung und zu ihren Ehren. In all meinen Werken erzähle ich von ihnen, wie sie mich beschützen und was sie mir im Traum mitteilen.« Er erzählt es, als wäre es das Normalste von der Welt, seine Ahnen sind für ihn nicht abstrakt, sondern Teil seines Alltags.

Ich höre Kinderstimmen näher kommen und lachen. »Das sind meine Schüler«, sagt Lucky. Jeden Tag nach der Schule kommen Kinder und Jugendliche aus der Gegend zu ihm, um das Holzschnitzen zu erlernen oder gemeinsam Musik zu machen. »Über vierzig sind es insgesamt, verteilt auf kleinere Gruppen«, erklärt Lucky noch, als er aufsteht und damit beginnt, Instrumente aus seinem kleinen Haus hervorzuzaubern. Die Kinder begrüßen mich artig und etwas schüchtern, schmeißen ihre Rucksäcke in die Ecke des Hofes und helfen Lucky. Die meisten Instrumente hat er selbst hergestellt, wie die Marimbas mit übergroßen Holzklangstäben und die kunstvoll geschnitzten Trommeln. Eine dieser wunderbaren Trommeln hat einen Fischkörper und ein menschliches Gesicht; das mit groben Holznägeln befestigte Fell wirkt wie eine Kopfbedeckung. Die Kinder können es kaum erwarten anzufangen und auch Lucky ist in seinem Element, lacht von einem Ohr zum anderen und beginnt trommelnd den Takt vorzugeben. Bald stimmen seine Schützlinge mit Marimba, Conga, Rasseln und Ratschen ein. Es ist eine simple Melodie, die direkt ins Ohr geht, zwischendurch etwas komplizierter wird, scheinbar wieder von vorn beginnt und von mutigen Soli unterbrochen wird. Die Kinder musizieren zunächst mit höchster Konzentration, scheinen sich dann jedoch in der Melodie zu verlieren, ihr Blick geht träumerisch ins Nichts. »Macht ruhig ein wenig ohne mich weiter«, sagt Lucky nach zwei langen Liedern. Nebeneinander sitzen wir auf der niedrigen Lehmmauer in der Sonne, hören der kleinen Band zu und wippen mit den Füßen. »Viele dieser Kinder kommen aus ähnlichen Verhältnissen wie ich, ihre Eltern streiten sich oft oder es gibt andere Konflikte in der Familie«, meint er. »Ich bin froh, dass ich ihnen hier eine Zuflucht bieten kann. So lernen sie, wie man friedlich miteinander umgeht, und landen nicht mit falschen Freunden auf der Straße.« Er erzählt von Mädchen, die viel zu früh schwanger werden, von *Sugar Daddys*, die ihnen das Blaue vom Himmel versprechen, obwohl sie sie nur ausnutzen, von Alkohol und sogar harten Drogen, die ich hier in diesem entlegenen Landstrich nicht erwartet hätte. Deshalb schätzen auch die Eltern dieser Kinder, die ihn, wie er selbst sagt, früher für einen Spinner gehalten haben, sein selbstloses Engagement. Bei Lucky lernen sie etwas über ihre kulturellen Wurzeln und ein Handwerk, mit dem sie später ein wenig Geld verdienen können. »Nicht jeder muss in die Großstadt abwandern«, betont Lucky, der sein Glück als junger Mann in Johannesburg gesucht, aber nicht gefunden hat. »Auch hier gibt es Möglichkeiten, sich weiterzuentwickeln und seinen Lebensunterhalt zu verdienen. Wichtig ist es, dass man etwas Sinnvolles tut, statt wie so viele Jugendliche einfach nur abzuhängen.« Ich bleibe noch eine Weile, höre den Jugendlichen und Lucky beim Musizieren zu und verabschiede mich dann.

Zurück auf der Straße, kann ich nach dieser schönen Begegnung nicht widerstehen, noch einen kleinen Umweg zu einem weiteren Bildhauer zu fahren. Lucky hatte mir von ihm erzählt und mir den Weg erklärt. Wieder begrüßen mich zuerst die Skulpturen im Garten und ein rhythmisches Hämmern. Patrick Manyike bearbeitet das Holz mit selbstgebastelten Werkzeugen, als ich um die Ecke biege. Er ist ein kräftiger junger Mann mit ernsthaftem Gesicht; statt der Leichtigkeit, die Lucky auszeichnet, strahlt er eher Entschlossenheit aus. Aber auch er begrüßt mich herzlich mit festem Händedruck und führt mich gern herum. Am Rande seines aufgeräumten Grundstücks sind Steine aufgeschichtet, die er selbst aus Zement und Sand gepresst und in der Sonne getrocknet hat, denn er baut gerade eine Galerie, das Fundament steht schon. »Ich möchte, dass es hier wirklich schön aussieht«, betont er, während er mir voller Stolz erklärt, wie die Galerie einmal aussehen soll, wenn er genug gespart hat, um mit dem Bau fortzufahren. »Ich möchte meine Skulpturen nicht nur vor dem Regen schützen, sondern auch professioneller ausstellen, als es mir bisher möglich ist.« Momentan stehen sie im Garten neben blühenden Rosenstöcken und auf einem kleinen Regal in seinem winzigen Lehmhäuschen, auf dessen Seite er mit großen weißen Buchstaben *ART* geschrieben hat, Kunst; das Blechdach ist mit Steinen beschwert, damit der Wind es nicht davonträgt. Es ist unübersehbar, dass Patrick aus armen Verhältnissen stammt, aber ebenso, wie viel Liebe und Arbeit er in die Gestaltung seines Grundstücks investiert hat. »Ich finde es jetzt schon sehr schön hier und professionell wirkt deine Arbeit auch«, sage ich, während wir von Skulptur zu Skulptur gehen. Er freut sich über das Kompliment, ein Lächeln huscht über sein sonst so ernstes Gesicht. Ich erkenne Fische und das Fabelwesen *Nzunzu*, die er teilweise so aufgestellt hat, dass sie im Himmel über der hügeligen Landschaft zu schwimmen scheinen. Im Tal fließt ein Fluss, auf dem Hang hat Patrick Bäume angepflanzt, deren Holz er besonders gern verarbeitet: Sneezewood, das ihn beim Schnitzen wirklich niesen lässt, Marula, aus dessen Früchten der Amarula-Likör hergestellt wird, und viele andere. »Es ist meine Art, der Natur zu danken. Denn ohne Holz könnte ich nicht arbeiten. Wenn jemand mich nach dem Material meiner Skulpturen fragt, kann ich ihnen hier direkt den Baum zeigen, von dem das Holz stammt. Gleichzeitig tue ich damit etwas gegen die Rodung unserer Wälder«, erklärt der 39-Jährige. Er selbst sammelt für seine Kunstwerke nur Holz, das durch einen Sturm oder Blitzeinschlag bereits abgestorben ist, so wie es auch der große Jackson Hlungwani tat. »Manchmal bin ich tagelang mit meiner Schubkarre unterwegs, um größere Äste und Stämme hierherzubringen«, fügt er hinzu.

Patrick hat sein Handwerk bei einem Schüler Hlungwanis gelernt, bei Thomas Kubayi, ebenfalls ein bekannter Künstler aus der Gegend, der viele Jugendliche unter seine Fittiche genommen hat, momentan aber gegen eine schwere Krankheit kämpft. »Ah, Thomas ist ein großartiger Mann«, sagt Patrick strahlend. »Ein starker, wundervoller, cooler Mann, der viel Liebe ausstrahlt. Ich verdanke ihm alles.« Er beschreibt ihn als *»the one who's got love, the guy with no politics«*. Nach der Schule war Patrick wie viele junge

Leute aus der Gegend nach Johannesburg gegangen, um einen Job
zu suchen. Er arbeitete als Putzmann in einem Entertainment-
und Casino-Konsumtempel, bis er es nicht mehr aushielt. »Mir ist
klar geworden, wie verloren ich war, so wie alle anderen in diesem
Ort, an dem sich alles nur ums Geld dreht. Ich habe mich darauf
besonnen, dass ich zwei Hände besitze, mit denen ich mir selbst
etwas aufbauen kann. Also habe ich meinen Mopp an einem
Abend in die Ecke gestellt, bin in den Bus gestiegen und nach
Hause gefahren.« Damals war er Mitte zwanzig. Zurück in der
Heimat, schlug er sich zunächst mehr schlecht als recht durch, bis
Thomas Kubayi ihn zu einem seiner Workshops einlud, sein
Talent erkannte, ihn förderte und forderte und dafür sorgte, dass
Patricks Skulpturen auch ausgestellt wurden. »Er hat meinen
Hunger auf harte Arbeit geweckt«, betont Patrick, der seitdem
offenbar wie ein Besessener schuftet, um seinem Traum einer
eigenen Galerie näherzukommen. »Wenn ich an einem Tag nicht
viel gearbeitet habe, dann gönne ich mir abends auch kein Essen.
Denn das wäre für mich so, als würde ich nur mit dem Essen
spielen. Man muss es sich verdienen.« Seine Stimme klingt fest
und entschlossen, seine Disziplin und Hartnäckigkeit beeindrucken mich. Er arbeitet hier nicht nur für sich selbst, sondern
auch für ›seine Kinder‹, von denen er hofft, dass sie einmal in seine
Fußstapfen treten und dann bereits einen etablierten Ort haben,
an dem sie sein Lebenswerk fortsetzen können. Mit ›seinen
Kindern‹ meint er außer seinen leiblichen Kindern auch seine
Schüler aus der Nachbarschaft.

Ebenso wie bei Lucky stehen auch Patricks Türen den Jugendlichen aus der Gegend immer offen. »Wir sollten eigentlich frei sein,
aber überall stößt man an Zäune«, kritisiert er. »Irgendwo auf unserem Weg sind uns die Liebe und das Vertrauen abhandengekom-
men.« Er selbst will vorleben, dass es auch anders geht. Nicht die
Ahnen, sondern die sozialen Herausforderungen, die er um sich
herum beobachtet, inspirieren seine Kunst. Seine Skulpturen er-

zählen von der Orientierungslosigkeit einer entwurzelten Gesellschaft, die im Streben nach Geld den einzigen Lebensinhalt sieht,
die vom Krebs der Korruption, Neid und Ausbeutung zerfressen
ist und ihre wahren Werte verloren hat. Eine der Figuren ist kopf-
los, auf ihrer Brust prangt ein großes Kreuz. »Selbst die Kirchen
haben in übertragenem Sinn ihren Kopf verloren«, erklärt Patrick.
»Es geht nicht mehr um die Botschaft von Nächstenliebe und Jesus,
sondern auch dort nur noch ums Geschäft, Profit und Geld. Die
Priester schüren die Angst der Menschen vor der Hölle, um ihnen
ihre mühsam erwirtschafteten Ersparnisse aus der Tasche zu ziehen.« Nirgendwo sonst im Land hatte ich so viele Hinweisschilder
auf Kirchen und Gemeinden gesehen wie in Limpopo, dem Mut-
terland der *Zion Christian Church*. Die Skulptur neben dem kopf-
losen Priester ist eine scheinbar naive Darstellung einer Mutter,
die ihr Baby stillt, doch für Patrick hat auch sie eine tiefere Bedeutung. »Die Frauen sind das Rückgrat unserer Gesellschaft, unsere
Mütter prägen uns wie niemand sonst. Eigentlich sollten wir sie
ehren, aber in der heutigen Zeit eskaliert die Gewalt gegen Frau-
en: Sie werden misshandelt, vergewaltigt und umgebracht. Was ist
nur aus uns geworden? Wo bleibt die Menschlichkeit?« Er schaut
mich durchdringend an. In seinem Blick spiegeln sich Wut, Verzweiflung und der unbändige Wille, dieser Entwicklung etwas ent-
gegenzusetzen, seinen Teil zu der Veränderung beizutragen, von
der er träumt. *Humanity*, Menschlichkeit, ist das Hauptmotiv, die
sich in all seinen Skulpturen widerspiegelt. Er macht mich auf eine
wunderbare Maske aus rotbraunem Holz aufmerksam, die neben
dem Eingang zu seinem kleinen Häuschen hängt, ein gütiges Gesicht. »Das ist das Gesicht der Menschlichkeit. Wir müssen aufhören, nur darüber zu reden und *Ubuntu* zu zitieren. Wir müssen diese
Werte auch wieder leben«, betont er. »Wenn wir die Menschlichkeit in unserem Land wiedererlangen könnten, dann würden sich
alle Probleme von selbst lösen. Dann wäre das Leben für alle wesentlich einfacher und erfüllter.«

Die ›Halbmenschen‹ von Fundudzi

Afrikanische Massage nennen die Einheimischen es scherzhaft, wenn man auf schlechten Straßen im Auto mal wieder so richtig durchgeschüttelt wird, und ich bekomme heute eine besonders ausgiebige afrikanische Massage. Glücklicherweise bin ich nicht besonders groß, sonst würde mein Kopf wahrscheinlich ständig gegen das Autodach stoßen; so hüpfe ich auf meinem Sitz nur wie einer der *Muppets* auf und ab und hoffe, dass der Mietwagen diese Tortur schadlos übersteht. Nach der Fahrt ins Tal von Riemvasmaak hatte ich eigentlich gedacht, es könne nicht schlimmer werden, aber offensichtlich habe ich mich getäuscht. Eine kleine Straße, die aus mehr losen Steinen als Lehm besteht, windet sich den zunehmend steiler werdenden Berghang hoch. Immer wieder halte ich an, steige aus, räume einige der größeren Brocken beiseite, überlege, wie ich den nächsten Anstieg am besten bewältige, setze zurück, nehme Schwung und hoffe aufs Beste. Viel Raum zum Manövrieren bleibt nicht, denn auf der einen Seite geht es steil ins Tal hinab, auf der anderen ragen Felsen in den Himmel. Nach einer Haarnadelkurve, als ich gerade aufgeben will, kommt mir ein Einheimischer mit seinem klapprigen Auto entgegen, entspannt hebt er seine Hand zum Gruß. Ich grüße zurück und schöpfe neue Hoffnung. Unmöglich scheint mein Vorhaben doch nicht zu sein, also quäle ich mich und den Wagen weiter den Hang hoch. Meine Beharrlichkeit zahlt sich aus, denn nach einer weiteren schwierigen Kurve endet die Straße endlich vor dem *Fundudzi Cultural Camp*, in dem ich die Nacht verbringen werde. Ich steige aus und nehme einen tiefen Atemzug in der klaren, kühlen Bergluft, nur der auf Hochtouren laufende Kühler meines Autos stört die Stille.

Ich bin im Herzen des traditionellen Territoriums der Vha-Venda angekommen. Die Volksgruppe, zu der auch ANC-Präsident Cyril Ramaphosa gehört, stammt von mehreren teils uralten Clans ab, die im 17. Jahrhundert erstmals von einem gemeinsamen

König regiert und unter diesem Namen zusammengefasst wurden. Ein mystisches Volk, um das sich zahlreiche Legenden ranken und das sich, laut den Einheimischen, auch wegen seiner engen Verbindung zu einer facettenreichen übernatürlichen Welt lange erfolgreich gegen die Kolonisierung gewehrt hat. Ich möchte die spirituellen Orte der VhaVenda aufsuchen und herausfinden, welche Kraft ihnen heute noch zugeschrieben wird. Nelson Maphaha wird mich dabei begleiten, denn diese heiligen Stätten dürfen nur mit einem Einheimischen und mit Genehmigung besucht werden. Nelson wohnt selbst als Manager im Camp und kommt mir lächelnd entgegen. »Wie war die Anfahrt?«, fragt er halb besorgt, halb anerkennend mit Blick auf mein noch immer keuchendes Auto. »*Eish,* ich hab's irgendwie geschafft«, antworte ich. Nachdem ich mein Rondavel bezogen habe, treffe ich Nelson in der Gemeinschaftsküche wieder. Der untersetzte 56-Jährige ist in dieser Region aufgewachsen, eingebettet in die Kultur, Mythen und Legenden der VhaVenda, die ihn schon als Kind faszinierten und prägten. »Ich habe meine Leidenschaft zum Beruf gemacht und bin dankbar, dazu beitragen zu können, dass unsere reiche Kultur nicht in Vergessenheit gerät«, erzählt der Kultur-Guide. »Früher wurden unsere Bräuche und unser Glauben von den Missionaren als heidnisch und von der Regierung als rückständig bezeichnet. Heute aber werden sie endlich anerkannt und Leute wie du interessieren sich dafür.« Ich nicke. Ich hatte von einem weißen Löwen gelesen, der die Gräber der Ahnen in einem heiligen Wald beschützt, von einer Python-Gottheit, die in einem See lebt, und von sogenannten »Halbmenschen«, die wie Modjadji die Kunst des Regenmachens beherrschen. Er schmunzelt, als ich ihm davon erzähle. »Du wirst morgen mehr darüber erfahren, auch wenn ich dich natürlich nicht in all unsere Geheimnisse einweihen kann. Einige müssen weiter gehütet werden«, orakelt er.

Wir kochen uns einen Tee, machen uns ein Sandwich und setzen uns draußen an einen großen Holztisch. Vom Dorf im Tal dringen Stimmen, Musik und der Geruch von Holzfeuern zu uns. »Die meisten Haushalte hier haben Strom, aber viele kochen noch immer lieber auf offenem Feuer. Das schmeckt einfach besser«, sagt Nelson. Auch seine Frau kocht vor allem die traditionellen Gerichte weiterhin auf traditionelle Weise. Die kulturellen Werte und Normen sind ihm offensichtlich nicht nur im Beruf, sondern auch im Privatleben wichtig. Stolz zeigt er mir auf seinem Handy die Fotos seiner teils erwachsenen Kinder. Mindestens zweimal im Jahr kommt die ganze Großfamilie inklusive Verwandtschaft zusammen, zu Weihnachten und im September/Oktober, wenn rituelle Feierlichkeiten anstehen. »Normalerweise werden die rituellen Artefakte der Familie in einem Raum der ältesten Tante aufbewahrt und in dieser Zeit herausgeholt. Jeder Haushalt hat außerdem eine besondere Ecke auf dem Grundstück, wo man jederzeit mit den Ahnen sprechen kann.« Wie bei den meisten Volksgruppen Südafrikas spielen die Vorfahren selbst im Alltag eine Rolle, sie können segnen und strafen, helfen und behindern, Krankheiten hervorrufen und heilen. Nelson ist außerdem ein großer Anhänger der traditionellen Heilkunst und erzählt gut gelaunt allerlei Anekdoten über wundersame Heilungen und Prophezeiungen, wirksame Potenz- und Fruchtbarkeitsmittel, die ihn besonders zu faszinieren scheinen. Hinter dem Berg geht währenddessen langsam die Sonne unter. Nelson stellt ein paar Solarlampen auf, denn im Gegensatz zum Dorf gibt es im Camp keinen Strom, vielleicht auch, weil man sich hier so fühlen soll wie in einem Dorf aus längst vergangenen Zeiten. Die Rundhütten sind aus Lehm gebaut und reetgedeckt, auf mehreren Ebenen terrassenförmig angelegt und mit Natursteinmauern befestigt, die den Ruinen aus der alten Vha-Venda-Hauptstadt Dzata ähneln. Ich teile meine Beobachtung mit Nelson und er nickt zufrieden wie ein Lehrer, dessen Schülerin gerade eine richtige Antwort gegeben hat. »Das Camp ist dem Kraal der königlichen Familie nachempfunden.« Er selbst lebt in dem *Rondavel* am Eingang auf der untersten Ebene, dort wo die Soldaten und jungen Männer zum Schutz des Königs stationiert waren.

Ich wohne eine Etage darüber, wo Ehefrauen und Kinder untergebracht wurden. Höher wohnten nur die Mutter des Königs und der
traditionelle Heiler, der für die Gesundheit des Regenten sorgte,
böse Zauber abwehrte und Gegner aus dem Weg räumte. Der König selbst residierte natürlich an höchster Stelle.

»Seine Ehefrauen lebten nicht gleichzeitig bei ihm, denn das
hätte nur für Eifersucht und Konflikte gesorgt«, sagt Nelson. »Er
war immer nur mit einer von ihnen zusammen, erst wenn sie
schwanger wurde, zog die nächste ein.« Polygamie war damals die
Norm, sowohl beim König als auch seinen Untertanen. Bis heute
gibt es in Südafrika trotz der modernen Verfassung polygame
Ehen, das prominenteste Beispiel ist Jacob Zuma, vor dessen
Amtsantritt die südafrikanische Presse noch gerätselt hatte, welche seiner Frauen die First Lady sein würde. Zuma selbst löste dieses Problem pragmatisch und nahm seine allesamt mit Steuer-
geldern subventionierten First Ladys im Wechsel mit zu
Auslandsreisen, repräsentativen Auftritten oder öffentlichen Veranstaltungen. »Für normale Männer ist Polygamie heute einfach
zu teuer«, meint der Familienvater, der selbst mit ›nur‹ einer Frau
verheiratet ist. Ich meine etwas Wehmut in seiner Stimme zu hören. »Die Frauen haben heutzutage einfach zu große Ansprüche.
Die Männer, die mit einer Frau nicht ausgelastet sind, haben daher
lieber Freundinnen. Damit sind weniger Verpflichtungen verbunden.« Er mustert mich und scheint auf eine Reaktion zu warten,
aber ich nicke nur. Südafrika ist weiter ein tief patriarchal gepräg-
tes Land: Wenn es etwas gibt, was die Nation in dieser Hinsicht
verbindet, dann ist es sicherlich der Machismo, der alle Volksgruppen unabhängig von Hautfarbe, Religion oder kulturellen Wurzeln prägt. Aber jetzt ist weder die Zeit noch der Ort, um dieses
Thema zu vertiefen. Ich lenke die Unterhaltung daher lieber wieder auf unser Programm für den nächsten Tag.

Wir brechen frühmorgens auf, fahren durch kleine, auffallend
grüne Dörfer, im Gegensatz zu vielen anderen ländlichen Regionen

wachsen hier in jedem Garten Obst und Gemüse in rauen Mengen. Im subtropischen Klima gedeihen neben Mangos, Litschis, Papayas und Avocados auch Zitrusfrüchte. »Das sind Lebensmittel, die wir nie einkaufen müssen«, bestätigt Nelson gut gelaunt. Venda bedeutet übersetzt so viel wie ›angenehmer Ort‹, und angesichts der fruchtbaren, hügeligen Landschaft verstehe ich auch, warum. Wir durchqueren große Teepflanzungen, die zu den Hauptarbeitgebern der Region gehören, und fahren dann ziemlich lange auf Sandpisten durch eintönige Holzplantagen. Ich hatte mir den Weg zu den heiligen Stätten etwas mystischer vorgestellt. Auf einer Anhöhe mit einem wunderbaren Blick über die Hügellandschaft bleiben wir stehen und gehen ein paar Schritte. Blau glitzert ein See im Tal, nicht irgendein See, sondern der sagenumwobene Lake Fundudzi, und weil dieser See für die VhaVenda heilig ist, gibt es auch ein traditionelles Begrüßungsritual. Auf Nelsons Geheiß hin drehen wir dem See unsere Rücken zu, beugen uns vor und schauen kopfüber durch unsere gespreizten Beine auf das heilige Wasser. Mit sanfter, eindringlicher Stimme spricht Nelson die Begrüßungsformel, *Ukodola,* in seiner Muttersprache Tsivenda. Dann richtet er sich wieder auf. »Ich habe den Wassergeistern gesagt, dass wir nichts Böses im Schilde führen, dass wir nicht hier sind, um sie zu provozieren, und dass wir sie um Vergebung bitten, falls wir aus Versehen irgendetwas falsch machen.« Still und friedlich liegt der See im Tal zwischen den waldigen Berghängen, aber unter der glatten Wasseroberfläche ist einiges los, wenn man den Legenden glaubt. Ein weißer Python-Gott lebt demnach dort, der den See beschützt und für die Fruchtbarkeit der Gegend sorgt. Die VhaVenda-Frauen dieser Region ehren ihn mit dem *Domba-Dance,* dem Tanz des Python, Opfergaben mit traditionellem Bier sollen garantieren, dass er dem Volk wohlgesonnen bleibt. Offenbar ist der Gott mit den Jahrhunderten bescheidener geworden, denn früher sollen ihm statt des Bieres Jungfrauen geopfert worden sein – ein Thema, über das Nelson nicht gern spricht. Er redet lieber über die Mitbewohner dieses Python, friedliche Krokodile, unter ihnen ein Albino, der ebenfalls wie eine Gottheit verehrt wird. »Die Krokodile haben nie jemandem Schaden zugefügt. Ich habe es mit eigenen Augen gesehen, dass Fischer nah am Ufer standen, ohne dass die Tiere in ihrer unmittelbaren Nähe auch nur auf den Gedanken kamen, sie anzugreifen.«

Ich wundere mich, dass Angeln in diesem heiligen See überhaupt erlaubt ist, aber offenbar ist das kein Widerspruch, solange die Geister des Wassers und der Ahnen nicht verärgert werden. Denn auch die Toten der königlichen Familie des Clans, der als Hüter des Sees fungiert, finden hier ihre letzte Ruhe. »Sie werden zunächst in der Nähe des Kraals beerdigt, bis die Verstorbenen ihren Angehörigen im Traum erscheinen«, erklärt Nelson. Dann wird ein traditioneller Heiler konsultiert, die Gebeine werden exhumiert, verbrannt und die Asche im See verstreut. »Die alten Leute erzählen, dass sie vor langer Zeit Stimmen und Musik gehört haben, die aus den Tiefen des Sees kamen. Die Frage ist nur, wen sie da hörten. Vielleicht die Ahnen, vielleicht aber auch die *tshidudwane,* die ›Halbmenschen‹«, erzählt Nelson, der jetzt ganz in seinem Element ist. Der Legende nach sind sie halb Mensch, halb Geist. Nur die eine Hälfte ihres Körpers ist für Menschen auch zu erkennen. »Eine alte Frau hat mir erzählt, dass sie sie als Kind einmal gesehen hat: ein halbes Gesicht, einen halben Rumpf, einen Arm, ein Bein. Es war verboten, sie anzusprechen oder über sie zu reden, und deshalb wissen wir auch nichts über ihre Herkunft.« In anderen Quellen heißt es, dass den, der die *tshidudwane* erblickt, der sichere Tod erwartet. Wie so oft gibt es zahlreiche Versionen und Ausschmückungen dieser Mythen, die seit Jahrhunderten mündlich überliefert werden. Nelson betont, er habe eigene Recherchen angestellt, um sicherzugehen, dass er nicht nur Gerüchte weitererzählt, sondern wahrhaftige Informationen. »Es fasziniert mich bis heute, die alten Leute nach ihren Erinnerungen, Bräuchen und Geschichten zu fragen, dabei erfahre ich immer wieder etwas Neues«, sagt er strahlend. »Interessieren sich denn

auch die jungen Venda für diese alten Geschichten?«, frage ich den
56-Jährigen. Er runzelt die Stirn. »Die meisten jungen Leute denken, dass sie alles besser wissen, nur weil sie heutzutage Internet
haben. Sie hören zwar zu, aber fällen sofort ein Urteil. Immer wollen sie Beweise sehen. Dabei wissen wir doch, dass sich nicht alles
beweisen lässt. So ist das mit jedem Glauben, dem christlichen wie
dem traditionellen.«

Gern wäre ich näher an den See herangegangen und hätte selbst
mit den Menschen gesprochen, die am Ufer leben, aber Nelson
winkt ab. Die Straßen seien zu schlecht, zu Fuß sei es zu weit, außerdem schmerze sein Knie und der Ortsvorsteher sei momentan auf Besucher nicht gut zu sprechen. »Er denkt, der See gehört
ihm. Selbst mich wollte er kürzlich nicht durchlassen«, sagt Nelson
empört. Offenbar gibt es Konflikte, immer mehr Besucher kommen ohne Genehmigung und verstoßen gegen die alten Regeln,
weil sie den See nicht als heilig erachten. Sie picknicken am Ufer
und lassen ihren Müll liegen; sie holzen Bäume ab, die früher unter dem Schutz des Clans standen; statt nur am Ufer ein paar Fische zu fangen, fahren sie mit Booten raus und werfen ihre Netze
aus; neue Fahrtpisten und Wege durch den Wald sorgen für Erosion. Das Heiligtum ist in Gefahr. »Die Alten sorgen sich, weil sie im
See schon lange keine Stimmen und Musik mehr gehört haben und
weil die *tshidudwane* spurlos verschwunden sind«, meint Nelson
nachdenklich. Schuld sind aus ihrer Sicht all diese Veränderungen,
die die moderne Zeit mit sich gebracht hat. Sie führen auch soziale Übel, Krankheiten und Dürrezeiten auf die gestörte Harmonie
und den damit verbundenen Ärger der Ahnen zurück. »Natürlich
gibt es für viele dieser Probleme auch ganz weltliche Erklärungen,
aber das ändert nichts an der Tatsache, dass wir diesen See, egal ob
wir ihn nun selbst als heilig erachten oder nicht, schützen und erhalten sollten«, betont Nelson, als wir wieder ins Auto steigen.

Wieder durchqueren wir die öden Forstplantagen, die sicherlich auch zum sinkenden Wasserspiegel des Sees beitragen. Bis in

Phiphidi-Wasserfall – Nelson Maphaha (Mitte) erklärt die spirituelle
Bedeutung des Ortes.

die 30er-Jahre lebten auch hier vereinzelte Dorfgemeinschaften
im Einklang mit der Natur, doch dann wurden sie gewaltsam vertrieben und der ursprüngliche Wald abgeholzt, damit hier die
Rohstoffe für Papier und Baumaterialien wachsen können. Es
grenzt buchstäblich an ein Wunder, dass der *Thathe Vondo Forest*
überlebt hat, der heilige Wald der VhaVhenda, der mittlerweile
komplett von der Forstwirtschaft umgeben ist. Wir halten vor
dem Eingangsschild, auf dem um Respekt für diesen Wald gebeten
wird und darum, den Weg nicht zu verlassen. »Als die Buren hier
mit ihren Bulldozern anrückten, um den Wald für ihre Holzplantagen zu räumen, erlebten sie eine Überraschung«, sagt Nelson.
»Die Bäume standen am nächsten Morgen wieder! Einer ihrer
Fahrer soll seine Planierraupe im Stich gelassen und panisch die
Flucht ergriffen haben. Was ihm dort im Wald widerfahren ist, hat

er nie erzählt.« Dem Wald werden übersinnliche Kräfte nachgesagt: Wer den Weg verlässt, dem wird schwindelig und er verliert die Orientierung. Wer auch nur ein Blatt oder einen Stock mit aus dem Wald nimmt, muss mit furchtbaren Konsequenzen rechnen. »Ich habe das selbst erlebt, als zwei Besucher, die ich hierherbrachte, gegen diese Regeln verstießen«, betont Nelson. »Sie hatten Albträume, hörten Stimmen und wurden richtig krank. So mysteriös und heilig ist dieser Ort. Manchmal ist es besser, den Leuten zu glauben, statt alles auf die Probe zu stellen.«

Mit dieser Warnung betreten wir den breiten Waldweg, mächtige, uralte Yellowwood-Bäume ragen meterweit in den Himmel, Schlingpflanzen wachsen daran hoch, das Dickicht ist dicht und scheinbar undurchdringlich. Es ist so kühl, dass es mich fröstelt, und bis auf den Gesang der Vögel vollkommen still. Auf einer kleinen Lichtung bleibt Nelson stehen. »Als ich zum ersten Mal an diesen Ort kam, habe ich sofort die Kraft gespürt, die von ihm ausgeht. Eine besondere Energie. Damals wusste ich nicht, dass hier ganz in der Nähe im Unterholz die Gräber der Ahnen des Vangona-Clans, der als Hüter dieses Waldes gilt, versteckt sind.« Ähnlich wie am Lake Fundudzi begräbt die königliche Familie der Vangona ihre Toten zunächst, bis sie ihnen im Traum erscheinen. Die älteste Tante konsultiert daraufhin die Vorfahren, um herauszufinden, ob die Zeit für die Exhumierung der Gebeine gekommen ist. »Wenn die Affen in diesem Wald unruhig werden und zu schnattern beginnen, dann ist es noch zu früh«, erklärt Nelson. »Wenn aber die Blätter der Bäume um die Gräber herum zu Boden fallen, dann ist die Zeit reif.« Eine Jungfrau bringt die Gebeine dann zur letzten Ruhestätte in den Wald. Zu sehen ist davon nichts, nicht einmal ein Pfad ist zu erkennen, und von dem weißen Löwen, der die Gräber laut der Sage beschützt, gibt es weit und breit keine Spur. »Es ist ein Mysterium. Ich frage mich zum Beispiel, was dieser Löwe hier frisst«, fügt Nelson kritisch an. Doch an der Macht des Waldes und des Clans, der über ihn wacht, hegt er keine Zweifel. Die Vangona gelten als der älteste VhaVenda-Clan, von ihm stammen die mächtigsten Heiler des Volksstammes ab. »Doch selbst sie nutzen keine der Medizinpflanzen, die in diesem Wald wachsen. Dies ist ein ritueller Ort, einer der wenigen, an dem die traditionellen Praktiken bis heute nichts von ihrer Kraft eingebüßt haben.« Wir setzen uns auf die Wurzeln eines der Baumriesen am Wegesrand und schweigen eine Weile, um dem Zauber dieses Ortes nachzuspüren, bevor wir uns auf den Weg zur letzten heiligen Stätte machen.

Der Phiphidi-Wasserfall ist der einzige dieser Orte, für den wir Eintritt bezahlen müssen. Das kleine Naturerholungsgebiet liegt verkehrsgünstig an einer der geteerten Hauptstraßen. Eine Schotterstraße führt an Chalets für Übernachtungsgäste vorbei zu einem Picknickplatz. Mühsam steigt Nelson mit seinem schmerzenden Knie die steile Treppe hinunter, die durch einen lichten Wald zum Fuß des Wasserfalls führt. Auf einem Felsplateau, wo das rauschende Wasser der vergleichsweise kleinen Fälle auf einen See trifft, bleibt er stehen. Er deutet auf abgebrannte Kerzen, Wachs und kleine Brandflecken auf dem Stein. »Das ist ein Zeichen dafür, dass hier Rituale zu Ehren der Vorfahren zelebriert werden. Auch die Anhänger der *Zion Christian Church* kommen hierher, um Wasser für ihre Heilungsgottesdienste zu holen.« Die ursprünglichen Rituale des VhaVenda-Clans, der für die Wasserfälle verantwortlich ist, sind jedoch nur noch ein Schatten ihrer selbst. Seit Jahren kämpft der kleine Ramunangi-Clan darum, wenigstens die jährliche Zeremonie, die mehrere Tage dauert, ungestört vom Tourismus und anderen Besuchern abhalten zu können. Die Ältesten beklagen sich über die Entweihung ihres heiligen Ortes durch Müll, laute Musik und Liebespaare, die ihre Kondome zurücklassen. Ein Felsvorsprung, der eine bedeutende Rolle beim Ritual spielte, wurde für ein Straßenbauprojekt zerstört. »Von diesem Ort sind heute nur noch die alten Legenden übrig geblieben«, sagt Nelson nostalgisch.

Irgendwo in diesem Wald soll sich auch ein Schrein der Regenkönigin von Modjadji verstecken, falls er überhaupt noch erhalten
ist, und auch für die VhaVenda spielten die Phiphidi-Wasserfälle
eine zentrale Rolle für Regen, Fruchtbarkeit und Frieden. Es ist der
Ort, der alle drei heiligen Stätten verbindet. »Die ›Halbmenschen‹,
tshidudwane, kamen vom See durch den Wald hierher, um Wasser
zu holen, und kehrten dann auf dem gleichen Weg wieder zurück.
Sie schütteten das Wasser in den See und sorgten damit dafür, dass
es regnet.« So soll nicht nur die unterbrochene Nachfolge der Regenkönigin, sondern auch das Verschwinden der *tshidudwane* für
die ausgeprägten Dürreperioden verantwortlich sein, unter denen
Südafrikas Landwirtschaft leidet. Man kann das alles als Aberglauben belächeln, aber es bleibt symptomatisch für Südafrikas Demokratie, dass die Stimmen einfacher Bürger oft ungehört verhal-
len. Es wäre ein Leichtes, die Phiphidi-Wasserfälle ein paar Tage
im Jahr für Touristen zu schließen, damit die Ramunangi hier wenigstens ihre Rituale vollführen und die aus ihrer Sicht verärgerten
Geister ihrer Ahnen ein wenig beschwichtigen können.

Der Geist der Urahnen

Meine Reise endet dort, wo die Geschichte Südafrikas in vielerlei
Hinsicht begonnen hat: in Mapungubwe, dem uralten Königreich,
das heute zum Weltkulturerbe zählt. Mächtige, teils mehrere hundert Jahre alte Baobab-Bäume säumen meinen Weg, bizarre Baum-
gestalten mit plumpen Stämmen und einer Krone, die eher an
Wurzelwerk erinnert. Laut einer Legende haben die Götter diese
Bäume vor Urzeiten einfach umgedreht. Die Natur ist so urtümlich wie die Geschichte dieser atemberaubenden Kulturlandschaft des Dreiländerecks, wo Südafrika auf Simbabwe und Botswana trifft – Grenzen, die zur Blütezeit Mapungubwes im
13. Jahrhundert nicht existierten. »Dieser Ort beweist, dass afrikanische Gesellschaften hochentwickelte Zivilisationen geschaffen

haben. Sie haben schon damals Gold verarbeitet und lebten in einem Klassensystem«, meint der Kulturerbe-Manager Crispen Chauke, als er mich bei meiner Ankunft im Mapungubwe-Nationalpark begrüßt. »Das entkräftet die Idee der Kolonialmächte, dass Afrika nicht mehr als ein Dschungel mit wilden Eingeborenen war, als sie unseren Kontinent Ende des 19. Jahrhunderts bei der Berlin-Konferenz untereinander aufteilten.« Gemeinsam wandern wir durch das wunderbare Museum, das sich mit seinen Natursteinkuppeln harmonisch in die Landschaft einfügt. Felsmalereien der San, die Schätzungen zufolge etwa 3.000 Jahre alt sind, und die vielen Artefakte, die in dieser Gegend gefunden wurden, beweisen, dass hier seit der Steinzeit Menschen lebten. Zuerst waren es Jäger und Sammler, später kamen sesshafte Bauern dazu. »Die Tatsache, dass zur gleichen Zeit sowohl Steinwerkzeuge als auch Lehmtöpfe benutzt wurden, zeigt, dass es eine Interaktion zwischen diesen beiden Gruppen gab«, betont Crispen. Offenbar lebten sie in friedlicher Koexistenz. Ab etwa 900 siedelte sich ein neues Volk in der Nähe des mächtigen Limpopo-Flusses an, bewirtschaftete das fruchtbare Farmland und knüpfte, wie archäologische Ausgrabungen nahelegen, auch erste Kontakte zu Händlern, die mit Booten von der Südostküste Afrikas ins Landesinnere vorgedrungen waren. Um 1220 zog der König dann auf eine Hügelkuppe, den *Mapungubwe Hill*, seine Untertanen lebten am Fuß des felsigen Berges. Wir betrachten das berühmteste Fundstück, das in seiner Glasvitrine etwas verloren aussieht: das goldene Nashorn, eine kleine mit purem Gold überzogene Holzskulptur.

Am nächsten Morgen breche ich früh aus meinem Quartier unter Baobab-Bäumen auf, um den berühmten *Mapungubwe Hill* zu besuchen. Der Kulturerbe-Guide Cedric Sethlako wird mich begleiten, denn natürlich sollen die Besucher nicht unkontrolliert durch diese historisch bedeutsame Stätte laufen, außerdem leben Löwen, Leoparden, Elefanten und viele andere Tiere im Nationalpark. Cedric kommt mir daher mit geschultertem Gewehr entgegen. Wir sind nicht allein: Ein glücklicher Zufall will es, dass zwei *Sangomas* aus Pretoria und ihr Begleiter ebenfalls in den Wagen steigen. Sie sind unschwer an ihrer Kleidung zu erkennen, um die Hüften tragen sie ein blaues Tuch über ihren weltlichen Hosen, um die Schultern ein überwiegend rotes Tuch mit schwarz-weißen Symbolen, wie ich sie von anderen *Sangomas* kenne. Die Frau, die sich als Thatho Tshukudu vorstellt, hält einen perlenbestickten Stab fest in ihrer Hand, in ihre Haare sind weiße Kauri-Muscheln geflochten. Ich bin gespannt, wie sie auf diesen Ort der Urahnen reagieren werden und ob sie dort vielleicht ein Ritual geplant haben, halte mich aber mit Fragen zurück, weil sie hochkonzentriert wirken, als würden sie sich bereits innerlich vorbereiten.

Nach einer holprigen Fahrt parkt Cedric unter einem Baum und geht mit seinem Gewehr einen schmalen Pfad voran, wir folgen im Gänsemarsch, ein paar Zebras schauen uns grasend zu. Am Fuß des *Mapungubwe Hill*, einem auf den ersten Blick eher unscheinbaren Sandsteinhügel mit abgeflachter Kuppe, bleibt Cedric stehen und erzählt uns die Geschichte der Entdecker. Sie beginnt im Jahr 1932 mit einer Jagdpartie von Jerry van Graan und seinem Vater. Sie bekamen unterwegs Durst, steuerten auf einen Kraal zu und trafen dort einen alten Mann namens Mowena, der ihrer Bitte nach Wasser gern nachkam. »Das Lehmgefäß, das er ihnen gab, weckte ihr Interesse, denn es sah anders aus als die übliche einheimische Töpferei. Sie wurden noch hellhöriger, als Mowena sich weigerte, es ihnen zu verkaufen, weil er es von einem Weißen geschenkt bekommen habe, der es auf dem Hügel der Könige gefunden hatte«, erzählt Cedric. Gerüchte über einen solchen Ort kursierten offenbar schon lange und die Männer witterten eine Chance, einen sagenumwobenen Schatz zu heben. Mowena jedoch weigerte sich trotz etlicher Bestechungsversuche, ihnen diesen heiligen Ort zu zeigen, den die Einheimischen in all den vergangenen Jahrhunderten aus Angst und Respekt vor ihren Urahnen nicht betreten hatten. Die van Graans jedoch ließen nicht locker, besuchten den Kraal wenige Wochen

später erneut und fanden schließlich einen Freiwilligen, der sie für
ein paar Silbermünzen zum *Mapungubwe Hill* führte. »Kurz vor dem
Fuß des Berges soll er vor Angst schlotternd stehen geblieben sein,
deutete nach etlichen Überredungsversuchen noch auf einen Fei-
genbaum, hinter dem sich der Aufstieg verbarg, und rannte weg«,
schmückt Cedric die Geschichte aus.

Die van Graans kletterten den steilen Weg hinauf und erreichten oben das Ziel ihrer Träume: Bei dieser und den folgenden Ex-
peditionen stießen sie neben Ton- und Porzellanscherben, verrosteten Werkzeugen, Perlen aus Kupfer und Glas auch auf die Gräber
und ihre Goldschätze, darunter das kleine goldene Nashorn. »Sie
nahmen mit, was sie tragen konnten«, sagt Cedric. Doch Jerry van
Graan plagte offenbar ein schlechtes Gewissen, er war sich der Bedeutung dieser Fundstücke bewusst und informierte die Universität von Pretoria. Erste Ausgrabungen begannen, immer wieder
schlichen sich jedoch auch Grabräuber auf den Hügel, Gerüchte
über Gold auf den Schwarzmärkten machten die Runde. »Ich glaube nicht, dass die Sammlung von Mapungubwe komplett ist«, hatte Crispen Chauke bereits gestern eingeräumt. »Einige Artefakte sind sicherlich unwiederbringlich verlorenen gegangen, denn
es gibt keinerlei Aufzeichnungen aus dieser ersten Zeit.« Die Universität von Pretoria verstärkte die Sicherheitsmaßnahmen, die archäologischen Ausgrabungen auf dem Hügel und auch in den ersten Siedlungsgebieten am Fluss zogen sich mit Unterbrechungen
über mehrere Jahrzehnte hin; offenbar zum Schrecken der einheimischen Bevölkerung, die das Geheimnis von Mapungubwe so lange gehütet hatte. Im Museum hatte ich dieses Zitat eines Ältesten
gelesen: »Es war grauenvoll. Sie zeigten keinen Respekt für unsere Vorfahren; es ging ihnen allein um das Gold und die Perlen. Sie
sagten uns nicht, was sie mit den Gebeinen anstellen würden. Die
Geister unserer Vorfahren wurden gestört und ich weiß nicht, wie
wir je wieder Frieden finden können.« Alle Fundstücke, auch die
Gebeine, wurden in die Hauptstadt gebracht und dort lange unter

Verschluss gehalten. Während der Apartheid war die weitere Forschung nicht opportun, die Funde von Mapungubwe widerspra-
chen dem rassistischen Weltbild des Regimes.

Nachdenklich machen wir uns auf den steilen Anstieg; eine
Holztreppe führt eng am Felsen entlang, Einbuchtungen im Sand-
stein zeigen, wo früher Stöcke befestigt waren, die eine Art Leiter
bildeten. »Dies ist bis heute der einzige Weg auf den Berg«, betont
Cedric. Oben angekommen, baut er sich fast feierlich vor uns auf.
»Es ist ein Privileg für uns, hier zu sein. Dieses Plateau war zu Zeiten der Mapungubwe-Zivilisation nur dem König und seinem
engsten Kreis vorbehalten. Die rund 5.000 Untertanen lebten
dort unten im Tal, geschätzte 4.000 weitere in einem größeren
Umkreis. Wir gehen davon aus, dass es auch nur wenigen von ihnen gestattet war, Lebensmittel und alles Weitere, was der königliche Haushalt benötigte, hier hochzutragen.« Der König hatte sich
buchstäblich über seine Untertanen erhoben, Mapungubwe gilt
als das erste Staatssystem mit einer ausgeprägten Klassengesell-
schaft im südlichen Afrika. Ich blicke mich um, das königliche Panorama ist beeindruckend, die weite Savanne liegt zu unseren Füßen, mächtige Felsen ragen in den blauen Himmel, eine
Elefantenherde wirkt von hier oben ebenso winzig wie die Baobab-Bäume, die die Landschaft prägen. »Was hat den König dazu
bewogen, seinen Kraal am Ufer des Limpopo zu verlassen und hier
auf diesen Hügel ziehen?«, frage ich Cedric. Er zuckt die Schultern: Diese Frage sei ungeklärt. »Vielleicht ging es um Status, vielleicht aber auch um seine Sicherheit. Allerdings wurden hier keine
Waffen gefunden. Vielleicht ging es also darum, dem Neid und der
Eifersucht seines eigenen Volkes zu entkommen.«

Es ist nicht das einzige Rätsel, das Mapungubwe aufgibt. Bis
heute kursieren mehrere Theorien darüber, was zum Niedergang
dieses Reiches geführt hat, denn um 1300 wurde dieses Plateau
verlassen und nie wieder besiedelt. Auch dieser König hier auf
dem Berg soll die Kunst des Regenmachens verstanden und für

seine Macht genutzt haben. Lange hieß es, eine Dürre sei die Ur-
sache für den Zusammenbruch seines Reiches gewesen, die Menschen seien aus der Not heraus in das damals an Einfluss gewin-
nende Groß-Simbabwe gezogen, wo man ähnliche Artefakte
gefunden hat. »Aber dann stellt sich die Frage, warum der König
und sein Volk ihre Reichtümer damals nicht mitgenommen haben«, hatte Crispen Chauke zu bedenken gegeben. »Für wahr-
scheinlicher halte ich es, dass eine Epidemie ausgebrochen ist,
vielleicht mangels sanitärer Einrichtungen. Krankheiten werden
ja oft als Fluch der Ahnen gewertet und dann würde es Sinn machen, dass dieses Volk alles stehen und liegen ließ.« Eine dritte Erklärung ist die Veränderung der Handelsrouten zum Vorteil von
Groß-Simbabwe. Sowohl Mapungubwe als auch Groß-Simbabwe
trieben ja rege Geschäfte mit arabischen, persischen und chinesischen Händlern, die an Gold und Elfenbein interessiert waren.

Wir folgen einem Holzsteg, der von dieser zur anderen Seite
des Plateaus führt. Cedric deutet auf einen kleinen Mopane-
Baum, der auf dem kargen Boden wächst. »Dort war das Grab des
Königs, bei dem man auch das goldene Nashorn und ein Zepter
gefunden hat«, erklärt er. Insgesamt 22 Gräber wurden auf diesem
Hügel entdeckt, bei dreien davon sind sich Forscher sicher, dass es
sich um königliche Grabstätten handelt. »Dafür sprechen nicht
nur die reichen Grabbeigaben, sondern auch, dass man die Skelette in einer sitzenden Position gefunden hat, mit dem Blick nach
Westen«, sagt er. Jahrzehntelang waren diese Gebeine in der Universität von Pretoria unter Verschluss. Erst nach der demokratischen Wende in Südafrika und einem gemeinsamen Gesuch der
Volksgruppen und Clans, die sich zu den Nachfahren dieser vergangenen Zivilisation zählen, wurden sie im November 2007 nach
unterschiedlichen Ritualen wieder hier beigesetzt. Die *Sangomas*,
die bislang eher abwesend gewirkt haben, werden nun lebendig.
Sie möchten den exakten Standort der Gräber wissen und ob die
Skelette wieder sitzend nach Westen bestattet worden sind. Ced-

Auf dem Mapungubwe Hill – Sangomas besteigen die Bergkuppe
im Zuge eines Rituals.

ric deutet auf ein paar Steine. »Dort ist das Grab. Die sterblichen
Überreste der 22 Individuen, die man hier gefunden hat, wurden
einzeln in eine Metallbox gelegt, dann aber in diesem Sammelgrab
bestattet, keiner von ihnen in einer sitzenden Position.« Offensichtlich gefällt diese Antwort seinen Zuhörern nicht, sie schütteln empört die Köpfe. »Kann man sie nicht aus diesen furchtbaren Metallboxen befreien?«, fragt Thato Tshukudu verärgert.
»Traditionell werden sie ja schließlich in der Erde bestattet.« Cedric findet sich auf einmal in einem Kreuzverhör wieder, dabei ist er
nur der Guide. Die Metallboxen seien wichtig, falls man die Gebeine irgendwann noch einmal für weitere Forschung benötige,
erklärt er. Die drei umzingeln ihn jetzt förmlich, Thatho spricht
eindringlich in seTswana auf ihn ein. Ich verstehe leider kein
Wort, aber es sieht so aus, als würden sie etwas aushandeln.

Tatsächlich wandern die drei wenige Minuten später, nachdem
sie ihre Schuhe ausgezogen haben, in die entgegengesetzte Richtung auf eine kleine Anhöhe, offenbar um den Vorfahren ihre Ehre
zu erweisen. »Hoffentlich lassen sie da oben nichts liegen. Normalerweise werden für solche Rituale ja *snuff* und andere Dinge be-

nutzt«, sagt Cedric. Ich sehe noch, wie die drei sich hinknien, vor-
beugen und wie Thatho ihren Stab gen Himmel hebt, dann wende
ich mich aus Respekt ab. »Führst du öfter *Sangomas* hier auf den
Hügel?«, frage ich Cedric. »Das kommt sehr selten vor«, antwortet
er. »Kannst du sie denn verstehen?«, möchte ich wissen. »Ich bin
kein besonders traditioneller Mensch, aber ich verstehe und res-
pektiere diese Tradition. Wir glauben alle etwas anderes«, sagt er
diplomatisch. »Ich habe das Gefühl, dass sie es besser gefunden
hätten, wenn diese Gräber nie geöffnet worden wären. Welche
Meinung hast du dazu?«, hake ich nach. »Nun, als ich zum ersten
Mal nach Mapungubwe kam, habe ich noch für ein archäologi-
sches Unternehmen gearbeitet. Seit 12 Jahren bin ich hier nun als
Kulturerbe-Guide angestellt. Ohne die Ausgrabungen hätten wir
nie etwas von dieser Zivilisation erfahren, die ja auch dabei geholfen hat, das koloniale Bild von Afrika zurechtzurücken«, sagt er.
»Ich habe kein Problem mit der Forschung, aber ich denke schon,
dass man *Mapungubwe Hill* als heiligen Ort hätte behandeln müssen. Ich stehe also irgendwo in der Mitte. Archäologie kann auch
destruktiv sein.« Wir blicken eine Weile schweigend in die Ferne,
zwischendurch guckt Cedric auch immer mal wieder, wie weit die
Sangomas mit ihrem Ritual gediehen sind.

Als sie wieder von der Anhöhe gestiegen sind und ihre Schuhe
geschnürt haben, machen wir uns gemeinsam auf den Rückweg,
steigen die steilen Stufen des historischen Hügels hinab und folgen dem Pfad durch die Savanne. Die Stimmung ist deutlich gelöster als zu Beginn, daher komme ich nun auch mit der zunächst
eher verschlossenen Thatho noch kurz ins Gespräch. »Haben sich
deine Erwartungen an diesen Besuch erfüllt?«, frage ich sie. Sie
nickt. »Ich wollte mit den Urahnen hier Kontakt aufnehmen und
ich habe dort oben tatsächlich ihre Kraft gespürt. Ich kann mir
vorstellen, dass sie gar keine Waffen brauchten, um Feinde abzu-
wehren, sondern dass ihnen das allein durch die Macht ihres Geistes gelungen ist. Ich habe vor allem die Präsenz ihres großen Stol-

zes gespürt. Aber ich fühle auch Trauer und Wut, weil ihre letzte
Ruhe so drastisch gestört wurde.« Wenn es nach ihr ginge, dann
müsste sich Südafrika dringend mit seinen Ahnen aussöhnen; die
Konzentration auf die sichtbaren, weltlichen Probleme allein
würde nicht ausreichen, um die Krise ihrer Heimat wirklich bei-
zulegen. »Wir brauchen auch eine spirituelle Erneuerung«, betont
sie. Das habe ich auf meiner Reise immer wieder gehört, offenbar
sind sich viele Südafrikaner in diesem Punkt einig. Vielleicht ist es
auch als Metapher zu verstehen, als Ausdruck der Suche nach den
eigenen Wurzeln, die verschüttet wurden, nach der eigenen Identität jenseits der aufoktroyierten Kategorien der Vergangenheit,
nach den Werten, die viele Südafrikaner als ur-afrikanisch empfinden und die sich in der Ubuntu-Philosophie widerspiegeln. Vielleicht wird die eigene Vergangenheit auch allzu rosig gesehen,
schließlich war gerade Mapungubwe keine egalitäre Gesellschaft,
sondern ein Klassensystem, das dem heutigen nicht ganz unähn-
lich ist. Doch leider driftet die Unterhaltung ins Esoterische ab.

Wir verabschieden uns, als wir wieder dort ankommen, wo wir
uns morgens begegnet sind. Cedric hat die gesamte Rückfahrt
über keinen Ton gesagt, sondern wie wir alle nur still dem Vortrag
Thathos gelauscht. Aber jetzt, wo die *Sangomas* wieder in ihren
Pick-up springen und sich auf den Rückweg in die Hauptstadt machen, möchte er doch noch etwas loswerden. »Die Frage ist ja
auch, wessen Vorfahren hier eigentlich liegen«, sagt er. »Etliche
Volksstämme beanspruchen Mapungubwe für sich, schon bei der
Beisetzung 2007 gab es Reibereien. Vielleicht kennen die Forscher die Antwort und haben sie nur nie veröffentlicht, um ethnische Konflikte zu vermeiden. Vielleicht gibt es auch politische
Gründe dafür. Oder es war tatsächlich eine Gemeinschaft aus unterschiedlichen Gruppen.« Über diese Möglichkeit hatte ich auch
mit Crispen Chauke gesprochen, der mir von einer nationalen Re-
genzeremonie in Mapungubwe erzählt hatte, an der traditionelle
Oberhäupter aus ganz Südafrika teilnahmen. »Alle sind hier zu-

sammengekommen, an dem Ort, wo sie ihre Wurzeln vermuten«, sagte er. »Wenn jeder von ihnen recht hat, dann bedeutet das, dass wir hier früher alle friedlich miteinander gelebt haben. Die Betonung der unterschiedlichen Ethnien trennt die Menschen nur und nährt Vorurteile. Am Ende des Tages sind wir alle nicht so unterschiedlich.« Mapungubwe könnte also ein Symbol der Einheit sein – ein schöner Gedanke.

Ich schaue mir an diesem letzten Tag meiner Reise noch die Felsmalereien an, die die San hier in der Gegend hinterlassen haben, die eigentlichen Urahnen Südafrikas. Einer neueren Theorie zufolge könnten einige der Gebeine, die auf dem *Mapungubwe Hill* gefunden wurden, auch von San-Vorfahren stammen – ausgerechnet jene, die noch immer auf eine Anerkennung als *First People* warten. Am Abend sitze ich unter einem prächtigen Sternenhimmel neben einem Baobab-Baum und lasse diese wunderbare Reise ausklingen. Ich habe meine Wahlheimat noch besser kennengelernt, Höhen und Tiefen erlebt, Neues erfahren, Schönes und Erschütterndes. Die alten Schwarz-Weiß-Bilder passen nicht mehr; Südafrika auf einen einzigen Kontrast, auf eine einzige Form zu reduzieren ist unmöglich. Der Eindruck von Land und Leuten veränderte sich, je nachdem in welcher Region ich unterwegs war und mit wem ich gesprochen habe. Nicht immer passen diese Puzzleteile zueinander; wer sich auf Südafrika einlässt, muss Widersprüche aushalten können, wird dafür jedoch reich belohnt. Ich habe ein liebenswertes und lebendiges Land kennengelernt und auch in den entlegensten Regionen mutige Menschen getroffen, die sich von der gegenwärtigen Krise und den teilweise übermächtig scheinenden Problemen nicht kleinkriegen lassen, die auf ihrem Weg zur Freiheit schon viel erreicht haben und die Mandelas Traum und den Geist von *Ubuntu* noch immer im Herzen tragen. Sie kämpfen weiterhin für ein Land, das tatsächlich allen gehört, die in ihm leben, so wie es schon in der Freiheitscharta steht, für eine gemeinsame, bessere Zukunft. Mir sind aktive Bürger begegnet, wie jede Demokratie sie braucht, vor allem, wenn sie so akut in Gefahr ist wie die südafrikanische. Sie sind es, die ihre Heimat im Innersten zusammenhalten.

Vielleicht sind sie noch in der Minderheit. Vielleicht wirkt ihr Engagement teilweise aussichtslos angesichts der massiven Konflikte, Brüche und Herausforderungen, denen sie sich stellen. Aber in der Summe können all diese kleinen Gesten der Menschlichkeit eine große Kraft entfalten. Ohne eine Krise gibt es keinen Grund zur Veränderung. Ohne eine Gefährdung der Freiheit vergisst man mit der Zeit ihren Wert. Das ist mir auf meiner Reise durch Südafrika noch einmal bewusst geworden. Ich habe ein leidenschaftliches Land erlebt, das sich ständig neu erfindet, das über ein enormes Potenzial verfügt, das – wie so oft in seiner Geschichte – wieder einmal im Aufbruch begriffen ist und einen Absturz nicht einfach hinnehmen wird. Vielleicht hatte der König oben auf dem *Mapungubwe Hill* mit seinem Goldschatz einfach den Bezug zu seinen Untertanen verloren, ebenso wie die gegenwärtige südafrikanische Regierung zur Bevölkerung. Wenn sie nicht von ihrem ›Berg‹ hinuntersteigt, werden Südafrikaner ihn stürmen, aber sie werden sich dabei hoffentlich nicht selbst zerfleischen. Die Veränderung in der Peripherie, sie hat schon längst begonnen.

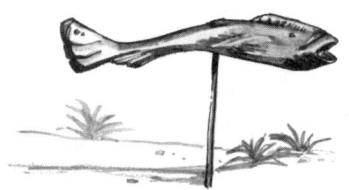

Danksagung

Ich danke allen, die mir bei der Recherche für dieses Buch ihre Häuser und Herzen geöffnet, großzügig ihre Zeit geschenkt und mich in ihre Welt mitgenommen haben. Ohne euch hätte ich dieses Buch nicht schreiben können.

Meinem Mann danke ich für seine immerwährende Unterstützung, seine starke Schulter und die vielen anregenden Gespräche, die wir über das Konzept und den Inhalt dieses Buches geführt haben.

Ich danke meiner Freundin Jane Appleby für ihre wunderbaren Illustrationen und das gemeinsame Brainstorming.

Last but not least gilt mein Dank auch Philip Laubach-Kiani und Maria Anna Hälker vom DuMont Reiseverlag für ihr Vertrauen und die freie Hand, die sie mir beim Schreiben dieses Buchs gewährt haben.

PAPERBACK, 312 SEITEN
ISBN 978-3-7701-8254-1
PREIS 14,99 € [D]/15,50 € [A]
AUCH ALS E-BOOK ERHÄLTLICH

DUMONTREISE.DE

»Im wahrsten Sinne eine Reise der Extreme«
Axel Lischke, Tontechniker

Über die Anden bis ans Ende der Welt

8000 Kilometer Motorrad extrem

von Thomas Aders

»Ich segne die Motorräder mit den amtlichen Kennzeichen NG 71981 und 71988.« Der wettergegerbte Priester Julio Mamani gießt hochprozentigen Schnaps über die staubigen Straßenmaschinen des Fernsehteams, in der anderen Hand schwenkt er den getrockneten Fötus eines Lamas. Schnellsegen auf 4300 Metern Höhe, in der Nähe eines Andenpasses in Bolivien. Gleich werden ARD-Südamerikakorrespondent Thomas Aders und sein Kollege den »Camino de la muerte« hinunterfahren, eine halsbrecherische Route, die über 3000 Höhenmeter hinunter ins tropische Tal der Yungas führt. Eine enge Schlaglochpiste, glitschig wie Schmierseife, extremes Gefälle, keine Leitplanken, kein Warnschild. Nebenan geht es senkrecht in die Tiefe. Hunderte Menschen sind hier zu Tode gekommen. Der »Weg des Todes« ist die gefährlichste Straße der Welt. Eine Episode aus der fast siebenwöchigen Tour, die das Team um den Journalisten Thomas Aders von Peru über Bolivien bis nach Feuerland bringt. Spannungsgeladen und dramatisch, witzig und hautnah schildert der Autor seine Erlebnisse in Südamerika. Sie sind extrem für Technik und Team, bis hin zu Höhenkrankheit, Lungenentzündung, vollkommener Erschöpfung und mehreren Beinahe-Katastrophen.

PAPERBACK, 280 SEITEN
ISBN 978-3-7701-8252-7
PREIS 14,99 € [D]/15,50 € [A]
AUCH ALS E-BOOK ERHÄLTLICH

Als Spion am Nil

4500 Kilometer ägyptische Wirklichkeit

von Gerald Drißner

Große Kulturgüter und großartige Strände – so kennt man Ägypten. Der überwiegende Teil des nordafrikanischen Landes jedoch ist anders. Die Menschen sind arm, folgen den alten Regeln und sind zutiefst religiös. Sie sind herzlich, humorvoll und liebenswert. Der Autor nimmt den Leser mit auf seine Reisen in fünfzehn Dörfer und Städte. Er fährt mit dem Minibus, der ihn in fast jeden Winkel des Landes bringt. Die Gespräche im Bus drehen sich um Gott, den ägyptischen Alltag, Korruption und abstruse Verschwörungstheorien. Die Fahrten münden mal in Pannen und nicht selten in einem Abenteuer. So erfährt der Autor, warum die meisten Ägypter noch nie die Pyramiden besucht haben und was eine deutsche Firma, die Autokennzeichen herstellt, mit dem korrupten Mubarak-Regime verbindet. Er besucht das Dorf im Nildelta, in dem der Terrorpilot des 11. September aufgewachsen ist, und die Stadt, in der die mächtige Muslimbruderschaft gegründet wurde. Er fährt in Gegenden, in denen die Revolution bis heute nicht angekommen ist, und wird dort von der Polizei auf Schritt und Tritt verfolgt.

Und immer wieder wird er bei seinen Reisen als Spion verdächtigt und landet deshalb fast in einem Militärgefängnis.

DUMONTREISE.DE

DUMONT